U0965912

中国式现代化与基层治理创新研究丛书

超大城市镇域社区治理研究

何雪松　侯利文　著

華東理工大學出版社
EAST CHINA UNIVERSITY OF SCIENCE AND TECHNOLOGY PRESS
·上海·

图书在版编目(CIP)数据

超大城市镇域社区治理研究/何雪松,侯利文著.—上海:华东理工大学出版社,2022.11

ISBN 978-7-5628-6757-9

Ⅰ.①超… Ⅱ.①何… ②侯… Ⅲ.①特大城市-社区管理-研究-中国 Ⅳ.①D669.3

中国版本图书馆CIP数据核字(2022)第202767号

策划编辑 / 刘 军
责任编辑 / 章斯纯
责任校对 / 孟媛利
装帧设计 / 居慧娜
出版发行 / 华东理工大学出版社有限公司
地址:上海市梅陇路130号,200237
电话:021-64250306
网址:www.ecustpress.cn
邮箱:zongbianban@ecustpress.cn
印 刷 / 杭州日报报业集团盛元印务有限公司
开 本 / 710mm×1000mm 1/16
印 张 / 15
字 数 / 207千字
版 次 / 2022年11月第1版
印 次 / 2022年11月第1次
定 价 / 158.00元

基层治理体系和治理能力现代化研究书系

上海学术·专业出版中心

社会工作与社会治理出版中心

荣誉出品

中国式现代化与基层治理创新研究丛书

华东理工大学社会与公共管理学院
上海高校智库·社会工作与社会政策研究院
组织编写

本书是国家社科基金青年项目“社会工作融入基层社会治理的路径差异与模式创新研究”(项目编号:18CSH057)的阶段性成果。

前　言

改革开放40多年来，中国社会发生了翻天覆地的变化。为了适应城市快速发展与社会结构急剧变化的国情，国家全力推进中国特色社会主义社会治理创新，持续深入开展社会治理现代化建设。党的十九大报告指出，要加强社区治理体系建设，实现政府治理和社会调节、居民自治良性互动。上海作为超大城市，经济体量巨大且发展速度快，人员流动性大，人口基数大，居民需求差异大，多元要素的交融积蓄了潜在的社会风险与矛盾。同时，社会结构的剧烈转型对社区治理也提出了更高要求。这需要学界着力探索更加多元化、精细化、法治化的治理方略，追求超大城市治理的包容性与科学性。

本书的落脚点在于镇域社区，以镇域为方法，探索超大城市镇域社区治理的丰富可能性。首先，镇域承载着城乡过渡的张力，对促进城乡融合和一体化发展有重要作用。其次，镇域社区具有双重性质：既是城市社会治理的重要单元，也是居民的生活共同体。镇域在我国总体治理格局和社会治理链条中的现实和理论意义尚有待发掘，这一议题的领先性和探索价值也不言而喻。

梅陇镇作为社会快速转型的一个案例，具有超大城市社区的普遍性和典型性。近年来，面对优化基层社会治理的挑战，梅陇镇党委、政府秉承“人民城市人民建、人民城市为人民”的理念，不断完善基层协同治理机制，积极探索共建、共治、共享的社区治理体系，深度拓展社会治理和服务创新，大胆探索、积极实践。梅陇镇的治理历程也是本书问题意识的缘起。首先，本书从理论脉络上回顾了镇域社区治理的相关研究及其重要意义；其次，以梅陇镇社区治理为例，探索镇域社区治理的模式与经验，包括镇域治理的框架研究、镇域社区治理的类型学分析（商品房、动迁房、售后公房、混合型社区）、人才队伍建设三个层面；最后，通过厘清镇域社区的问题特征、治理主体、主体间关系结构并揭示内在治理机制，勾勒出迈向社区本位的社会治理创新图景。

发展的新阶段、新理念、新格局，需要在基层社会治理中不断实践、深度探索。而梅陇镇社区所面临的挑战和机遇，可能正是大城市镇域正在或未来要面对的图景。本书梳理、分析和总结了镇域社区治理模式，力图为镇域社区的社会治理提供理论和经验的先声，为提升城乡社区治理水平和推进社会治理现代化提供重要参考。

目　录

第一章　超大城市镇域社区治理的价值与逻辑

第一节　被忽略的“镇域”：价值和意义

改革开放40多年来，中国社会发生了史无前例的变化。城市化、工业化、全球化、信息化与市场化进程的高度交织，特别是互联网对社会结构的影响日益深化，这些深刻地重塑了中国社会的面貌，并对行政体制改革与社会治理创新带来了新挑战。[①] 上海作为一个超大国际化城市，是我国与全球化进程联结的重要节点，正在努力提高其在世界重要城市体系中的影响力。这一目标的实现也是一个社会流动性不断加强的过程，城市则在这一过程中面临着开放抑或封闭、平等抑或极化、融合抑或对立的社会治理挑战。[②]

① 何艳玲：《中国行政体制改革的价值显现》，《中国社会科学》2020年第2期。

② 何雪松、袁园：《全球城市的流动性与社会治理》，《华东师范大学学报（哲学社会科学版）》2017年第6期。

基于这样的背景，我们需要重新审视传统治理观，重新构建关于流动和多元社会的治理体系与社会想象，才能真正回应社会治理的挑战，实现城市在发展过程中的活力充足与秩序稳定。

《中共中央 国务院关于加强和完善城乡社区治理的意见》总体目标指出，到2020年，基本形成基层党组织领导、基层政府主导的多方参与、共同治理的城乡社区治理体系，使城乡社区治理体制更加完善，城乡社区治理能力显著提升，城乡社区公共服务、公共管理、公共安全得到有效保障。再过5到10年，城乡社区治理体制更加成熟定型，城乡社区治理能力更为精准全面，为夯实党的执政根基、巩固基层政权提供有力支撑，为推进国家治理体系和治理能力现代化奠定坚实基础。此外，在城乡关系与发展思路上，中央强调“统筹谋划城乡社区治理工作，注重以城带乡、以乡促城、优势互补、共同提高，促进城乡社区治理协调发展”。

这一表述的重要现实意义与理论价值，目前还未获得研究者足够的关注。首先，在中国社会转型过程中，城乡关系问题一直是中国学术界关注和思考的重点，这也是西方理论和经验难以完全解释的，需要中国本土的实践经验作为支撑。其次，学术界多以城市为中心、乡村为边缘的二元结构为研究起点，而城乡界限的划分既是一个历史问题，也是一个现实问题，其历史传统、时代背景、客观条件等需要充分被探讨。因此镇域作为城乡二元结构的中间层，是一个重要的实践领域。再次，城乡接合部社会治理面临二元交叉管理、社会治理的公众参与度低、社会治安顽疾难治、违章建筑难以清理、环境卫生状况欠佳、民生设施建设滞后等难题，城乡社区治理短板亟须着力补齐。最后，在已有研究中，分别对城市与乡村进行的研究居多，而对城乡之间的过渡形态的观察较少。社区治理既要适应城乡一体化的客观需要，又要突破“低组织化”“碎片化”“悬浮化”“内卷化”等治理困境[①]。因此，以城镇为单位考察中国社会转型、探究中国式现代化道路，对打开社会治理新局

① 杨磊、许晓东：《市域社会治理的问题导向、结构功能与路径选择》，《改革》2020年第6期。

面有着重要意义。

从社会治理的“场域”维度来看，现有研究与治理实践主要集中在市域社会治理、县域社会治理、基层社会治理等场域。但显而易见的是，一方面现有文献大多将社会治理“一刀切”地区分为城市治理和乡村治理两个范畴，其治理制度及对应策略不同。这种治理结构的二分，在一定程度上忽视了多元的社会基础和区域差异与异质性需求，有悖社会公平，甚至会制约城乡一体化发展。另一方面，随着社会治理重心下移，基层社区作为有效加强城市基层社会建设、推动社会治理结构创新的重要切入点，已成为重要的研究领地。然而在已有研究中，社区治理一般被置于“街道”范畴中探讨，在镇域范畴下开展的研究较为缺乏。街道办事处作为区级政府的派出机构，多处于城市化水平较高的城区，下辖若干居民委员会（以下简称居委会），是城市化的社区，一般不存在农村社区。而镇既有城市化水平高的社区，也有城市化水平不高的城区、远离城区的郊区、自然村，其管辖范围包括了城市和农村以及中间城镇。城市化进程中的“撤镇设街”，是指镇的建制被撤销，设立街道办事处的行政单元调整，继而实现将农村转化为城市、将农民转化为市民，是具有中国特色的城镇化过程。就行政区划来看，与街道办事处相比，镇政府是一级地方政府，属于基层政府，权限与自主性较大。但已有的研究和实践大多将街管社区治理与镇管社区治理相提并论，没有加以明确区分。显然，“镇域”治理的价值被忽视了。

镇域社区治理在社会治理体系中，是城乡一体化发展的一个节点和治理体系的重要维度，在社会治理中处于承上启下的枢纽地位。镇域社区治理旨在以城镇为界面，以社区为基础，建立以城带乡，联结城乡基层治理新样态，弥合社会发展的碎片化趋势和治理结构的张力。因此，对镇域社区治理的关注和案例研究就显得非常迫切，这也将成为探索新时代国家治理体系现代化、实现基层社会稳定与有效治理的一个重要路径。此外，从市域到县域再到镇域，治理场域的转换和下沉是对社区认知和理解的一个补充，对于认识超大城市治理、社会治理现代化、城乡关系具有独特且重要的贡献。

本书旨在通过对上海市梅陇镇镇域社区治理实践的总结和思考，弥补现有治理体系完整性与治理丰富性的不足，并探索立足镇域实现新型社会治理的可能性。

第二节　超大城市中的“镇域”社区治理：普遍与特殊

一、镇域的凸生性质

梅陇镇在快速城市化的过程中，展现出了新的特征。社会的流动化、多元化、信息化重塑了社区结构，而超大的城市规模也造成了治理上的凸生性质与难题，例如人口的高密度和高流动性、社区类型多样并置、居民利益需求的多样化等特征造成的治理方法难以统一，给镇域社区治理造成了一定的阻碍。社区居民的多样汇聚所产生的需求异质性，需要相关改革持续更新政策，应对多元、利用多元并建构多元，以此拓展公共问题的治理路径。因此，开拓超大城市镇域社区治理的新探索成为社区治理转型的重要突破口。镇域治理包括政治、经济、文化、生态和社会五位一体的治理工作，但是在现实中，相对于前面四个治理领域，社会治理的重要性常常被边缘化。然而，随着治理重心的下移，社区治理的后发优势逐渐凸显，特别是作为镇域非中心工作的社区治理不断破局与推进，继而与其他工作形成协同，逐渐成为当前镇域社区治理的重点，而这也是本书要着重探讨的问题。

二、超大城市镇域社区治理的内涵

伴随着城市化进程的全面铺开与纵深推进，超大城市镇域越来越成为发展和竞争的主要阵地，也逐渐成为社会矛盾聚焦的主要场域。

本书首先讨论关于“镇域”的界定与分析。镇这一行政区划在中国国家治理的历史脉络中有着重要地位，多指经由省、自治区、直辖市批准的基层行政单位，处于县之下，与乡同级。而较之乡，镇域人口密度较大，经济发展较快，以非农业人口为主，并有一定的工业基础。需要指出的是，本书所关注的镇域是指城市化和工业化程度较高的城市镇域，在政治、经济、社会关系上与城市社区联系更加紧密。“镇”表明镇域是基于行政区划形成的社会单位，存在着一套与其行政级别相当的配套制度和治理策略；而“域”是一个空间的概念，强调日常生活发生的场所，是人类社会的一个单元。镇域是“镇”与“域”的复合，是构成治理的政治与空间的复合面向，是城市—乡村连续体的中间阶段。因此可以说，镇域不是一个空洞的概念，而是一个有具体内容的社会实体，具有其独特的政治经济意涵和社会位置。

首先，“社区治理”是将社会治理精确地聚焦在社区层面，而非一般广义的社会层面。伴随着城镇化的大力推进，社区越来越多地承载了社会和谐、社会建设、社会治理以及公共服务的兜底功能。社区是镇域社会治理的单元和基础，也是社会生活的共同体。社区内栖居着“日出而作，日入而息”的鲜活生命，有更为实体的安置和分布，更有可能探索和总结出可行、可推广的工作方法与实践策略。换言之，社区治理的重点就是居民的社区生活治理。

其次，超大城市下的镇域社区与一般城市的镇管社区也存在明显不同。上海作为超大城市，需要对其以更高视角进行观察与研判。作为超大城市的上海是多种收入阶层、多元社会组织、多元文化、多国别移民的高密度集聚地，其在城市社会分层分化、文化冲突以及城市安全稳定等方面的情况非常复杂。因此，相对一般城市的镇域社区治理，上海在镇域社区治理上要求发展出更加精细和科学的治理策略和技术，致力于打造“人人有责、人人尽责、人人享有的社会治理共同体”。上海的镇域治理经验可为其他超大城市镇域社区治理提供参考，也可为镇管社区的现代化以及转向镇域治理提供先行先试的积极经验。

当前中国处于快速工业化、城市化的阶段，超大人口集聚、高速经济发展、快速流动转移、高度异质的需求等表征展现出城市内部动力机制的复杂性。而经验现象永远处于流变之中，当理论研究还未能够加以反思和审视时，社会现象已再次更新。但是，如果在转型过程中没有做好治理更新与关注，对快速变迁的镇域社会缺乏足够的敏锐度，错失进行研究的宝贵时机，那么对于镇域社会的样态以及中国社会变迁重要组成的基层的认识和理解就可能存在极大的偏误。

三、镇域的丰富性、多样性、复杂性

治理“域”的概念已经成为受到普遍关注的重要议题。正如前文所述，学界较早地关注了县域治理问题。县级政府与省级、市级政府有着相同且完整的部门设置，可以集中地处理县域内各种事项，在地方社会治理中发挥基础作用。而镇域治理强调的是对镇域范围内的政府、市场与社会进行全观的治理。而时至今日，关于“域”的研究兴起于县域治理，随后逐渐开始扩大，从县域走向了市域、省域治理乃至全域治理。但政学两界对镇域治理，尤其是大都市的镇域治理缺乏关注与经验考察。除此之外，大城市的镇域治理明显不同于一般镇域，其特殊性极为鲜明，如人口的高密度和高异质性、社区类型和层次的差异性以及多元并存的文化形态，这些特点都会给大都市镇域治理造成一定的困难。因为快速的城市经济发展、产业结构调整在改善居民生活水平的同时，也改变了社会面貌，人口异质化、需求多元化、关系疏离化、利益刚性化成为当前镇域基层社区变迁的主要特点。

本书提出的镇域治理正是要回应镇域社区的多样性、异质性和流动性，在一定层面回应了社会治理面临的深刻挑战。相对于市域、县域社会治理的取向和路径，镇域社区治理有其独特的丰富性、多样性和复杂性。镇域处于城乡之间，处于中层场域，是一个发育尚不完全、处于过渡阶段的空间，其治理问题的形态更为多元和复杂。就居住形态而言，在镇域社区中，社区居住类型多样：既有后单位制的老旧小区和售后公房、高档的商品房社区、转变中的混合型社区，也有拆迁安置的动迁房社区，还有城市扩展过程中产生的农村社区。就治理主体而言，镇域社区治理涉及多元主体，包括党组织、居委会、业主委员会(以下简称业委会)、社区干事、居民、社会组织、物业公司等。诸多主体的利益诉求各不相同,不同社区、不同主体间的互动方式和行为逻辑也不甚相同,各自在社区中的定位也不明晰。如何求同存异,调节社区整合程度,也将影响社区治理水平。

随着社会治理场域的转换,社会治理的重心也朝着城乡一体化、协调利益冲突和社区利益整合转变。在这一背景下,镇域社区治理工作需要尤其关注以下几组矛盾:居民需求与科层化行政的矛盾,以居民需求为导向;主体多元化与合作治理之间的矛盾,以协商共治获取善治成效;行政区划与服务区域之间的矛盾,基于自上而下的资源推送要与居民需求相一致;专业与经验之间的矛盾,专业知识与自身在地化知识相结合,同时通过制度保障以实现可持续。

第三节　梅陇镇:快速城市化的一个样本

一、梅陇镇的历史发展

梅陇镇位于上海市闵行区的东部,被称为闵行区的东大门。梅陇镇行政区域面积为 28.07 平方千米,辖有 15 个行政村、64 个居委会,共有集市 22 个,总人口有 309 127 人(2017 年)。20 世纪 90 年代后,伴随着上海城市的大发展,梅陇镇地区历经了剧烈的现代化转型。因此,梅陇镇地区既存在由于快速从农村向城区转变而造成的矛盾和冲突,也面临大量新的社会资本涌入而带来的冲击和生机,在快速城市化过程中呈现出复杂的社会动力机制运作图景,具有较强的代表性。将梅陇镇地区以春申塘为界划分为南北两片,北片主要是城市化地区,形成了以百联南方购物中心、莲花国际广场为核心的现代商业中心和以“望族苑”“西班牙名园”“春申景城”为代表的商品房住宅区;南片主要分布着以曹行村、许泾村、曙建村为代表的自然村,呈现出“多点镶嵌”的都市型农业布局,并建成了具有一定规模的现代化农业生产基地，基本形成了以高附加值蔬果林业为主的农业经济模式。2010 年，梅陇镇政府提出了“北优南拓、双轮驱动”的目标，将“深度城市化”推向了一个新阶段。

在这样的转型背景下，梅陇镇社区居民构成呈现出典型的多样性特征。梅陇镇在 20 世纪 90 年代末承接了许多动迁自徐汇区、卢湾区（现已并入黄浦区）、静安区的市民，同时商品房的建设也引入了不少居民。近年来，根据市政府的规划，梅陇镇又建成了几个超大型经济适用房小区和农民动迁房小区，如中春三水苑（吴泾三年环保综合整治动迁基地）、上海晶城等，这导致梅陇镇社区内人口结构复杂，外来人口比例高，从而给社区发展和管理带来许多新的挑战。为了回应这样的挑战，梅陇镇政府与社区管理服务中心加强社区工作者队伍建设，逐步建立基层协同治理机制，积极探索共建、共治、共享的社区治理共同体。

二、梅陇镇的基础建设

近年来，为了提升社区居民生活质量，梅陇镇开始关注基础设施建设，并围绕教育、医疗、体育设施、环境治理等多个方面提高服务能力，提升居民的生活质量，美化居民的日常生活环境。同时，梅陇镇社区中心也对社会治理体系进行优化和完善，不断提高社会保障与治理现代化水平，教育、医疗、文化等各方面成效较为突出。

在教育方面，梅陇镇主要向“均衡、优质、规范”方向发展，辖区内的义务教育阶段入学率达到 100％，镇内 95％以上的中学教师拥有本科及以上学历，并且有 50％拥有中高级职称。在小学和幼儿园教师资源方面，90％以上的教师均拥有大专以上学历，同时有 40％拥有中高级职称。

在医疗方面，梅陇镇的医疗卫生服务体系近年来也在不断完善，镇内的社区服务网络也逐步形成。由罗阳中心、曹行分中心、梅陇门诊部等 8 个站点构成的社区卫生服务网络逐渐形成，镇内居民可以便捷地享受医疗服务，实现了服务在“家门口”。

在文化场馆建设方面，梅陇镇关注文化事业发展，建成梅陇文化体育科普活动中心，并打造了“梅陇市民戏剧广场”等社区文化品牌，不断满足镇域居民对美好生活的向往。

同时，梅陇镇政府积极加强改善就业与社会保障体系。镇政府推动扩大就业，鼓励自主创业，大力创建“充分就业社区”，以保证社区人群的就业。梅陇镇还扩大社会保险覆盖面，提高保障水平，完善慈善救助体系，并将其与分类救助相结合，打造系统全面、功能合理的福利救助体系。同时，镇内同步加快环境综合整治，尤其关注老旧小区的居住环境改善和“城中村”综合改造。梅陇镇在社区治理中也针对地区的特殊问题进行专项整治与服务供给，通过推进村级集体经济组织改革、组织原经济组织成员入股等形式，探索农民的收入增长机制，取得了积极的成效，有三万余名农民进入增收机制内，并享受了这一政策的福利。可以说，梅陇镇政府不断践行着“人民城市人民建、人民城市为人民”的治理服务理念。

近年来，梅陇镇先后获得了全国文明镇、国家卫生镇、国家生态镇、上海市五好乡镇党委等 8 项国家级和 23 项市级荣誉称号；在镇域社区建设过程中，先后建成了上海市市级文明小区 22 个、文明村 15 个，区级文明小区 39 个。良好的硬件基础、完善的政策支持与体系建设为社区稳定发展、社区治理新模式的探索与治理现代化打下了坚实的基础。

三、梅陇镇的社会特征

梅陇镇是一个多元社会要素相交融的场域，兼具城乡二元特征。首先，传统的社会观念和关系网络依然存在。深厚的农业基础使得乡村的社会生活形态依然保留，有限的对外交往也使得社会关系的更新与再生产相对缓慢。虽然城市化带来的冲击日益深入，动拆迁、购买商品房等现代居住形态也割据或打破了村落原有的格局，但是传统的血缘、地缘关系，礼俗习惯以及价值观念依然起着主导作用。其次，镇政府对社区的关注不断加强。近年来，梅陇镇政府将建设和谐社区、推进社区自治作为构建和谐社会的重要抓手，投入大量人力、物力、财力以促进社区硬件设施的建设和优质公共服务等软实力的提升，专门成立社区事务受理中心为居民提供“一门式”服务，改善居委会办公条件和工作人员福利待遇，对社区发展项目进行政策扶持，实行政府购买服务等新模式，通过低成本、广覆盖的形式，让更多的居民受益。最后，社会力量不断发育与成长。随着政府转型和公众民主意识的增强，社区自治组织、社会组织等逐步发育成长起来，通过各种形式参与到社区发展的主体队伍中来，除了承接从政府剥离出来的社会服务职能，更为居民搭建起了主动参与社区事务、实现自治的各种组织载体，激发社区真正的活力。

自 2016 年“十三五”规划以来，梅陇镇社区治理改革不断深化。随着行政体制的改革，镇政府将越来越多的职能逐步下放给社区，同时要求社区有足够的能力和条件来承接这些本就属于社区的事务。伴随着公众民主意识的提升，那些蕴藏已久的、来自社区内部的自治潜能被挖掘出来，激发起居民参与社区自我管理、自我学习、自我服务的公众热情。社区内的居民群众以及各种社会组织回归到社区自治主体的行列，在更民主、更开放的空间里，开展学习探索、搭建实现载体、培育组织形式，在不断的实践和积累中，将原来单一政府的行政化管理拓展为多主体共同参与的合作自治，以此实现更广泛的公共利益。受城市化进程的影响，梅陇镇党委、政府不断在实践中探索如何激发城市社区自治的内生能量，从而引导居民自我组织、自我管理、自我服务、自我监督，继而创新社区工作方式、提升基层社区治理能力，在促进政府转变职能、减负减压的同时，也使社区发展呈现出更积极、更有活力的面貌。

综上所述，梅陇镇是一个处于超大城市中，多元要素融合的，正在不断尝试创新社区治理体系，提升基层治理能力的超大城区镇。因此，以梅陇镇为样本开展社区治理研究，对于快速城市化的城镇具有重要借鉴意义。

四、梅陇镇的社区治理特征

梅陇镇作为一个多元要素相结合的地区，其社区类型多样丰富、治理议题复杂交融。针对梅陇镇中社区种类多样、社区人员复杂的特点，梅陇镇因地制宜地制定了一系列社区治理计划，对梅陇镇的社区发展起到了引领作用。自2016年以来，社区治理这一概念也在不断深化，新的社区治理模式和社区治理方法不断出现。梅陇镇政府与社区中心不断探索，与时俱进，持续创新社区治理方法，取得了社区建设的巨大成效。

（一）坚持以党建引领为中心

梅陇镇居民区党委、社区中心在工作中始终坚持以党建引领为中心，提高党建引领水平，发挥社区内部党员的积极作用，推进社区建设与发展。社区中心围绕“创新创效，打造美丽社区”的主线开展工作，梅陇镇居民区党委切实依托党建引领下的共治圈、自治圈、服务圈，提升党建服务水平，进一步优化社区治理模式，建立健全工作体制机制，提升社区管理服务水平，增强居民的获得感和幸福感。例如，社区成立了居民区党组织换届选举领导班子和考察工作组，深入各基层党（总）支部开展前期调研考察工作。通过调研考察，社区既全面了解了居民区党组织基本情况，同时为新一届居民区党组织的换届选举工作打好基础，确保真正选好基层党组织的带头人、引路人，落实党建在社区工作中的引领作用。

自2016年起，梅陇镇社区中心围绕“党建引领”这一工作重点进行了多项切实有效的推进工作。2016年梅陇镇进行的党员队伍教育，深化了党员队伍教育实质、内涵，增强了党员的肌体免疫功能，加强对积极分子培养管理的要求，强化党员发展程序规范，逐步提高对党员的发展要求。2017年3月，梅陇社区开展了党建项目化工作研讨会，为基层党组织与第三方社会组织合作、探讨和研究社会治理工作新途径、新方法搭建平台，为社区治理与服务创新工作提供了全新的思路。同时，为了更好地统筹社区资源，提高社区党组织的凝聚力和向心力，居民区党委与社区中心按季度开展了党组织服务群众专项经费评审会，使得党组织服务群众专项经费的使用更加透明化、服务更加专业化，让居民区党组织服务群众的能力得到显著增强。

就阵地建设而言，梅陇镇建成了面积达1 200平方米的中庚百联党建服务站，该服务站承载着“两大平台、三个阵地”的功能，承担着引领平台与凝聚平台的重要角色。这一服务站是党员领导职工教育的红色阵地，是联系并服务群众、有效开展群团活动的活力阵地，也是整合南方商圈资源和政企项目、整合企业人才的服务阵地。此外，在党建的引领下，梅陇镇党组织重视社区居民生活质量的提升。位于永联村景洪路景联路上的永联文化生态园原来是一个违章建筑群，后在梅陇镇党委和政府的引导下变身为村民的“后花园”，成为占地面积达 60 亩的“天然氧吧”，是梅陇人的骄傲。

梅陇镇社区党建服务中心是众多闵行基层党建项目的缩影，正是在这样的实践中，梅陇镇践行着闵行城市基层党建“515 领航工程”，全面提升组织力，强化政治功能，推动基层党建全民进步、全面过硬，最终建立自身党建项目化、责任具体化、整改公开化、述职规范化、监督常态化的“五化一体”基层党建工作机制。纵观梅陇的发展，“十二五”期间，梅陇注重顶层设计；“十三五”期间的 2019 年，是梅陇对标“十三五”规划指标体系，奋力拼搏补齐短板确保完成规划目标的关键节点，也是政府兑现承诺的关键节点，更是各项工作圆满收尾谋划“十四五”要点的关键一年。“十四五”期间，梅陇将持续提升城市生态工程和治理服务创新，最终通过几轮的发展，实现生态、生活、生产的融合发展，旨在打造“宜居、宜商、宜业”的梅陇城市综合品牌。

梅陇镇社区中心以推动发展、服务群众、凝聚人心、促进和谐为目标，推动并举行了多样化的区域化党建活动。居民区党委、社区中心携党员服务中心通过组织共建、人才互动、党员联管、活动互助，以及实行党内资源统筹、社会资源与区域资源共享等举措，分享工作资源、交流工作经验、解决实际问题，积极推动社区建设与域内单位及部队的良性互动。一方面助推了区域化党建的工作制度化和规范化水平，提升党建工作整体效应和工作能级；另一方面从开展拥军爱民、军民一家亲和节日联谊活动，以及消防技能培训等方面入手，实现区域化党建共建共享共赢。以党建引领社区工作，大力发挥党员在社区中的引领作用，这已逐步成为梅陇镇社区治理的工作重点，也逐步成为梅陇社区工作中的重要法宝。梅陇镇在社区党建的过程中，坚持将党在基层社会治理过程中的核心作用作为各项工作开展的前提。在梅陇镇社区治理的“一核多元”体系中，以党建引领来确立社区工作的方向，以党政领导社区服务，充分发挥居民区和党员骨干的积极作用，这不仅具有中国特色，而且也能够使得社区治理在基层场域中寻找到重点抓手和核心依凭，继而实现将制度优势转化为社区治理的效能，提升和优化社区服务质量。

（二）探索社区治理方法创新

梅陇镇社区中心在指导、部署社区工作的过程当中，着力于整理和总结社区治理的体制和机制，重点总结工作经验与案例创新。邻里中心的建设就是梅陇镇社区治理体制机制建设并推广的典型案例之一。

2016 年，梅陇镇启动了邻里中心的建设工作，旨在关注民生、服务居民，并且也是对于社区治理的一次新探索。在区社会建设委员会的指导和镇领导的支持下，按照“4＋X”的模式配置邻里中心功能要求和“邻聚里”，推动社会治理服务创新。社区中心以民生需求、就近必备、合理布局为导向，结合梅陇独特的人文环境要素，着力传承梅陇地域文化和城市建设风貌，召开多轮协调会，就邻里中心设计细节、前期物业、居委会搬移等问题进行商讨。在充分协商的基础上，完善了邻里中心建设方案，落实了整体规划、配备，并列出了服务清单，努力为居民提供一站式服务。在邻里中心的区域化党建引领方面，梅陇镇建立“邻里中心办公室—理事会—秘书处”三级组织架构，聘请“红梅赞”志愿者服务队的老书记亲自督导、保驾护航；办公室由梅陇镇社区事务管理中心设专人总负责，直接对接社区建委社会工作科邻里中心相关事务性工作；理事会由驻区企事业单位代表、周边小区的党总支书记及团队组织代表、党员骨干、群众骨干、社会组织等共同参与；秘书处由专职社工和志愿者组成，负责邻里中心日常运营管理。同时，梅陇镇社区事务管理中心及时制定理事会章程，明确理事会、秘书处权利义务、工作职责和议事规则，确保理事会工作规范、运作有序；建立健全《入驻单位管理制度》《信息公开制度》《文明公约》等，确保邻里中心科学有序运行。邻里中心根据章程定期和不定期召开理事会会议，讨论邻里中心各项工作，确保“管理有序、服务到位、信息畅通、群众满意”。

梅陇镇在社区工作的过程之中，一直着力于提炼社区工作中的优秀体制机制，尝试将优秀做法推行到其他社区当中，不断提升社区的工作水平，增强居民的幸福感和对社区的满意度。自2016年起，梅陇镇社区中心针对社区治理的多个维度，进行了机制上的探索、建设、推广和优化。截至2021年年底，梅陇镇已在业委会运作体系、社区工作者管理与考核、“五违四必”常态化管理机制、“三长队伍”建设与评优体系、“全岗通”建章立制等多个社区工作领域进行了积极探索，并取得了显著成效。

（三）推动基层社区工作者队伍建设

为了推进基层社区队伍建设，在工作形式与工作内容方面，梅陇镇社区中心均进行了创新探索，培育了新一批具有专业社工理念与背景的社区工作者。2018年，梅陇镇社区中心在“红梅赞”居民区书记工作室的指导下，结合社会治理工作实际，通过优秀居委会书记与青年干部结对帮教，形成了有组织、成系统、快速、高效的孵化机制，促进了年轻干部成长，培养了社区骨干力量。同时，梅陇镇积极链接高校资源，与华东理工大学社会与公共管理学院联合，对镇域内社区工作者进行专业能力督导，为社区工作者的专业能力增能，从而为进一步深化社会治理服务创新，推进基层治理体系和治理能力现代化奠定了基础。

为了提高广大社区青年干部工作水平，社区中心结合来自社区的实践经验与来自高校的专业方法，有针对性地开展社区青年干部培训督导，精心设计了以发挥团队作用、凝聚力量、提升工作能力等为主要目的的课程体系，组织学员深入优秀社区实地参观学习，并组织基层党组织书记与社区干部联合开展有特色的“民生课堂”，使社区工作者能够转变思路、赋权增能、服务社区。同时，为进一步夯实社区队伍建设，梅陇镇社区中心开展了四期社区工作者培训活动，通过导师授课、参观学习、实战演练、问题讨论及场景模拟等多样化的培训方式，提升了社区工作者的服务水平和履职能力。在

2020年开展的社区工作者培训督导中，社区优秀学员已经可以针对本社区的实际状况，提出相关问题与解决思路，并开展具有针对性的社区治理创新实践。例如，社区中心开展了社区空间营造、议事会的流程制定与实际操作、志愿者队伍的梯队搭建等工作，以社区实际问题作为案例，将社区工作者与高校力量相结合，展开多角度、多层次的思考、实践与讨论，不仅使得社区治理方式大有创新，同时也对社区工作者的能力提升大有裨益。

社区治理的重点在于人，梅陇镇着力加强社区队伍建设，不仅为社区提供了一批踏实肯干、勇于创新的新时代社区工作人才，也为社区之后的创新发展奠定了良好的组织基础。梅陇镇通过社区与高校的合作，将社区治理的理论和实践相互结合，为社区工作者的培训提出了新的思路，并对社区工作者的督导形式进行实践。

（四）促进居民内生团队营造

居民内生团队一直是社区治理的关键力量，也是社区自治的重要组成部分。在梅陇镇的社区治理过程中，积极引导社区居民自治也是社区工作者的工作重点之一。而注重挖掘社区内生力量，完善社区治理队伍建设，提升社区居民自治能力也成为梅陇镇社区建设的重点。

为了增强居民的社区参与意识，梅陇镇党委、各居委会积极寻找社区居民骨干，发挥社区志愿者作用，以带动居民参与。此外，业委会作为社区自治的关键一环，其成立与管理能力建设也受到了社区中心与居委会的重点关注。近年来，在梅陇镇党委与各社区居委会的引领下，梅陇镇各个小区业委会的建设井然有序，为居民自治打下了良好的群众基础。在2015年组建的社区业委会四个工作室的基础上，梅陇镇成立了社区“海派家园”业委会指导服务中心，指导业委会开展工作，提高小区业委会的工作能力，帮助化解小区业委会与居民之间的矛盾。其间，梅陇镇以春申景城、华唐苑开展业委会第三方记账试点为基础，逐步扩大为第三方记账的工作，为居民维修基金和公共收益资金构筑防火墙；同时，引进专业律师团队，开展基层普法，为社区自治管理提供法律意见；积极推进支部班子、居委会班子两委班子成员与业委会班子成员交叉任职机制，确保组织意图通过合法途径得到贯彻落实，使小区自治共治工作在以党组织为核心的领导下有序展开。此外，梅陇镇还积极发展社区内生志愿队伍。经过社区工作者的不懈努力，社区志愿者团队逐步扩大，在社区治理当中的作用也不断显现。比如，春申景城社区提出志愿者队伍的梯度建设，即通过老、中、幼三辈志愿者，共同构建起志愿者参与社区治理的梯度模式，同时与周边资源进行链接，拓展志愿者的空间梯度和概念窄化（志愿者的个别化倾向）。多角度的志愿者队伍建设使得社区志愿活动丰富多样、志愿者团队赓续有力，也为居民的社区参与和社区自治团队的建设提供了源源不断的“源头活水”。

概而言之，位于超大城市边缘地区的梅陇镇，受益于上海的快速城市化进程，镇域经济发展十分迅速。但快速的经济发展与社会环境的多样化和复杂化为社区治理的有效实现带来了一定的挑战。为了回应这样的困难和挑战，梅陇镇坚持理论创新、实践创新，以专业化和体系化建设为目标，持续推动建设镇域社会治理共同体。

第四节　超大城市镇域社区治理的研究意义

国外社区治理研究历史悠久，已经形成了多样的理论范式和解释路径。然而，要使得这些社区治理研究的理论成果本土化，一定要结合本国社区治理实践中的经验和问题进行思考，提出本土化的社区治理模式，并探索具有中国特色的社区治理理论。对于上海市镇域社区治理经验和模式的研究，就是希望通过研究中国城市化过程中富有特色的镇域社区，总结出具有中国特色的社区治理模式，构建能够在中国的社会情景下有效运作的社会治理体系和理论体系，同时也向世界贡献一份中国的治理经验和知识增量。此外，上海市梅陇镇作为超大城市中的镇域社区，其包括的社区类型非常丰富，几乎覆盖了我国社会现存所有的社区类型：梅陇镇一些售后公房社区见证了 20 世纪国有经济时代的辉煌，现在却面临着社区的“老化”；动迁房社区见证了 20 世纪初中国的腾飞，也反映了城市结构转型带来的社会问题；商品房社区则见证了中国市场的崛起，也形塑了新的社区关系和权力主体；混合型社区更是凸显了改革历史和社区发展中的新旧更替与融合。新与旧的交织，多种样态和类型的复合并置，使得镇域社区的研究对于中国式社区的总体研究具有重要的意义，既能为单一住房类型的社区提供治理经验，也能够为更加普遍的混合型社区研究提供实践指导和理论助益，更是对当前中国社区研究的有效补益。

第五节　研究方法与章节安排

市场化、全球化、信息化高度叠加，重塑了当下的社区生活。更大数量、更广范围、更多类型的个人与组织有了联动的可能，如何在多元、流变中建立规范与规则，成为社会治理的新要义。本书聚焦超大都市的镇域社区，通过充分考察和剖析镇域治理实践和治理过程，来探索有效的治理路径和模式。

本书以“镇域”为中心和方法展开分析。以镇域为中心，涉及社区在镇中的位置以及多主体现象；以镇域为方法，是就方法意义而言，由镇域社区观测国家与社会，观测社会治理的现代化。在内容结构与写作思路上，第一章论述了超大城市镇域社区治理的价值与逻辑，通过介绍梅陇镇的镇情社情和社会治理现状，发现梅陇镇的社区治理兼具普遍性与特殊性，论述其对于创新社会治理而言具有的重要的实践和理论意义。此外，该章还介绍了本书的结构与写作思路。第二章首先对国内外学术界已有的社区治理研究进行回顾，在前人研究的基础上指出中国超大城市镇域社区治理研究的重要位置。依据梅陇镇的镇情和社区特征，以纵向社会整合的强与弱和横向利益代表性的广与狭，构成了镇域社区治理的分析框架，并用其衡量镇域社区的治理成效。第三章旨在以梅陇镇为主体，构建镇域社区治理共同体。基于第二章的分析框架和理论视角，第三章内容以文献为证据，以数据为支撑，结合社区实践经验展开论述，从镇域治理结构的现实维度出发，剖析镇域治理中党组织、居委会、物业公司、业委会、社区居民等各个主体的功能、定位、作用以及主体间关系，为后文的分类治理作铺垫。第四至第五章是更为具象的内容，展现的是镇域社区治理类型学。依照住房属性划分梅陇镇社区类型，并选取其中的商品房、动迁房、售后公房、混合型四类社区进行研究、干预和督导，较为全面地呈现了超大城市的社区治理的多样性和复杂性。各类社区治理有分有合，既有党建工作的基础性引领，也有专业社工力量的积极介入。第六章是对“行动者”的反思。社区治理除了关注政策和机制，更重要的是“人”和“队伍”，社区工作者是社区治理过程中主要的也是直接的执行者，是推进社会治理创新的重要力量，加强社区工作者队伍建设是强化组织保障的重要举措，也是将社区行动干预、实验性计划得以落实的有效保障。第七章对超大城市镇域社区治理的经验、模式进行总结与反思。根据上海市梅陇镇社区治理的经验研究，本书得出以下结论：第一，超大城市镇域社区呈现出流动性、碎片化、过渡性和多样并置的显著特点。第二，超大城市镇域社区转型需要平衡三种关系：传统与现代、城市与乡村、行政与自治。第三，超大城市镇域社区治理形成了整体治理、双向治理和分类治理等多样化的治理机制。第四，超大城市镇域社区治理需要遵从社区本位的工作理念与实践方法，在整合性治理中实现中国社区治理经验的有效积累。

第二章　镇域社区治理研究框架

第一节　国内外社区治理研究

一、国外社区治理理论相关研究

国外社区研究是随着现代生活方式的出现而出现，随着城市的发展而发展的，并逐步从理论阐释走向实践指导。西方社区治理理论研究主要有以下几种路径：

一是注重对社区空间与构成的研究。帕克与伯吉斯合著的《社会学导论》开创了人文区位论，关注社区的地域性、社区空间结构及社区居民。[①] 二是注重社区自治的研究，如社区权力理论，探讨了公民自治以及可能会形成的社区精英控制。由社区精英构成的权利主体拥有社区公共事务的决策

---

① Robert E. Park and Ernest Watson Burgess, *Introduction to the Science of Sociology* (Chicago: University of Chicago Press, 1921), p. 24.

权，会在很大程度上影响社区的发展方向。[①] 桑德斯的社区体系论中强调社区是一个持久互动的社会系统，社区治理的实质是社区中个人—群体间互动的动态过程。[②] 20 世纪 90 年代，随着公民资格理论、社群主义和治理理论的兴起，社区治理的理论开始被用于研究社区发展和社区治理体系，公众参与、社会治理体系等问题也在治理理论的框架中进一步得到了研究。三是社区分类研究。国外研究一般从社区形成位置、社会阶层分化、城市居民群体特征、社会经济情况和社会互动方式等方面对城市社区进行划分。[③] 社区的精细分类有助于提升研究的针对性，也为社区的多样化发展提供了理论支持。

除了理论研究之外，也有学者研究了西方社区建设的历史阶段：从 19 世纪末到第二次世界大战结束期间，社区救助是社区治理的重心；第二次世界大战后到 20 世纪 90 年代，社区发展则成为主流；20 世纪 90 年代至今，社区治理成为关注的焦点。同时，国外社区治理研究已经不再局限于社区治理理论，而是向着社区的持续发展方向进行。社区的形成和整合机制等理论问题也在不同学科内和学科之间引起了广泛的讨论，主要有：认为随着城市化，社区居民关系断裂导致社区失落的“社区失落论”；城市化中居民小圈子依旧存在，社区也会继续存在的“社区继存论”；随着社会发展，社区概念不再局限于地域概念的“社区解放论”等。

由此观之，国外的社区治理理论研究随着社区的实践不断发展，同时针对不同的社区类型，讨论也逐渐深入。但镇域作为我国在社会转型过程中的重要类型，在国外社区研究中的缺位，也为本书在以往研究基础上进行类型拓展与理论创新提供了机会和空间。

---

① Floyd Hunter, *Community Power Structure: A Study of Decision Makers* (Chapel Hill: The University of North Carolina Press, 1969).

② Jrwin T. Sanders, *The Community: An Introduction to A Social System* (New York: Ronald Press, 1958), p. 20.

③ 刘君德等：《中国大城市基层行政社区组织重构——以上海市为例的实证研究》，东南大学出版社，2013，第 27—34 页。

二、国外社区治理模式研究

从"国家—社会"的关系理论看，社区治理模式可以分为"弱政府—强社会"的社会主导模式、"强政府—弱社会"的政府主导模式、"强政府—强社会"的政社合作模式[①]，这是当前的主导性分析范畴。镇域的社区类型多样，其现实实践中的治理模式也有所不同。国外对于社区治理模式的不同分类能够为本书提供新思路。

从本质上看，对于不同国家的社区治理模式，主流范式大多以政府和社会的参与程度为依据进行区分，主要是因为不同国家社区产生差异的原因就是不同国家的政治经济社会环境不同，主要代表有"弱政府—强社会"的美国模式、"强政府—弱社会"的日本模式、"强政府—强社会"的新加坡模式。不同的模式是对不同政社关系在社区场域中的同步反映，而镇域内社区模式多样，社区居民对政府的认知也有所不同，因此对于不同类型的治理模式的讨论有助于为镇域的社区治理提供经验借鉴。

从对国外治理模式的梳理中可以发现，国外社区治理模式都是与本国的实际情况相联系的，主要是基于国家与社会关系的不同状态而进行的分类。国外研究在政社关系、社会组织、公众参与等方面已积累了诸多研究成果，而我国在这些领域的研究才刚刚展开。我们既要有效借用西方已有的理论范式启示我国社区治理研究和实践，又要审慎考量，充分考虑经验的特殊性和我国的独特国情。

三、国内社区治理研究

国内的社区治理研究尽管发源较晚，但是随着我国城市化和社区建设的快速发展，相关研究的广度和深度也不断增加。当下的社区治理研究，主要是基于我国本土的社区治理实践，其中治理主体、治理方式与治理机制三

---

① 丁茂战：《我国城市社区管理体制改革研究》，中国经济出版社，2009，第168页。

个维度上的研究较为聚焦。

其一，从治理主体角度来看，共识性的观点是，社区治理的主体多方，可以将其概括为“一核多方”。比如张平、隋永强认为我国社区治理主体为“一核多元”。其中“一核”指中国共产党是党建引领的领导核心，“多元”包括基层政府，社区居委会和业委会、社会组织和第三方组织、社区原生单位、社区公众等主体。① “多元”主体合作社区治理模式的要求和条件是网络化治理、政社合作、社区民间自组织和公众主体参与。② 其中，基层党组织以结构、功能、关系、认知维度多重嵌入社区治理，成为党建引领城市社区治理的有效实践经验。③ 党在基层社区治理中发挥了社区资源整合、利益分配和社区价值构建等主体作用④，是明显的治理上的“核心”。居委会则扮演了“群众性自治组织”和“基层准行政组织”的双重角色。⑤

此外，随着我国本土的治理主体不断多元化，社会组织对社区治理发挥了越来越大的作用。近年来，有关社会组织参与社区治理的研究逐渐增多，其中最具有影响力的分析视角为“三社联动”。“三社联动”是指社区、社会组织与社会工作者三者通过有机整合的方式实现资源共享、优势互补、相互促进、协调发展、良性互动，构建社会治理新格局。⑥ 对“三社联动”的研究主要包含关系、模式和实践问题的研究。首先是对于“三社联动”中三个关系的研究，有研究提出根据社区治理的变化要对“三社联动”进行重新定位，明确社区治理中的三社主体和三社之间的关系⑦。其次是对“三社联动”模式

---

① 张平、隋永强：《一核多元：元治理视域下的中国城市社区治理主体结构》，《江苏行政学院学报》2015 年第 5 期。

② 陈剩勇、徐珣：《参与式治理：社会管理创新的一种可行性路径——基于杭州社区管理与服务创新经验的研究》，《浙江社会科学》2013 年第 2 期。

③ 王东杰、谢川豫：《多重嵌入：党建引领城市社区治理的实践机制——以 A 省 T 社区为例》，《天津行政学院学报》2020 年第 6 期。

④ 伍玉振：《新时代党建引领城市社区治理的内在逻辑与路径优化》，《中共福建省委党校（福建行政学院）学报》2020 年第 5 期。

⑤ 孔子月：《嵌入性视角下社区居委会在邻避问题治理中的双重角色与行为逻辑——以 S 市 Y 事件为例》，《社会主义研究》2020 年第 4 期。

⑥ 叶南客、陈金城：《我国“三社联动”的模式选择与策略研究》，《南京社会科学》2010 年第 12 期。

⑦ 徐永祥、曹国慧：《“三社联动”的历史实践与概念辨析》，《云南师范大学学报（哲学社会科学版）》2016 年第 2 期。

和经验的研究，例如，有的研究以合作网络理论为理论基础，从权力结构和互动程度两个维度，将“三社联动”模式分为共享型、领导型、枢纽型和休眠型[①]，有的研究以“三社联动”的基本逻辑将其归纳为工具性联动、协作式联动和合作式联动[②]。最后是对“三社联动”在实际运行中的问题研究，例如有学者指出了社区治理主体能力不足、社区居民有效参与不足、联动缺乏持续性，以及联动机制不完善等问题[③]。

其二，从社会治理方式来看，研究主要包括党建引领下的治理理念与多样化的治理技术。党建引领下的社区治理是一种可以将制度优势、构建社区治理共同体、科学治理相结合的社区治理方式；旨在提高社区自治能力、培育社区共同体文化、促进社区良性有序发展。[④] 党建引领下的社区治理新模式实践研究强调党对基层治理的全面领导，研究党建引领在基层社区中的作用，有助于匡正基层治理路线，充分发挥我国制度传统的优越性，以及在治理中实现将制度优势转换为明显的基层治理效能。

其三，对于社区治理中治理机制的研究主要集中在如下几个方面。一是对网格化社区治理模式的研究。有研究指出网格化的社区治理模式向合作共治型社区治理模式转变是必然要求[⑤]，网格化在农村社区治理中发挥了很大作用[⑥]。二是对在社区治理过程中智能社会和现代化技术治理的作用进行分析。例如，在社区治理中可以结合新智能技术与传统文化，建立社区内的“智能信任”。[⑦] 三是在社区协商制度方面，主要构成要素是组织化运作、

① 曹海军、刘少博：《社区公共服务合作网络模式辨析——以“三社联动”为例》，《中国行政管理》2020 年第 8 期。

② 王思斌：《“三社联动”的逻辑与类型》，《中国社会工作》2016 年第 4 期。

③ 关爽：《城市社区治理中“三社联动”的发展条件与支持体系建设——基于治理情境的分析》，《华东理工大学学报（社会科学版）》2019 年第 6 期。

④ 陈友华、夏梦凡：《社区治理现代化：概念、问题与路径选择》，《学习与探索》2020 年第 6 期。

⑤ 朱仁显、邬文英：《从网格管理到合作共治——转型期我国社区治理模式路径演进分析》，《厦门大学学报（哲学社会科学版）》2014 年第 1 期。

⑥ 伊庆山：《新时代我国农村社区网格化服务管理创新研究——基于 S 省网格化政策实践调查》，《兰州学刊》2020 年第 9 期。

⑦ 靳永翥、莫桂芳、赵远跃：《“智慧信任”：数字革命背景下构建基层社会共同体的新动力——基于贵阳市沙南社区的个案分析》，《中州学刊》2020 年第 1 期。

民主化审议、项目化驱动和专业化推动[①]。此外,情感治理作为一项新的社区治理机制正成为一个新的研究方向,而其作为一项新的社区治理技术也在当下的社区治理中发挥着越来越大的作用。情感治理关注人情、面子等传统人际交往在社区治理中的作用[②],并能够提升由社区认同感与社区凝聚力组成的社区意识[③],具有重要的治理价值和意义。

随着国内社区治理实践的发展,社区治理的研究中心正在发生变化,与实践发展相一致,目前社区治理的研究出现了两种趋势:本土化趋势和现代化趋势。就前者而言,在研究过程中,许多治理机制、模式、经验都开始进行本土化的探索,党建引领、三社联动、情感治理等治理方式和机制都是根据中国特有的社区实践而展开的具有针对性的社区治理实践,亟须理论上的提炼和建构。就后者来说,智能化、网格化和大数据等现代技术的出现也给社区治理研究和实践创造了新的空间和可能性,社区组织的方式、社会主体的互动以及基层社会的组织化实践都在现代技术的改造中被不断重组和重构。目前,基层社会治理正在展开新的实践空间和发展样态,更多本土化和现代化的研究成果将会逐步呈现,中国社区治理研究的丰富性和多样性必将为社区理论的发展贡献学术智慧。

四、国内社区治理模式研究

当前中国的社区治理研究形成了两种不同范式,即单中心秩序和多中心秩序[④],以及四种治理类型,即行政主导型、行政引导型、多元共建型和多元共治型社区[⑤]。经过多年发展,中国社区治理呈现为一系列不同的发展模

① 黄徐强、张勇杰:《技术治理驱动的社区协商:效果及其限度——以第一批“全国社区治理和服务创新实验区”为例》,《中国行政管理》2020 年第 8 期。
② 田先红、张庆贺:《城市社区中的情感治理:基础、机制及限度》,《探索》2019 年第 6 期。
③ 高红、孙百才:《情感治理视域下社区意识影响因素及培育路径》,《安徽师范大学学报(人文社会科学版)》2020 年第 5 期。
④ 易志斌、马晓明:《多中心合作治理模式与城市管理发展方向》,《城市问题》2009 年第 3 期。
⑤ 戚晓明:《社区治理类型与乡村振兴下的农村社区环境治理》,《南京工业大学学报(社会科学版)》2019 年第 5 期。

式，例如20世纪90年代的上海模式、沈阳模式、江汉模式等三大模式，新时期以来的成都模式、杭州模式、深圳模式等新型社区治理模式，以及在基层社会治理与服务创新实践上中形成的超大城市社区治理、农村社区治理、镇管社区治理等具有社区类型特色的治理模式。

近些年，对于上海模式的研究出现了新的方向，主要包括党建引领、智慧社区和超大城市治理。在关于党建引领的研究中，学界主要关注党建引领在深化社区治理社会化格局，在社区治理中实现党社互构中的双重增能效应。[①] 同时，有的研究注重总结以“党建引领”为核心内容的社区治理经验，即利用党组织的组织能力和资源协调能力进行社区治理的相关实践，能够形成“党建引领”为核心的上海模式，即网格化、区域化、枢纽化的党建体系和政府治理体系以及社区层面的以社区协商为中心的自治共治体系。[②] 而在智慧治理方面，有学者针对上海市浦东新区周镇的智慧社区开展研究，认为技术治理的社会属性和价值属性，坚持“社会为体、技术为用”的实践逻辑，将引领社区治理朝向“以人民为中心”的方向迈进，可以满足居民需求、优化社区治理结构、强化党建引领的治理格局。[③] 而本书所在的梅陇镇地处上海这一超大城市之内，镇域经济实力雄厚，社区规划、治理水平较高，社区工作者素质也相对较高。因此，梅陇镇延续了“政府主导型”的上海模式传统，在行政力量高位推动社区治理的同时，积极引导居民充分自治。

目前，全国各地在社区治理方面的探索取得了很大的进步，同时各个地区也有不同侧重点。例如，上海的现代化技术治理和超大城市治理经验，成都的社区自治经验、杭州的政府购买服务治理经验和深圳的社工参与治理经验等，每个城市通过社区治理实践，总结了很多共性和个性的问题。可以

---

① 戚玉、徐选国：《从政社关系到党建引领：理解社区治理的范式转化与经验嬗变——基于对上海沪街的实证研究》，《学习论坛》2020年第2期。

② 李威利：《党建引领的城市社区治理体系：上海经验》，《重庆社会科学》2017年第10期。

③ 徐选国、吴佳俊：《智慧社区建设的实践逻辑——基于对上海周镇的经验研究》，《城市观察》2020年第1期。

看到，我国城市基层社会治理模式在相互借鉴中不断发展，不断创新，目前正在向“党委领导、政府负责、民主协商、社会协同、公众参与、法治保障、科技支撑”的社会治理格局迈进。

五、社区治理研究的最新进展

党的十八届三中全会以来，“社会治理”概念的提出给各级政府和学界提供了开展实践和研究的方向。而如何从政府统一的、全面的管理体系，发展成为多主体协同共治的治理体系，成为当下社会治理研究与发展的重要方向。随着当下社会结构的变化，社区治理主体由单一的政府，扩展为政府部门、企业、社会组织、社区组织和社区公众等多元主体。在社区场域中，多元主体在党建引领下，通过民主协商建立制度化机制，挖掘和聚焦社区核心公共利益，在此基础上组织和动员各主体积极参与社区治理、提供社区服务[①]解决社区问题，这将是中国基层社区治理的新方向。

六、镇管社区治理研究

目前国内学界对镇域社区治理的讨论尚不充分，但基于“镇管社区”这一概念开展的研究已较为丰富。现有研究主要聚焦镇管社区的概念与分类、镇管社区的形成原因、镇管社区的运行机制等方面，为我们提供了重要启发。

早在20世纪90年代初，浦东原严桥镇提出了“镇管社区”的概念，其最初含义为：镇管理城市化地区（社区）。杨发祥在研究上海社区的过程中，提出了这一概念并进行了定义：在镇的现有行政架构下，对镇域内的城市化社区，采用与管理农村社区有差别的政策与行政手段，实施符合城市化管理与服务实际的行政管理方式，在行政管理架构、财政支持、服务手段等方面形

① 冯晓英：《北京社会服务管理创新研究》，社会科学文献出版社，2011，第37页。

成相互配套、协同推进的社区管理新机制①，强调了新的运行机制和形成原因。有关镇管社区这一概念的研究，有助于提升对于“镇”这一行政层级的了解，并有针对性地提出了相应的治理方略。

童潇认为城乡二元性是镇域社区形成的主要原因，快速城市化、郊区化和利益冲突，使得镇村制变成了城区街居制。而在城乡二元性的发展过程之中，镇管社区被视为快速城市化与基层社会管理体制互相影响过程中形成的一种新型城镇化的社会管理方案。② 这一管理方案为梅陇镇的镇域治理奠定了基础。而在上海这一超大城市中，镇域是城市化转型过程当中的过渡阶段，因而其治理也需要考虑上海的地区特性。叶敏、熊万胜在研究上海的镇域时，提出了原有镇级管理体制出现了“人大衣小”和“脚大鞋小”的管理体制瓶颈，提出镇管社区模式是一种中间、过渡性质的体制安排，有助于低成本、动态化地解决快速城市化区域超级大镇的体制调适问题。③

通过对镇管社区文献的简要梳理可以发现，研究者多是将社区当作一个整体对象来研究，从历史、政策等宏观角度，特别是从行政体制的脉络中对镇管社区的整体进行研究，并提出问题和解决方案。但是，由于不同时期对“镇管社区”功能作用的要求不同，至今没有形成稳固的内涵，致使基于这一概念开展的研究工作可推广性有限。进而言之，本书之所以用镇域社区概念而非镇管社区概念进行研究，是因为本书希望研究这类社区内部的治理机制，将“镇域”作为一个空间本体，对其内含社区的丰富性、实践的复杂性进行具体的、类型化的研究；同时，也将“镇域”作为一个分析方法，对其可能蕴含的社区理论价值、学术创新空间进行积极建构。由此，本书使用了镇

① 杨发祥、施丹：《镇管社区：社区管理模式的一种新探索——以上海浦东 S 镇为例》，《福建论坛(人文社会科学版)》2012 年第 7 期。

② 童潇：《新型城镇化背景下的“镇管社区”模式实践及其优化——面向城乡人口流动的大型居住区社会管理创新》，《兰州学刊》2012 年第 12 期。

③ 叶敏、熊万胜：《镇管社区：快速城市化区域的镇级体制调适——以上海浦东新区 H 镇的镇管社区建设经验为例》，《中国行政管理》2018 年第 10 期。

域社区治理的概念，而非行政体制脉络中的镇管社区。

第二节　超大城市镇域社区分类治理的框架

《中共中央 国务院关于加强和完善城乡社区治理的意见》指出，到 2020 年，基本形成基层党组织领导、基层政府主导的多方参与、共同治理的城乡社区治理体系。该意见表明，社区治理体系主体主要包括基层党组织、基层政府和其他多元主体，并且强调参与和共同治理。《中共中央关于坚持和完善中国特色社会主义制度 推进国家治理体系和治理能力现代化若干重大问题的决定》中提到了社会治理体系的具体要求，即党委领导、政府负责、民主协商、社会协同、公众参与、法治保障、科技支撑。

本书基于《中共中央 国务院关于加强和完善城乡社区治理的意见》和《中共中央关于坚持和完善中国特色社会主义制度 推进国家治理体系和治理能力现代化若干重大问题的决定》对社会治理体系的说明与要求，提出了超大城市镇域社区治理模式分析框架。首先，本书建立了超大城市镇域社区治理体系模型，以纵向社会整合的强与弱和横向的利益代表性的广与窄，构成社区治理主体互动关系、逻辑的分析框架和理论视角，并通过党委领导、政府负责、民主协商、社会协同、公众参与、法治保障、科技支撑等现代治理手段将各主体联系起来。其次，本书根据超大城市镇域社区内部多元主体的不同特点分析多主体互动合作机制，以此说明各主体的治理能力。

本书通过研究社区各个主体的整合程度，指出社区各个主体所能扮演的治理角色。所谓社会整合，就是出于解决社会矛盾、处理社会关系、有效促进社会进步的目的，将社会中具有不同的目标、利益、价值观的个体凝聚成一个有机整体并使其价值导向和行为方式符合社会的总体目标的过程。①

① 苏国勋、刘小枫：《社会理论的诸理论》，上海三联书店，2005，第 3—18 页。

社区整合程度的强弱直接影响了“一核多元”的社会治理参与程度。“一核多元”的社会整合程度越高，其参与社会治理的积极性就越高，同时社区治理的参与程度也就越高。社区的主流价值导向影响了社区成员对社区事务的基本判断，进而左右着人们对行动的选择，只有使社区中的大多数成员达成某种程度的共识，社区才能具有向心力和凝聚力。如图 2－1 所示，在社区治理过程中利用自上而下的方式推进信息技术参与社区治理，可以提高社区治理效能。“一核多元”要将法治保障和科技支撑要素加入社区治理的过程中，通过技术治理的方式提高社区治理能力，提高社区治理成效。超大城市镇域社区除了一般社区的特点之外，在社会整合程度方面也有其特殊性，其人口构成复杂、治理主体存在差异、社区发展不平衡等问题都影响了社会整合程度。因此，在社会整合程度分析中不能单单拘泥于“一核多元”，即仅对党支部、居委会、业委会和物业公司进行分析，而需要根据社区具体情况开展分析和研究。

社区多元治理主体自身利益冲突与公共利益的冲突，会影响各治理主体对于社区公共利益的认同度。不同类型社区的多元治理主体的自身利益不同，多元治理主体利益与公共利益的冲突点也各不相同。利益冲突越大，治理主体对于公共利益的认同度越低，参与社区治理的意愿越低，社区治理效果越差。因此，社区治理各主体之间应该发挥社会协商和公众参与的功效，增强基层民众社会参与意识，化解社区人际关系矛盾，促进情感交流，推进信任与合作的共建共享型社区共同体的构建。通过明确社区协商和公众参与的参与流程、参与主体、参与方式和参与体系等，能够建立起有效的协商参与机制，并通过协商体系解决社区公共议题。如图 2－1 所示，在面对社区各主体冲突的过程中，要使用民主协商的共治手段，建立有效的协同体系，提高社区治理成效。超大城市镇域社区在发展过程中存在不同程度的发展不平衡和多种类型社区共存的现象，这导致社区治理的具体情势存在明显不同。由此，在研究社区利益冲突处理机制时，不仅仅要对社区进行类型学的划分，还要注意社区的历史环境和社会环境等社区具体情势,即使是同类型小区,其存在问题也不尽相同。这是镇域社区治理的复杂性所在。

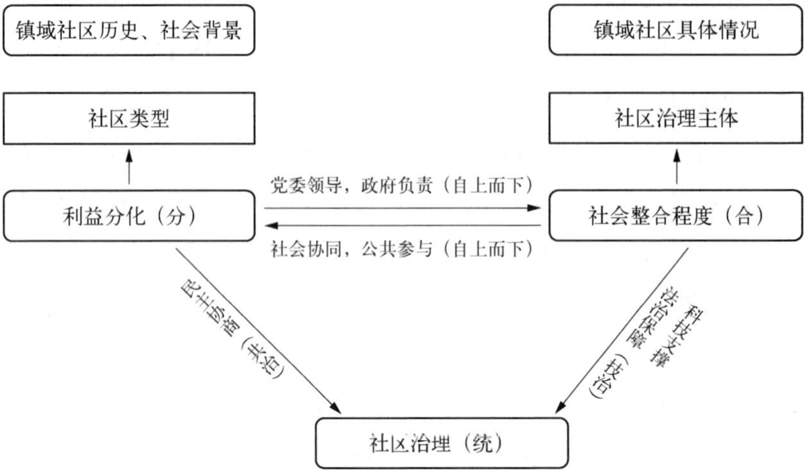

图 2-1　镇域社区治理模式分析框架

同时,本书对社区的整合程度和公共利益进行分析,并根据结果构建多主体社会治理共同体。如图 2-2 所示,政社通过分工与合作发挥各自的治理能力以提高社区治理水平。基层党组织在社区治理中发挥党建引领的作用,领导社区各主体开展社区建设,可以通过思想引领和政治引领的方式将社区整合成为治理的有机共同体。社区居委会在社区治理中可以发挥基础和主导性作用,通过民主协商和资源统筹等方式建设社区治理共同体。业委会、物业公司、其他社会组织及居民可以发挥社会协同的作用,为社区建设有机共同体提供社会基础,特别是通过社区自组织、社区公共平台建设等进一步夯实社区治理的民情基础。

上海作为超大城市在创新社会治理加强基层建设的过程中和在社会治理实践探索之中已经积累了丰富的治理经验,在社会协同治理方面也进行了积极尝试和建构,取得了较为明显的成效。因此,在对镇域社区治理主体进行具体分析时要结合上海市之前的治理经验,对于之前建立的机制、组织

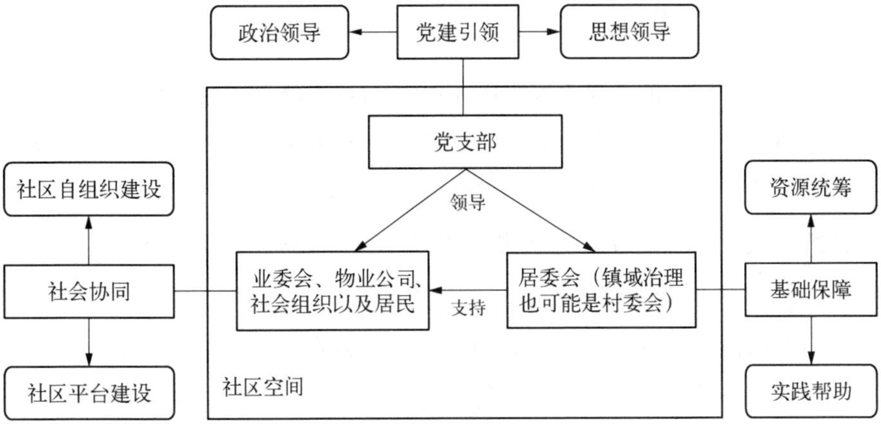

图 2－2　镇域社区治理多主体合作模式

等进行对照分析。但与此同时，本书研究的上海市镇域社区同样存在着治理主体功能定位不明确的情况，有些治理主体存在缺位的情况，而有些治理主体则存在越位的情况。所以，根据超大城市镇域社区治理的实际情况开展针对性研究也是十分必要的。从这一意义上讲，镇域也是情景，对镇域的研究是以镇中社区为本的具体的、情境性的分析与研判。

第三节　镇域社区治理的核心机制

社会整合机制和冲突处理机制，是镇域社区治理工作开展的核心。社区各主体通过社会整合机制建立有机联结，形成共同价值规范和治理共识，有助于在社区治理活动中统一目标，提高各主体之间的凝聚力。而镇域社区治理的冲突处理机制是为了解决个人利益与公共利益冲突以及不同组织间的冲突，减少资源浪费，维护信任关系，形成社区治理有机共同体的常态化机制。前者的目标是整合和维护秩序，后者则旨在解决问题和满足需求。两者共同构成了社区治理与发展的动力学。

一、社会整合机制

社区整合程度的强弱直接影响了社区治理主体的参与程度。基层党组织可以通过对社区内部进行整合，使得整个社区内形成被多数社区居民认可的主流价值观，建立社区治理共识和协商机制，使得社区治理的多元主体能够统一认识，并形成相关合作机制和协商机制，通过合作和协商使得社区产生社区凝聚力，进一步提升社区整合程度。

为了取得社区治理的成效，社区要发挥党建引领的整合作用。具体可以通过以下实践进行：一是不断强化基层党建，将党建与社区治理结合，开展新的社区治理实践；二是全面加强党支部对社区组织和各项工作的领导，提高社区整合程度；三是优化党支部服务职能，做好社区的公共服务，提高服务能力和水平，继而在此基础上进一步提高社区整合水平；四是根据镇域社区特点和辖区资源开展区域化党建，整合和链接社区内外资源参与社区治理与服务；五是建立以社区居民满意度为主要衡量标准的社区治理评价体系和评价结果公开机制；六是根据镇域特色，整合社区文化资源和提高社区公共意识，弘扬社区优秀传统文化，通过文化引领，提升社区居民对于社区的认同感、归属感、责任感和荣誉感。

同时，社区要注重发挥基层群众性自治组织的基础作用。这一基础性作用的发挥蕴含有通过工作进行整合的可能。镇域社区的特殊情况要求进一步明确和规范社区民主选举制度和选举程序，同时居委会和业委会需要建立完整的社区协商机制，在处理社区问题的过程中，通过社区协商和合作机制，确保社区居民参与社区共同治理过程，不断提升社区居民的组织化程度和参与程度，实现政府治理、社会调节和居民自治的良性互动。

社区还要主动积极发挥物业公司的社会服务功能，要尝试建构将其纳入基层社会治理体系中的制度。加强社区党组织、社区居委会对业委会和物业服务企业的领导和监督，建立健全社区党组织、社区居委会、业委会和物业服务企业议事协调机制。通过完善服务职能，社区要让物业公司积极参与社区治理，形成良好的沟通机制，同时提升居民和社区对其服务工作的认同度。

社区整合程度的强弱直接影响了“一核多元”的社会治理成效。只有提高多元社区治理主体的社会整合程度，提高其参与积极性和参与程度，社区治理才能从表面治理逐渐过渡到深层自治。社区治理的目的是提升社区向心力和凝聚力，形成社区意识，而统一的社区意识会提升社区成员参与社区事务的积极性，减少社区治理的阻力，有助于形成社区多元主体合作共治的格局与形势。

二、冲突处理机制

针对不同社区中存在的利益冲突问题，社区治理各主体需要进行协同，通过冲突处理机制实现问题解决和力量均衡。社会协同机制能够在处理社区利益冲突和提高社区公共利益认同度方面发挥作用，主要体现在以下几个方面：首先，建立和完善社区治理各主体与居民之间的利益表达机制，避免因表达机制缺失而出现参与缺失问题。其次，加强社区情感治理，完善心理疏导机制，可以考虑通过第三方组织加强对社区特殊群体的专业帮助和服务。最后，建立纠纷调解机制，尤其是在物业纠纷、邻里纠纷调解等社区居民常见纠纷过程中，发挥各主体和组织的作用，保证纠纷处理的及时性、便捷性和公正性。

在建立普遍性社区冲突处理机制的同时，也须针对镇域社区的实际情况进行分类治理，并采取具体措施。比如，在新建商品房社区的居民社区关系没有建立之前，社区需要着重通过一定的工作将社区居民联系起来。商品房社区居民的构成多样化，虽然给多中心的社区治理提供了有效支持，但也给新关系的建立带来了困难。在商品房社区中，尤其是上海特大城市的商品房社区，居民对于自身权益十分看重，社区治理过程中的利益冲突也非常显著。在没有传统社区的关系羁绊的前提下，如何建立被大多数居民认可的社区治理模式成为商品房社区的一个难题。

售后单位公房社区的治理问题通常多聚焦在物业服务问题上。比较常见的问题包括：一是小区公共设施老化需要维修而面临资金不足的矛盾；二是物业费过低，同时收缴率低的问题；三是社区居民整体诉求与社区服务供给不足之间的矛盾。因此，社区居民与物业公司的利益冲突较多，社区治理可以由此入手。

动迁房小区治理的关键则在于对社区居民的积极动员，并在此基础上形塑社区归属感。其治理难题一般包括以下几个方面：一是群众参与社区治理的热情不高，社区发动居民参与的难度较大；二是社区治理方式较少，没有形成社区治理氛围；三是社区人口流动性大，社区治理开展难度较大。因此，社区居民对于社区环境、社区治理和社区发展的要求较多，很难得到全面实现。

混合型小区面临的挑战是需求的差异多样导致社区集体行动的难产。比如，社区居民共同体意识形成较为困难；社区公共空间与社区公共设施配置的不足无法满足居民的需求；社区居民成分复杂，社区矛盾较多，较难形成有效的矛盾解决机制。因此，社区居民对于社区发展很难形成统一意见，社区较难发展。

超大城市镇域内几乎包含了所有的社区类型，商品房、售后公房、动迁房和混合型社区都共时性地存在于上海市梅陇镇场域中，其治理难度之大、转型发展之艰以及服务创新之难成为梅陇镇社区治理的底色。因此，对于梅陇镇社区的类型学分析以及治理实践过程的研究就构成了本书接下来展开的重点，这也是观测和认识镇域社区治理样态的基本逻辑。

第三章　建构镇域社会治理共同体

社区作为管理和服务居民的重要空间和场所，是一个国家治理体系和治理能力现代化水平的集中体现，是国家治理体系的基础。党的十九届四中全会通过的《中共中央关于坚持和完善中国特色社会主义制度 推进国家治理体系和治理能力现代化若干重大问题的决定》提出，要坚持和完善共建共治共享的社会治理制度，保持社会稳定、维护国家安全。该决定指出："构建基层社会治理新格局。完善群众参与基层社会治理的制度化渠道。健全党组织领导的自治、法治、德治相结合的城乡基层治理体系，健全社区管理和服务机制，推行网格化管理和服务，发挥群团组织、社会组织的作用，发挥行业协会商会自律功能，实现政府治理和社会调节、居民自治良性互动，夯实基层社会治理基础。加快推进市域社会治理现代化。推动社会治理和服务重心向基层下移，把更多资源下沉到基层，更好提供精准化、精细化服务。"

在梅陇镇的社区治理实践中，我们尝试将视野由市域层次下沉到镇域层次，探索并求证社区治理在镇域范围内何以可能、如何可为？由此，社区治理主体的类型、各主体互动方式与关系实践等议题，则构成了本书进一步探讨的主题。从广义上来说，社区治理主体包括政府、社会与市场。而在镇域范围，政府、社会与市场这三个主体对应着更加明确的治理主体：政府主要是指党组织、作为公权力代言人的居委会等主体，社会主要有业委会、居民、社会组织以及社区社会组织等重要力量，市场则是指物业公司、养老托育等经济主体。不同的社区治理主体代表着不同的利益，具有明显不同的行为逻辑，它们之间的互动方式和关系状态直接影响着社会整合程度的高与低、治理状态的治与乱，从而影响社会治理的现代化。

本书涉及梅陇镇的 23 个社区的治理现状以及实践过程，分别为银兆银都、银泰苑、中梅苑、蔷薇二居、望族新苑、南方二居、梅陇一村、梅陇二村、梅陇三村、梅陇四村、梅陇六村、莲花公寓、春申景城、罗阳一居、罗阳六居、罗阳九居、嘉和花苑、高兴二居、晶城二居、晶城三居、朱行二村、金都路以及曹行。本章将对 23 个社区的党组织、居委会、物业公司、业委会及居民等参与社区治理的具体实践过程以及各自所承担的角色与功能做出讨论，尝试在此基础上描摹与建构镇域社区治理的实践模型以及分析社区治理共同体的基本框架。

第一节　党组织——社区治理中的核心力量

党的十九大报告明确指出，要把街道社区等基层党组织建设成为宣传党的主张、贯彻党的决定、领导基层治理、团结动员群众、推动改革发展的坚强战斗堡垒。十九届四中全会亦明确指出，要把党的领导落实到国家治理各领域各方面各环节。在市域层面，上海市于 2020 年 6 月召开社区工作会议，市委书记李强强调，要认真践行“人民城市人民建、人民城市为人民”的重要理念，进一步夯实城市治理现代化的社区基石，做好社区治理赋权增能的“加法”、减负减压的“减法”、科技赋能的“乘法”、革除弊端的“除法”，完善党建引领下的共建共治共享社区治理格局，提升社区治理规范化精细化水平，全力以赴把人民群众安居乐业的家园建设好，让生活在这座城市的人们更加安心、舒心、暖心。

党组织是社区治理的核心，在梅陇镇的社区治理实践中党建引领发挥了关键作用。社区党建与治理的联动和耦合，实现了制度优势向治理效能的积极转化。本节力图将已有社区党建研究与梅陇镇的具体经验相结合，对社区党建模式展开分析。

一、社区党建相关研究

社区党建既是政党建设中不可或缺的一部分，也是“党与社会链接”的基础环节。现有研究主要聚焦在如下几个方面：

第一，社区党建的经验化解读。截至 2020 年 6 月 17 日，通过对中国知网收录文献的查询，我们发现在国内的社区研究中，社区党建相关研究偏少，只占社区治理、社区建设等主题研究的 1.47%，且大多数文献是“就党建而言党建”，突出表现为对社区党建的精神进行“解读”或对面临的问题进行“破题”，聚焦于社区党建面临的困难与改进方法①，却鲜有深入的理论解释。也就是说，大多数的社区党建研究倾向于政策解读，从意识形态的角度来谈“怎样建设”而非“党建如何存在”，只讲正确性、方向性，不注重社区党建机制与元理论的内在机理。

第二，社区党建的行动逻辑。回顾中华人民共和国成立以来我国城市基层党建的研究可以发现，社区党建经历了 1949 年至 1978 年“以单位为主体”的单位党建、改革开放后至 1999 年“以街道为主体”的街道党建以及 2000 年发展至今的“以社区为中心”的社区党建三个阶段。城市基层党建的变迁特征主要凸显在功能与工具上：在功能上，其从单一的“政治取向”转变为“政治取向与社会取向”二维均衡；在工具上，其方法、手段的运用从“内向

① 吴晓林：《党如何链接社会：城市社区党建的主体补位与社会建构》，《学术月刊》2020 年第 5 期。

型”走向“外向型”。[①] 城市社区党建概念在改革开放后较长时间内指代城市的基层党建工作，2019 年 5 月，《关于加强和改进城市基层党的建设工作的意见》中首次使用“城市基层党建”这一概念代替“社区党建”。城市基层党建的内涵主要体现在五个方面，即横向贯通城市基层党建主体间的互联互动，纵向聚焦市、区、街道、社区各级党组织的同频共振，强化街道党组织的轴心地位，为社区党组织减负赋能，网格党建的强化抓实。[②] 从社会整体与微观实践角度来说，我国的城市基层党建展现了双重指导逻辑，作为主导逻辑的政治逻辑以压实对社区党员属地管理的方式，达到提升社区党组织、党员服务群众能力的目的，而政治逻辑的衍生物——行政逻辑，主要以区域化党建形式弱化条块矛盾。可见，在逻辑导向上，政治逻辑强调社会整合，行政逻辑注重“条块”整合，二者逻辑下面向的主要对象和运用的手段也有所差异，前者以党的纪律要求党员提供社区服务，后者以党的领导统筹党政职能部门。在短期任务和长期目标上，政治逻辑强调利益协调推动社会整合，而行政逻辑则是通过执法力量下沉得以理顺“条块”关系、明确职责权限。[③] 这一行动逻辑与实践经验远超出西方社会理论想象，鲜明构建了我国基层社会治理话语体系框架，提供了具有国际视野的治理智慧。

第三，社区党建之重要性与功能。中国共产党强调“从群众中来，到群众中去”，认为“群众路线是我们党的生命线和根本工作路线”。也有一些学者和政府官员将社区党建视为政党建设的一部分，如时任中央组织部部务委员的陈向群曾发文指出“要发挥社区党建在社会建设中的重要作用”，聚焦在“如何加强党建而非如何推动社会建设”上[④]。此外，也有学者关注到，“无论是自上而下的控制方面，还是服务导向的发展规范的参与方面”，社区

① 吴晓林、李一：《新中国成立以来的城市基层党建研究》，《经济社会体制比较》2021 年第 2 期。
② 张超：《从“社区党建”到“城市基层党建”：概念变迁与实践逻辑》，《理论视野》2020 年第 11 期。
③ 赵聚军、王智睿：《社会整合与“条块”整合：新时代城市社区党建的双重逻辑》，《政治学研究》2020 年第 4 期。
④ 陈向群：《充分发挥社区党建在社会建设中的重要作用》，《党建研究》2012 年第 11 期。

党建都具有中国特色社会主义的特征，是“党组织的社会创制”，也是解决目前社会问题的一个不可或缺的重要方案。党可以渗透到社区各种社会组织中，也可以参与组建居委会，以替代以往单位制的社会功能。在我国的现代化历程中，党作为社会利益整合的主导力量，经历了我国社会从过去“单位制”到如今改革开放新社会的转变。社区党建中的基层党组织逐步成为国家与社会之间的沟通桥梁，并在一定程度上发挥了动员并凝聚社会、促进社会秩序稳定的功能。

第四，社区党建的实践路径。普特南的社会资本理论认为，西方社会基于民众团体精神形成的自组织是“横向”社会资本，国家的“纵向”介入会使行为者处于不平等的依附关系中，打破“国家”“社会”相分离的前提，最终破坏民众之间的社会信任。与西方社会不同的是，中国居民社区治理提供了全新的中国经验。中国城市居民住宅小区基层社区党建的延展效应与居民间有分寸的自律协调机制相融合，进而产生了居民间的社区社会资本。① 面对因传统科层制和行政路径依赖导致的社区治理空间行政化和自治空间异化，因社区居民强异质性导致的居民与社区基层党组织间情感—利益共同体价值缺失，还有社区治理碎片化、动员能力弱化以及社区党建“悬浮化”等社区治理困境，社区化党建通过建构社区空间的公共性，增进社区空间的服务性供给，打造社区邻里空间，依靠党组织网络治理培育生活共同体和重构社会网络，培育社区社会资本以提升治理效能。② 进一步地，社区党建借助社会工作的专业性尝试党建社会工作实践，将社区作为一种区域性的场景，促使社区各主体能动地参与社区事务，创建一种新型政社合作机制，打造“共建共治共享”的社会治理格局。③

① 刘欣、田丰：《城市基层党建与社区社会资本生成——基层社区党建的延展效应》，《学术月刊》2021 年第 6 期。

② 潘泽泉、辛星：《政党整合社会：党建引领基层社区治理的中国实践》，《中南大学学报（社会科学版）》2021 年第 2 期。

③ 童敏、许嘉祥、蔡诗婕：《大党建与社会工作：党建社会工作实践的现代性反思》，《社会建设》2021 年第 2 期。

综上，关于社区党组织以及党建的探讨为本书提供了重要的启发，也提示着我们对于社区党组织以及党建的相关研究展开的可能方向。

二、梅陇镇社区党支部建设

党的十九大提出，“党政军民学，东西南北中，党是领导一切的”。在社区治理过程中，党组织指引着社区治理朝正确方向稳步前进，是重要的整合性的力量。在探索城市基层党建的过程中，闵行区以“一核、三化、三圈”为工作重心，突出工作重点，注重改革创新，力图实现各领域党建“全面进步、全面过硬”。其中，“一核”是指党在基层社会治理中的领导核心地位；“三化”指坚持党的建设与社会治理同步谋划，注重将党的组织优势、群众工作优势转化为社会治理优势，来适应社会、改变方式并重构组织的组织化、社会化及信息化；“三圈”则分别指机制共建、义务共担、资源共享、服务共推的共治圈，价值引领、组织动员、支持服务、凝聚骨干的自治圈，以及民心聚集于基层、资源整合于基层、问题解决于基层、服务拓展于基层的服务圈。围绕“一核、三化、三圈”的工作重心，闵行区形成了开放式、集约化、共享型的城市基层党建枢纽平台。

就治理架构与工作推进而言，梅陇镇在市、区两级的政策引领下，发展出了融合当地经验的“一核多元”治理结构。“一核”是指党在基层社会治理中的领导核心地位；“多元”指治理主体多元化，包括居委会、业委会等社区社会组织，物业公司等市场力量，以及广大社区居民等。梅陇镇在不断深化、推进党建引领社会治理工作的过程中，一方面，持续提升存量治理主体的治理能力；另一方面，不断加大对社会主体以及多方社会力量的积极培育与孵化。2017 年，梅陇镇社区建设部门多次参加党建引领社会治理的主题培训，并学习了党建工作、“创全”工作、“美丽家园”建设、“美丽乡村”建设等党建引领的基层社区治理经验与工作方法，极大地增强了党建引领意识，有效保障了工作职责的履行。2018 年，为了推动梅陇镇党建引领基层社会治理工作的系统化、规范化，梅陇镇以实现“齐步走、超前走”为目标，在全镇

“大调研”的基础上，围绕镇党委年度中心工作，组织召开了以提升基层干部“专业素养”为专题的研讨班。2019 年，《梅陇镇关于深化党建引领下的社区治理的实施意见》以及梅陇镇召开的年度社区工作会议均明确提出要强化政治引领，把党的建设贯穿社区治理的全过程；树立主责意识，以鲜明导向提升社区服务的精准程度；突出自治共治，将群众满意度作为社区工作的风向标。

从党员构成上看，本研究收集了梅陇镇各社区党支部的党员数据，对梅陇镇党组织成员的年龄、性别、党龄、任职时间等维度的构成情况进行了整体统计分析。在年龄分布上，梅陇镇社区党支部成员中 60～70 岁年龄段的党员占比约为三分之一(37.8%)，30～40 岁年龄段与 70～80 岁年龄段党员比例相近，分别为 18.1%、14.2%，80 岁以上的老党员有 4 位(3.1%)，30 岁以下的“90 后”则只有 1 位(0.8%)。具体年龄分布见表 3－1。

表 3－1　梅陇镇社区党支部成员年龄分布

年　龄	频数/人	百分比/%	有效百分比/%	累积百分比/%
30 岁以下	1	0.8	0.9	0.9
30～40 岁	23	18.1	20.0	20.9
40～50 岁	8	6.3	7.0	27.8
50～60 岁	13	10.2	11.3	39.1
60～70 岁	48	37.8	41.7	80.9
70～80 岁	18	14.2	15.7	96.5
80 岁及以上	4	3.1	3.5	100.0
合　计	115	90.6	100.0	

注：缺失值频数为 12 人，占比为 9.4%。本书中此类百分比计算均保留到小数点后一位，因而各项百分比总和有时不是 100%。

在性别比例上，梅陇镇社区党支部成员的男性比例略高于女性，总体呈现均衡态势。在任职时间上，党支部成员最短任职时间为半年，最长任职时间则达12年，平均任职时间约为3年。在年龄分布上，党支部成员的平均年龄约为59岁，其中最大为85岁，最小为29岁。在党龄分布上，党支部成员平均党龄约为28年，其中党龄最短为4年，最长则为66年。具体见表3-2、表3-3。

表3-2　梅陇镇社区党支部成员性别比例

性　别	频数/人	百分比/%	有效百分比/%	累积百分比/%
男	69	54.3	54.3	54.3
女	58	45.7	45.7	100.0
合　计	127	100.0	100.0	

表3-3　梅陇镇社区党支部成员任职时间及党龄状况

	总　数	极小值	极大值	均　值
年　龄	115	29	85	59.2
党　龄	102	4	66	28.1
任职时间	65	0.5	12	2.8

总体来说，党支部成员在年龄构成上较为均衡，年长成员和年轻成员的人数大抵相当，层次鲜明，结构稳定，可以保障社区工作者队伍的梯度发展与培养。从数据中也可以发现，梅陇镇的党支部是处于变革时期的支部，党总支干部的老年与青年阶梯层次较为明显。在社区的治理过程中，二者高效合作有利于工作的开展；但与此同时，梅陇镇的党支部尚未完全完成党政干部的代际更换，这可能会对社区支部的工作质量产生一定影响。如何保证社区内部高度分工合作，最大化发挥有生力量，也成为社区党组织建设中的工作重点。

梅陇镇在服务社区居民的实践中，充分注重发挥社区党总支的党建引领和整合作用。党建引领在社区治理中占据核心地位，具有明显的治理优势，居民自治离不开社区党组织的领导。在实际工作当中，社区治理的实践主要是依靠社区内各个主体协同进行，党组织协调基层政府和社区居委会的关系、理顺社区党组织与自治组织的关系、积极培育社区民间组织，并在基础上，将各方主体和力量整合为致力于社区治理的共同体。蔡禾指出，在当前社区共治的大背景之下应当坚持“政社分开”与“党社一体”并存的局面。他认为“政社分开”在给社区建设和社区治理带来极大活力的同时，也造成了多方利益无法协调、行动策略存在差异的混乱局面。[①] 从理论上讲，党组织作为社区权力结构的核心，对居委会以及其他权力主体的领导作用是不言而喻的；但同时党组织也并非一个完全的领导者，它更应该是社区的协调者。要维持社区的独立性，就必须赋予社区居委会应有的法律地位和自治权利。这样制度上的优势才能有效地转换为治理上的效能。

社区居委会作为我国基层群众自治组织，在社区治理的大背景下应发挥基础性作用。在实际的社区治理工作中，社区居委会作为承担了上传下达任务的重要主体，逐步产生了明显的“行政化”现象，这一点从社区两委的“交叉任职”中可窥见一斑。在被调查的梅陇镇 131 名社区居委会工作人员中，22.3%的人员在党支部中担任相应职务，而这一交叉趋势不仅使党的引导逐步具体化、精细化，同时也为居委会的具体工作提供了方向和指导。总体而言，居委会与党支部的交叉合作，也使其引领社区发展的功能更加具体，且在社区自治的引导上，能够推动社区自治组织的培育与发展，具体内容见表 3－4。近年来，社区中两委“交叉任职”状况已屡见不鲜，这不仅可以保障社区决策形成的过程和资源整合调配的渠道畅通，也可以降低由于权力组织分立而产生的效率损失与回应不足。由此可见，未来社区党组织的

① 郎正、蔡禾、洪大用等：《“转型与发展：中国社会建设四十年”笔谈》，《社会》2018 年第 6 期。

工作方向应转向寻求居民认可、协助居委会成为居民自治主体，而居委会作为自治主体，则更应该在社区事务中发挥基础性主导作用，成为社区发展方向的实际引导者和营造者。

表 3-4 梅陇镇社区居委会成员在党支部中任职情况

任职情况	频数/人	百分比/%	有效百分比/%	累积百分比/%
任　职	29	22.1	22.3	22.3
未任职	101	77.1	77.7	100.0
合　计	130	99.2	100.0	
缺　失	1	0.8		
合　计	131	100.0		

第二节　居委会——社区治理中的桥梁纽带

如果说党组织是社区治理的权力核心和制度核心，那么社区居委会就是事实上的社区权力执行与运行核心。自 1954 年第一届全国人民代表大会常务委员会第四次会议通过了《中华人民共和国城市居民委员会组织条例》以来，居委会在我国社区已存在了近 70 年的时间，是我国人民民主专政和城市基层政权的重要基础，也是党和政府联系人民群众的桥梁和纽带之一。自 1998 年以来，多地政府不断探索、改革，以期解决居委会的行政化问题，虽然取得了一定成效，但要想真正实现社区居民自治却依旧任重道远。鉴于此，研究者将基于我国居委会研究的现状，梳理社区发展中居委会的定位，探讨社区居委会与党组织、社区居民之间的关系，并结合梅陇镇居委会的实际情况，探索提升居委会干部工作能力、优化居委会组织运行的有效途径。

一、社区治理中的居委会

居委会在社区治理的实践过程当中，总领社区事务的具体发展与实践方式，通过政策传达与活动开展切实落实居民自治。有关居委会角色与功能的讨论，往往都包含在对社区发展的讨论之中。作为政府的行政末梢，居委会的文本职责是宣传国家政策与相关法律法规，办理社区公共事务与公益事业，开展便民服务，调解社区内纠纷以及协助上级部门做好相关工作，指导、监督社区内社会组织工作与发展。它建立在国家与社会分离的基础之上，是和政府管控区别开来的社会治理方式。[①] 也有不少学者认为社区的发展应以实现居民自治为基本方向，比如费孝通先生就曾在 2001 年的社区建设研讨会上提出，我国城市居民之间的有机联结正在被城市化与社会主义市场经济建设的同步推进改变着，而人们在此间感受到的、社会分化带来的复杂繁多的人际关系样式和组织结构，必然是建立在居民的自主选择以及居民自愿达成的有关社区公共事务的共识与合力基础上的。由此，只有确立"以群众自治为核心的基层民主化的主导方向"，社区才能实现发展和建设。

郑杭生指出，"使社区居委会成为名副其实的自治组织，是社区发展建设的基本实现途径"[②]。社区这个概念本身就隐含了"政府权力的淡出"的内涵，社会自组织能力的提升，恰恰是自助、自主和自治的体现，尤其在我国单位制逐渐瓦解后，居民从"单位人"向"社会人"的转变，赋予了居民独立、自由与自主的身份。因此，社区发展不能只局限于提高居民的生活质量、维护社会的稳定等基本目标，还应关注如何促进人的全面发展，推进居民自治。因此可以看到，社区居委会承担着指导、监督社区内居民自治的重要责任，是连接国家与社会、政府与社区的重要纽带。

---

① 徐勇：《"绿色崛起"与"都市突破"——中国城市社区自治与农村村民自治比较》，《学习与探索》2002 年第 4 期。

② 郑杭生：《破解在陌生人世界中建设和谐社区的难题——从社会学视角看社区建设的一些基本问题》，《学习与实践》2008 年第 7 期。

二、面临困境：居委会的行政化

居委会的行政化是社区建设发展过程中的突出阻碍之一，直接导致了在社区居民自治过程中，居民的自发性和自觉性无法得到提高，自治程度发展滞后。有研究者根据实证经验指出，居委会承担的行政事务少则100多项，多则200多项，内容繁杂琐碎，涉及宣传教育、纠纷调解、治安管理等10余个领域。① 同时，在社区的工作事项中，由社区内部提出的事务仅占10%左右，由上级政府和街道布置的任务以及受单位与机构委托的事务则分别占60%和30%。② 不难发现，在逐渐行政化的过程中，居委会的功能逐渐错位，"国家性"全然压倒了"社会性"。③ 作为自治单元的居委会，实际上被种种行政手段纳入了科层制政府的体系之中，成为行政权力在基层社会开展的依托。这种现象深刻影响了中国基层社会面貌，也对居民自治造成了巨大的压力。当居委会同时面临行政负担过重，而自身人、财、权、物以及时间等资源又极度短缺的状况时，将可能会采取"选择性应付行为"④。而忙于应对上级任务的居委会组织参与功能缺位，因行政任务过重而在自治情景中边缘化，这也直接导致了社区居民难以实现自治目标。

造成居委会行政化的原因是多样的，其根源则在于我国体制的惯性。改革开放以来，面对城市化、市场化带来的烦冗公共事务和增长的公共需求，政府未能及时处理，同时又将社区作为单位的替代，导致城市管理重心下移至社区，进而导致社区建设在很大程度上被当作"政府就基层管理所做出的一种行政安排"，居委会行政化便在所难免。也有一些学者强调政府通

① 孙柏瑛：《城市社区居委会"去行政化"何以可能？》，《南京社会科学》2016年第7期。

② 何艳玲：《都市街区中的国家与社会：乐街调查》，社会科学文献出版社，2007，第129页。

③ 卜万红：《是走向社区自治还是建立社区治理结构——关于我国城市社区建设目标定位的思考》，《理论与改革》2004年第6期。

④ 杨爱平、余雁鸿：《选择性应付：社区居委会行动逻辑的组织分析——以G市L社区为例》，《社会学研究》2012年第4期。

过参与居委会直选、基层党建、网格化管理等方式，让行政权力在居委会及社区中的其他组织中完成了“生产与再生产”①，从而使城市社区成为“全民”社会的一个行政肌体细胞。由此可见，社区的行政化会对社区发展产生何种影响还未可知，并且这一影响具有明显的不确定性和多样性，需要结合具体的社区场域进行进一步研究。

三、梅陇镇居委会干部概况

在梅陇镇接受调查的23个社区中，社区居委会共有工作人员131名，其中男性人数为41人，占比仅为31.3%，女性人数为90人，占比为68.7%，女性工作人员总数是男性工作人员总数的2倍多，性别比例失衡严重。研究者进一步将所有人员性别、年龄与职务做交叉分析，剔除了8个填答缺失值，具体见表3-5。我们可以看到，梅陇镇居委会工作人员队伍与党支部成员相比更年轻化，且从梅陇镇居委会工作人员年龄构成状况来看，年龄为30～40岁的居委会工作人员居多，占据了半数以上(52.0%)；60岁及以上的居委会干部工作人员数量最少，占调研总数据的0.8%。此外，40～50岁年龄段的居委会干部也占了一定比例，为24.4%；30岁以下的居委会干部比例则为17.9%。这与社区党支部成员大龄化情况可以形成良性互补。

表3-5　梅陇镇社区居委会人员性别、年龄与职务交叉分析　　单位：人

职务	性别	年龄					总计
		30岁以下	30～40岁	40～50岁	50～60岁	60岁及以上	
主任	男	0	3	1	4	0	8
	女	1	6	3	1	0	11

① 耿敬、姚华：《行政权力的生产与再生产——以上海市J居委会直选过程为个案》，《社会学研究》2011年第3期。

续 表

职务	性别	年 龄					总计
		30岁以下	30～40岁	40～50岁	50～60岁	60岁及以上	
副主任	男	0	3	0	1	0	4
	女	0	3	1	0	0	4
委员	男	10	11	5	0	1	27
	女	11	38	20	0	0	69
总 计		22	64	30	6	1	123

为了更好地了解居委会工作人员所承担的实际职责对任职时间的影响，研究者对梅陇镇居委会工作人员的职务担任情况及任职时间进行了交叉分析。结果显示，在被调查的114名梅陇镇居委会工作人员中，担任该职务的时间以小于等于3年者居多，占总人数的61.4%；其次是任职时间大于3年小于等于6年的人数占比为24.6%，任职时间大于6年小于等于9年的人数占比为10.5%；任职时间超过9年的居委会工作人员数最少，比例仅为3.5%。具体可见表3－6。出现这种现象有两种可能的原因：一方面，社区工作薪资水平较低，职业化程度不高，因而从业者难以长期坚持，导致从事社区工作者长达10年以上的人数较少；另一方面，由于各大城市的社区工作者缺口较大，近年来一些的城市政府通过购买社区服务等措施，推动社会组织发展，也吸引了一部分年轻人加入社会组织，新的社会空间的拓展导致社区工作者与社会组织从业者之间也存在流动的可能。

在查阅相关文献资料时发现，我国社区工作者的就业整体上呈现稳定性差、人才流失率高的特点。因此，我们也对梅陇镇居委会干部的流动状况进行了考察。在本次调研的梅陇镇居委会中，年轻干部的流动状况相对稳定：63.0%的年轻干部流动状况为一般，22.2%的年轻干部流动状况较为稳定，仅14.8%的年轻干部流动性较大。总体来说，梅陇镇居委会的年轻干部的流动性处于正常状态。

表 3-6　梅陇镇社区居委会成员职务及任职时间交叉分析　　单位：人

任职时间		小于等于3年	大于3年小于等于6年	大于6年小于等于9年	大于9年	总计
职务	主任	12	4	1	2	19
	副主任	7	1	0	0	8
	委员	51	23	11	2	87
总　计		70	28	12	4	114

在社区工作者的专业素养方面，随着社会工作在我国的大力发展，社会工作者职业水平考试也如火如荼地进行着，不少社区把工作人员是否具有社会工作者职业资格证书（以下简称社工证）列为一项重要的考核指标，在对131位对梅陇镇居委会工作人员的社工证持有状况的调查中发现，仅有22.1%的居委会工作人员持有社工证，而67.2%的居委会工作者未取得社工证。之所以出现持证率较低的状况，一方面可能是由于基层社会工作者对专业能力的重要性认识不足；另一方面也可能是由于行政任务名目繁多、内容琐碎等实际情况使得基层工作者无力抽身，难以兼顾工作与学习。

此外，为了更全面地了解当前居委工作中存在的问题及需求，我们对每个社区书记都进行了半结构化深度访谈，主要聚焦两个议题：一是社区工作者的代际问题，即是否遇到社区新老干部更替以及由此造成社区治理困境的状况；二是社区工作者数量与服务居民不成比例，继而需要增加工作人员。访谈发现，许多居委会遇到了新老社区干部更替的情况，这一比例达到了64.3%，而在新旧工作人员更替的过程中，也会遇到一系列问题，诸如年轻干部的适应问题、老干部帮带新干部问题等。研究者对此进行了数据统计，具体见图3-1和图3-2。

如图3-1所示，梅陇镇居委会年轻干部的适应状况比较乐观，44.4%的年轻干部能够较快适应社区居委会的日常工作，51.9%的年轻干部能够正

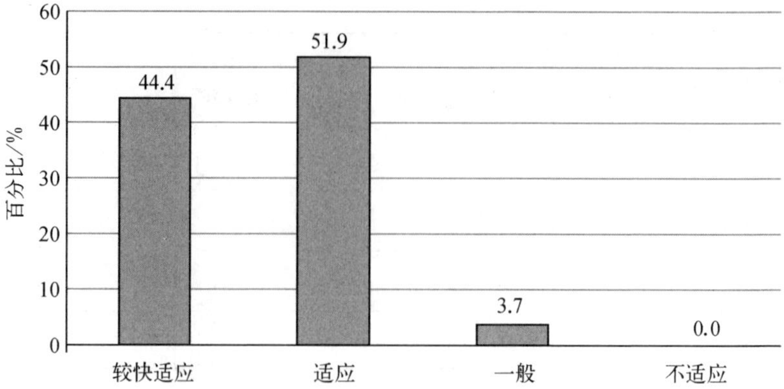

图 3－1　梅陇镇居委会年轻干部适应状况

常适应新的工作环境，另外有 3.7％的年轻干部适应状况一般，不适应新工作环境的年轻社区干部比重则为 0.0％。

尽管年轻的社区干部们大多可以快速适应社区，但在实际开展工作时，与年长社区干部相比，年轻社区工作者相对来说还是缺乏经验。因此，在年轻社区干部的帮带需求方面，如图 3－2 所示：66.7％的居委会都认为年轻干部需要年长干部的帮带；也有 22.2％的居委会认为年长干部帮带与否对于年轻干部来说影响不大；11.1％的居委会认为年轻干部不需要帮带，仅靠自己的能力就能够做好本职工作。

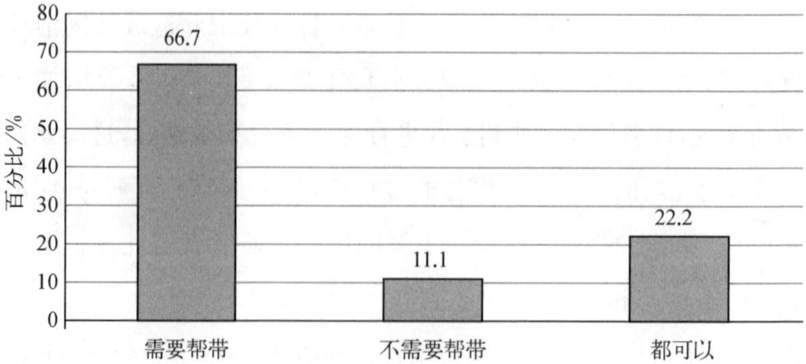

图 3－2　梅陇镇居委会年轻干部帮带需求分析

总体来说，梅陇镇居委会的年轻干部流动状况相对稳定，没有出现大量人才流失情况；同时梅陇镇居委会干部以青年居多，且女性居委会工作人员占比大；大部分居委会工作人员担任该职务时间都在 3 年以下，且年轻干部和年老干部的交替状况较为普遍；年轻干部往往适应能力较强，只是在一些经验性的工作方面，还需要年老社区干部的言传身教；具有社会工作方面专业知识和技巧的人才较少，这必然会影响基层治理体系和治理能力现代化的实现。因此，为了进一步提升梅陇社区青年干部的综合能力，提炼社区工作经验与方法，华东理工大学社会与公共管理学院和梅陇镇居民区党委通力合作，于 2019 年 12 月启动“陇青计划”，组织开展梅陇镇社区工作者能力提升督导研修营。在研修过程中，社区干部就小区治理案例、经验、困惑等进行分享，主要涉及楼道自治共治、空间营造、志愿者自治队伍建设及居民区微信群管理等多项内容，通过组内成员的激烈探讨、建言献策，共同寻求解决问题的最佳方案。通过“月”督导、“季”沙龙等形式，社区干部之间有了互动交流，了解了不同类型的社区工作方法，社区干部的工作能力也得到了提升。

如前文所述，在社区治理中，居委会作为连接政府与居民、沟通政治力量与社会力量的纽带，是多元治理主体中的重要一环。而党组织作为政治力量参与其中，发挥着领导核心的作用，引领并团结多元治理主体共建社区。同时，我们应注意到，市场力量也是社区治理中不容忽视的重要角色，物业公司作为社区中的主要经济主体，其服务的情况直接关系着居民的生活质量，也关系着社区治理水平的高低。在下一节中，我们将主要介绍物业公司在社区治理中的参与情况。

第三节 物业公司——社区治理中的服务保障

物业管理的概念最早由英国人在 19 世纪中期提出，即房主与租客对房屋及相应设施的维修保养义务所形成的彼此之间的关系。[①] 物业公司在进入社区之前，需要与居民（居委会）签订服务契约，并按照合同约定及业委会要求提供物业方面的服务。一般来看，物业公司通过市场机制进入社区并成为社区治理中的重要主体之一，其行为遵循基本的市场逻辑，即通过优质的物业服务来满足社区居民的物业需求并获得经济回报。自 1981 年 3 月深圳成立我国第一家物业管理公司以来，物业公司在我国已有近 40 年的发展历史。随着社会治理重心的下移以及基层社会治理情势的变化，物业公司及其服务逐渐成为社区场域中的重要范畴，具有了一定的社区公共性。因此，社区物业管理水平不仅关系到业主的正常生活，更关系到城市居民的生活品质和"人民城市"的建设情况。

一、物业服务研究

物业公司作为市场力量参与社区治理，是治理结构中的重要一环。其作用集中体现在对社区的"服务供给"上，同时还需要接受社区和居民的监督。不少西方学者对物业服务体系进行了探讨。从居民自治角度看，如果居民管理委员会具有足够的能力且愿意付出时间，则可兼任物业管理人员，直接运行和控制小区的日常和长期工作，而政府应当采取潜在的社区管理措施，并且以此改善对社区的管理。[②] 从政府角度看，政府应当利用中介服务机构如物业公司等，充分发挥它们在社区管理中的作用。[③] 另外，查阅国外相关文献，研究者发现"智能化"是未来物业服务发展的一个趋势，很多西方发达国家的小区都已经实现了智能化管理，这也为物业服务的智能化发展奠定了基础。此外，有研究也表明，物业服务的未来发展将面临严峻挑

① A. S. Wohl, "Octavia Hill and The Homes of the London Poor," *The Journal of British Studies*, 1971, 10(2), pp. 105 - 131.

② Alice Christudason, "Legislating for Environmental Practices Within Residential Property Management in Singapore," *Property Management*, 2002, 20(4), pp. 252 - 263.

③ Steve R. Doe and M. Sohail Khan, "The Boundaries and Limits of Community Management: Lessons from the Water Sector in Ghana," *Community Development Journal*, 2004, 39(4), pp. 360 - 371.

战，而为了应对这一系列挑战，必须改善发展环境和创新发展模式，同时强化与居民之间的交流，以了解居民的现实需求。还有研究指出，财政资源、知识资源、人力资源和物质资源这四种资源将对未来物业服务行业进一步发展有着重要的影响。①

反观国内相关研究，我们发现国内的物业服务相关理论成果主要有两个特征：一是对物业服务内容的界定比较狭窄，二是对物业服务的探讨总体呈现出低层次化的特点。针对我国物业服务行业发展的现状和主要问题，更多的学者以及实务界致力于推广我国物业服务模式，如“广州物业服务模式”“深圳物业服务模式”，特别是近年来成都所尝试的“信托制物业服务模式”。

除了对物业服务模式的总结，国内也有不少学者关注物业服务的未来发展。比如，刘洪玉和季如进围绕着我国的物业服务发展现状展开分析，指出了当前我国物业发展过程中存在的问题：一是物业服务行业管理制度不够完善，二是物业服务管理的相关法规制度不够完善，三是物业服务管理理念未能及时更新，四是物业服务机构管理力量薄弱、管理模式单一落后、管理人员整体素质偏低。②③ 究其原因，在于其外部监管不足与强营利导向的市场主体本质属性。除了受市场因素影响外，我国的物业公司还直接受到《中华人民共和国物权法》《物业管理条例》约束。但是，法律法规往往存在一定的滞后性，且物业服务尚未确立统一的评价标准，当其存在违约行为时，居委会、业主、业委会以及房管所等监督者的实际管理权力或约束手段缺位，导致物业公司服务水平下降，进而产生物业管理纠纷，甚至还会出现物业公司撤出服务小区的情况，最终影响住宅区多元治理体系的健康运行。

---

① Jane Payumo and Howard Grimes, “Institutional responses on strengthened intellectual property rights in agriculture and needs' assessment intellectual property management of public research institutions in Asian developing countries,” *Journal of Research Administration*, 2011, 2(42), pp. 42 - 58.

② 刘洪玉、杨帆：《中国主要城市住房供给价格弹性估计与比较研究》，《社会科学辑刊》2012 年第 6 期。

③ 季如进：《物业管理》，首都经济贸易大学出版社，2004，第 67 页。

为了应对物业公司的缺位状态，浙江绍兴塑造了政府参与住宅小区物业管理的新型“准物业管理模式”，由街道一级成立物业总公司，各社区则成立相应的物业分公司接管小区，这一实践为基层社会治理开辟了新局面①。在我国城市基层治理的共同场域下，社区居委会与物业公司存在相伴共生的关系，居委会在行政化压力下亟须寻求合作伙伴分担治理任务，物业公司则在城市公民意识增强及对高品质的美好生活的需求不断增长的情况下，寻求政府支持。建构社区居委会与物业公司的伙伴式关系是探索基层合作治理机制的路径之一，要达到这一目标，需要遵循双方平等赋权，积极利用数字赋能新场景，打破社区各治理主体的成见，在公共协商中营造合作共赢的理想空间。②

既有研究的核心在于关照社区物业治理背后国家、社会与市场的关系。我国物业治理的理论和实践无不与国家治理体系的微观运行息息相关，社区作为政府连接社会的“最后一纳米”，其中街道、居委会、业委会、物业服务公司、居民等多元主体的互动与关系，构成了社区物业治理共同体的基本网络与行动框架。而社区物业共同体自主治理的绩效成为衡量小区治理状况的风向标，物业服务状况（包括物业费价格水平、物业服务质量、物业财务透明度和物业费收缴率）和共有物业积累（包括专项维修资金和公摊收益等共有资金、共有部位、共有设施设备）可作为未来考核指标之一。③ 要实现社区的可持续发展，理顺多方主体关系，发挥社区物业治理共同体的主体力量，就要注重基层党组织的党建引领作用，为公众参与公共问题治理达成共识提供政治牵引；还要基层政府明确属地责任，在辖区物业管理中发挥主导作用；更要在社区居委会和物业公司功能互补的基础上，充分挖掘业委会、社

① 田先红、张庆贺：《再造秩序："元治理"视角下城市住宅小区的多元治理之道》，《社会科学》2020年第10期。

② 闵学勤：《互嵌共生：新场景下社区与物业的合作治理机制探究》，《同济大学学报（社会科学版）》2021年第1期。

③ 陈鹏：《城市社区治理：基本模式及其治理绩效——以四个商品房社区为例》，《社会学研究》2016年第3期。

区居民、社区社会组织等多方资源优势，发挥其在物业治理中的基础性作用。通过共同体运作逻辑的优化调整，贯通物业治理的内部凝聚力与外部开放性，以社区制度优势有序提升物业治理效能。①

总之，目前对物业服务的相关研究多数是从理论层面展开的，将物业公司及其服务作为单独的维度进行研究，没有将物业公司放置于社区的整体场域中，置于基层社会治理的格局中进行思考和研究。无疑，社区物业作为居民利益的重要关切点，物业公司作为社区治理中的重要行动主体对于社区整体治理而言具有重要的价值和意义。因此，从治理的角度，特别是基层治理共同体的角度出发，将物业公司与居委会、业委会的协同治理与互动实践作为重要的分析框架和维度进行研究，在当今的社区治理体系中也尤为重要。

二、梅陇镇物业公司的服务与创新

为了了解梅陇镇物业公司的服务机制与效果，本书对梅陇镇的 23 家社区物业进行了调研，形成了对物业公司服务状况的整体评价，并对梅陇镇物业公司的人员构成、着装情况、收费水平以及服务水平等进行了具体分析。各物业公司内部对员工岗位职责划分明确：保洁人员负责每天清扫路面楼道、擦拭健身设施、捡拾垃圾，在垃圾分类活动开展后，学习垃圾分类知识，引导居民正确投放垃圾；维修人员负责公共区域灯泡的维护更换、疏通管道、修补漏水；保安人员除了做好基本的车辆引导、巡逻、摸排隐患等工作外，还需要在社区内完成“僵尸车”清运等工作。为了更清晰地了解梅陇镇社区物业公司保安人员、保洁人员、维修人员以及其他物业公司工作人员的构成情况，研究者进行了以下分析，具体见图 3－3。

如图 3－3 所示，梅陇镇物业服务人员中数量最多的是保安人员，占比为 49.4％，占到了物业公司总体人数的将近一半；其次是保洁人员，占比为

① 陈荣卓、刘亚楠：《社区物业治理共同体的形塑与发展——基于 H 街道社区物业治理的观察》，《社会主义研究》2020 年第 6 期。

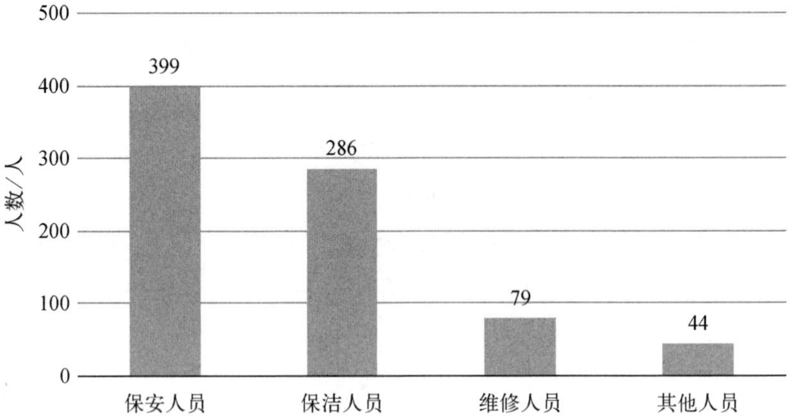

图 3-3　梅陇镇物业服务人员构成状况

35.4%;最后是维修人员(9.8%)和其他人员(5.4%)。除了基本的人员配置,我们还进一步分析了物业公司在人员管理方面的规范程度,以物业公司工作人员是否统一着装作为衡量物业服务水平的标准之一。在物业公司的统一着装方面,有 66.7%的物业公司工作人员能够统一着装,比例占了近七成;但是也存在统一着装频率低甚至不统一着装的情况,其中有 29.6%的物业公司工作人员没有统一着装,另有 3.7%的物业公司工作人员偶尔会统一着装。着装的规范性从侧面体现了物业公司的制度性特征。

物业公司作为市场的力量介入社区治理,其本质还是逐利的,这一过程中必然会发生物业公司与居民以及社区的博弈。为了了解物业公司利益与社区居民利益的博弈情况,我们调查了社区居民对梅陇镇物业公司收费水平的整体感知情况。如图 3-4 所示,社区居委会人员在对梅陇镇物业公司收费的感知方面,有一半的社区居委会人员认为本社区的物业公司相对来说收费水平偏低,有 39.3%的人员认为物业公司相比于其他同类小区收费处于正常水平,另有 10.7%的人员认为物业公司比起其他同类小区来说收费水平偏高。总体来说,除了少部分物业公司收费标准偏高之外,梅陇镇社区物业公司的收费状况与居民的需求预期相对匹配。在居民看来不少物业公司都是按照户型进行合理收费。

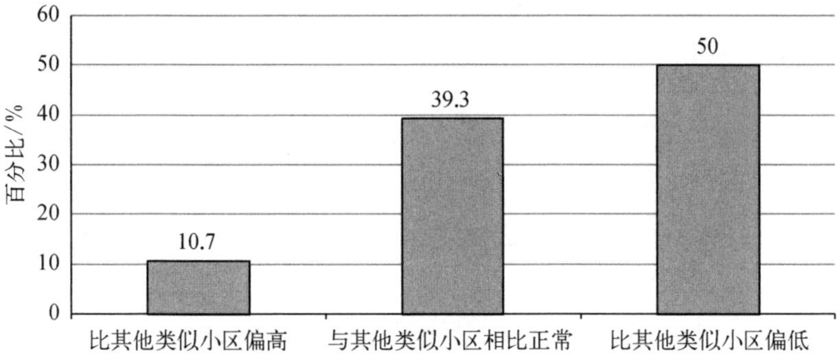

图 3－4　社区居委会人员对梅陇镇物业公司收费的感知状况

物业公司作为为社区居民具体提供服务的主体，直接管理小区的日常运行和服务工作，可以说是社区中与居民打交道最多的主体之一。物业公司的服务质量以及其与社区内其他主体的联动情况，会影响社区居民的生活质量和社区归属感。无论是党支部的党建引领，或是居委会的中心工作，还是业委会的群体决策，最终或多或少都要和物业发生一定的互动。可以说，物业已经成为社区治理与服务中不可回避的一个重要领域。只有充分激活物业公司的能动性，促进物业与其他社区主体的积极联动，才能够提高物业公司的服务水平，进一步优化社区治理的成效。因此，梅陇镇试点单位党总支通过整合居委会、业委会、物业公司等多方力量，共享信息和资源，在小区日常管理各方面实现规范化服务，打造居民满意的“红色物业”品牌。为了衡量“红色物业”的服务效果，我们对社区居民、居委会与物业的互动状况做了一次广泛调查，得到的具体结果见图 3－5。

在物业公司与社区居民的互动中，我们将社区居民对物业提供服务的满意度“80％及以上”“50％～80％”“50％以下”分别对应为“非常满意”“满意”“不满意”。从结果分析中可以发现，居民对物业服务整体上是较为满意的。具体来说，社区居民对物业服务持满意态度所占比重最大，比例为

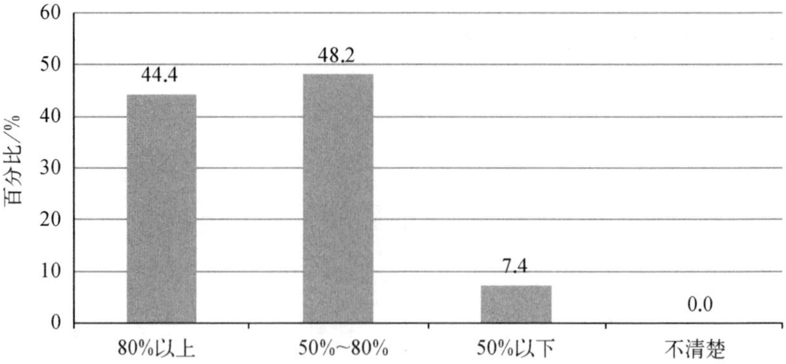

图 3-5　梅陇镇居民对物业服务的满意度

48.2%；非常满意的比重与前者接近，占比 44.4%；而不满意的比重相对来说较低，为 7.4%。这意味着"红色物业"服务还有改进空间，且需要有针对性地征求居民意见，提升服务质量。

"红色物业"直接面向的服务群体是社区居民，但当发生安全冲突、服务冲突时，居委会作为调节二者关系的重要力量，需要发挥自身的桥梁和纽带作用。居委会在与物业公司的日常工作沟通中，已形成了对物业公司的整体性评价。在本次调研的居委会中，有 25%的居委会认为本社区物业公司的服务工作达到了优秀水平；有 39.3%的居委会认为本社区物业公司的工作较好；32.1%的居委会认为本社区物业公司的工作做得一般；另有 3.6%的居委会认为本社区物业公司的工作做得较差。社区居委会对物业公司的评价也体现了二者之间的互动程度。在社区居委会与物业公司的互动关系自我评价中，有 64.3%的居委会认为自己和本社区物业公司的关系较好，21.4%的居委会认为自己和本社区物业公司的关系极好，14.3%的居委会认为自己和本社区物业公司的关系一般，不存在居委会认为自己和本社区物业公司的关系较差的情况。具体见图 3-6。

通过上述分析，我们可以对梅陇镇物业公司的服务状况、主体间互动情况得出以下结论：梅陇镇社区居民对物业公司的安保方面、保洁方面的满意

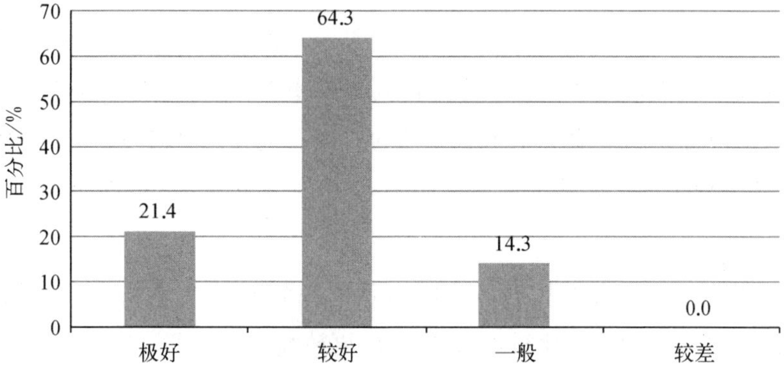

图 3-6　梅陇镇居委会与物业公司的互动关系状况

度相对较高，但物业公司维修人员数量较少，无法满足居民们的日常需要；物业公司中党员数量较少，模范带头作用发挥得比较有限；物业公司的服务质量有待改进，存在相当一部分居民对物业公司服务不满意的现象，并非所有的物业公司都能够做到统一着装，在今后应当加强着装方面的规定和执行力度，方便居民区分；物业公司收费总体来说比较合理，但仍有小部分需要再调整收费标准。居委会对物业的总体评价较好，但也有部分居委会对物业的表现很不满意，物业公司服务存在一定的改进空间。而"红色物业"可以作为提升物业服务水平的一个重点的突破口，其本质上是对党以及党建工作与物业服务有机整合的治理共同体的打造。

实际上，近年来已有实践试图将物业公司作为社区治理的主体引入社区，使物业公司不仅作为治理的工具，而是真正成为社区主体参与社区治理。梅陇镇在此方面的党建实践具有一定的指导意义，其"红色物业"实践将物业以党建引领的模式带入社区治理当中，在党建总领全局的基础上，关注居委会和业委会对物业公司的信息提供与支持，以逐步提升物业的服务质量，使不同主体的互动对于提升物业服务水平有所助益。物业公司作为社区服务的实际操作者，其服务质量关系着社区居民的生活体验。而其与其他社区主体的沟通是否顺畅，关系是否良好，会影响其自身的服务质量好坏，同时也会影响社区整体的治理水平高低。梅陇镇物业公司通过确保门卫室、办公处设备齐全、环境整洁，同时做到各类信息及时公布、公开、透明，各岗位员工在所属岗位工作中以高标准要求自己，全力打造硬件、软件服务，全面提升物业服务水平。硬件的改造只是外在，要体现内外兼修、长效可持续的美丽，需要通过对标最好物业的服务标准，精细化服务社区居民。

在社区治理的实践中，社区空间、经济发展水平、人文环境、居民自治情况等也对物业公司的服务质量提出了更高、更精细化的要求。为了提升物业服务质量，需要做好社区内的冲突化解、预防工作，进而推动物业管理的透明化、规范化与精细化。未来的社区共治建立在国家机制、市场机制、社会主体共同参与的基础上，任何一方的缺位都会阻碍社区治理善治的实现。但在现实中，国家机制有制度保障，市场机制有经济保障，因此在社区共治中的地位相对明确，而社会主体则往往因组织不够成熟、力量不够凝聚、组织化程度不高等原因，在共治格局中处于相对弱势的地位，这在社区业委会的发展中表现得尤为明显。因此，在下一节中我们将着重介绍业委会在社区治理中的功能定位与参与情况。

第四节　业委会——社区中的居民自治

在城市社区发展变迁的过程中，不断有新的力量参与到社区建设进程中，同时也影响着社区权力的分布格局。作为业主利益的代表者，他们时刻关注着社区的发展，也积极参与到社区事务当中，愈发成为社区治理进程中不可或缺的角色。

一、业委会的定位与进路

纵观国外对业委会的相关研究，西方 19 世纪初就有了业主自治，1860

年左右在英国伦敦产生了业委会并逐步发展，至今已然走向成熟。西方多数学者都倾向于将业主自治组织与法律组织地位持平，多数发达国家都承认了业委会法人的合法性地位，并针对业委会制定了完善的规章制度。也有不少西方学者深入探讨了业主自治组织的职责与功能需求，并在现代产权理论的前提下加入了西方经济学、制度经济学的相关内容，甚至将业主自治组织的研究范围扩大到了日常经济活动等方面，使之具备更加深刻的现实意义。①

当前我国学术界关于业委会的研究范式主要分为两种。一种是公民社会范式，这一范式聚焦于其公民社会属性。学者夏建中认为业委会代表了中国城市公民社会的先声。② 还有学者认为，业委会仅是市民社会的雏形，可将业委会选举看作住宅区域内的民主，业主的政治参与和基层民主意识的激发，有助于启蒙城市基层民主政治。另一种是社会运动范式。例如，朱健刚、管兵等学者关注业委会在维权过程中的作用、角色以及运作机制，学者郭于华基于业主维权发展过程提出了“行动锻造公民，抗争产生社会，维权改变中国”这一主张③。还有学者认为，这种激进的业主运动，似乎遮蔽了众多业主自发地、合作地推动业委会成立的温和面向。④

业委会自 20 世纪 90 年代初从我国香港地区被引进内地之后，最初以“物业管理委员会”的名义存在，在 2003 年颁布《物业管理条例》之后，“业委会”才获得正名，得以确立正式的法律地位，并在 2007 年《中华人民共和国物权法》颁布时期发展迅速。目前我国业主委员会的成立率约为 50%，除上海已达 90%外，北京、广州和深圳等城市的成立率近 20%。业委会一经诞生，

---

① [美] 詹姆斯·N. 罗西瑙(James N. Rosenau)：《没有政府的治理》，张胜军、刘小林等译，江西人民出版社，2001，第 297 页。
② 夏建中：《中国公民社会的先声——以业主委员会为例》，《文史哲》2003 年第 3 期。
③ 郭于华、沈原：《居住的政治——B 市业主维权与社区建设的实证研究》，《开放时代》2012 年第 2 期。
④ 朱健刚、景燕春、杨磊：《社区社会组织的动力机制与精英依赖——对 D 小区业委会筹建的民族志研究》，《广西民族大学学报(哲学社会科学版)》2018 年第 4 期。

便开始成为学术界研究的重要对象。① 从业委会的发生机制来看，由于国家制度设计对业主自治的规范约束，政策执行中对业主自治的指导监督以及在人员选择上对业主组织的把关，形成了自上而下的行政吸纳。此外，业主群体自下而上对体制的认同接纳也在助推业主自治的体制化。具体而言，居委会通过介入业委会组织成立与运作、业主自治实践等，实现了包括权力结构、价值理念和人员队伍等内容在内的制度传递，这种“体制化”传递会使业主自治陷入依赖传统社区治理模式的旋涡，不利于社区自治的长期发展。② 根据“国家—社会—市场”三维分析框架，有学者将社区互动治理划分为四种不同的运作模式。行政兜底型运作模式中业委会职责主要由居委会代管，主导力量以街道、居委会为主，这类模式多发生于商品房小区。党委主导型运作模式根植于混合型小区，业委会的成立与运作由社区党委主导三方联席会保驾护航。物管会合作型和民主参与型模式同样由街道和居委会主导。二者的不同在于，物管会合作型模式适用于商品房小区，社区重大公共事项由业主代表、开发商、房管所、片警、社区共同成立的物管会决议。而民主参与型模式主要产生于老新村小区，该模式中社区居民自主发掘共性需求，弥补因业委会缺位出现的功能不足问题。③

面对形态多样、需求各异的社区，业委会在探索不同模式的实践中也面临诸多困境。社区在“多中心治理理论”指导下形成的新型治理模式导致了“无中心负责”难题。在社区治理中，业主合法权益受损时居委会、业委会、物业公司各方协调困难，从而造成制度供给失灵。即使在制度合理安排的前提下，仍会产生各治理主体权责不清晰、边界模糊带来的可信承诺受到挑战的问题。最后，政府主体的越位、缺位行为则会削弱业委会的行动动机，

① 陈鹏：《国家—市场—社会三维视野下的业委会研究——以B市商品房社区为例》，《公共管理学报》2013年第3期。

② 盛智明：《制度如何传递？——以A市业主自治的“体制化”现象为例》，《社会学研究》2019年第6期。

③ 刘伟、翁俊芳：《半嵌入性互动治理的形成逻辑与主要类型——以H街道四个社区的业委会与物业管理运作为例》，《理论与改革》2021年第1期。

相互监督无从谈起。为了应对以上难题，有学者构建了"一体多翼"社区善治运行模式，明确业委会在社区治理中的主体地位，政府对社区宏观治理结构的掌舵是其主体地位的核心推动，明晰开发商、物业公司是服务定位而非控制、领导角色，实现城市社区协同治理中公民社会的发育。[①] 王德福认为，业主自治的困境主要来源于三个方面：组织层面上业委会成立难、业主自治决策难、自治组织架构存在缺陷；能力层面则存在业委会行动能力有限和代理人失控的风险，且业委会对业主缺乏约束力；行动层面的困境在于业主群体公共意识不足。处理好业主自治与居民自治、放权激活与完善监管、议事民主与决策集中三对关系，方能化解业主自治面临的结构性困境。[②]

二、梅陇镇的业委会现状

由于梅陇镇社区内存在混合型社区、售后公房社区、动迁房社区以及商品房社区等不同的社区类型，其治理过程或多或少地会遇到诸如缺乏公民精神、"搭便车"，甚至没有业委会生存空间等复杂问题。本次调查征集到梅陇镇 18 个业委会的信息并对其进行分析。在性别构成上，被调查的 102 位梅陇镇业委会工作人员中，男性人数约为女性人数的两倍，男性占比为 65.7%，女性占比为 34.3%。将性别与年龄交叉制表后发现，年龄在 30～40 岁、40～50 岁、50～60 岁的男女比例整体较为均衡，但在 60～70 岁、70～80 岁两个年龄段上男性占比大幅度高于女性。尤其值得注意的是，80 岁以上的业委会工作人员中 3 位均为男性。具体见表 3－7。在社区访谈和督导过程中，我们也了解到，居委会干部认为，中青年之所以较少参加业委会活动，是受到经济和时间的影响，这一年龄段的成员是职场中的重要劳动力，更倾向于创造个人财富而非投身社区事务。因而，会出现社区业委会换届选举，老年人不得不连任业委会相关职务的局面。

---

① 刘湖北、冯意皓：《"一体多翼"善治模式：破解现行社区治理困境的应然选择》，《理论导刊》2017 年第 4 期。

② 王德福：《业主自治的困境及其超越》，《求索》2019 年第 3 期。

表 3－7　梅陇镇社区业委会成员性别与年龄交叉分析　　单位：人

年龄		30～40 岁	40～50 岁	50～60 岁	60～70 岁	70～80 岁	80～90 岁	总计
性别	男	5	2	7	33	13	3	63
	女	4	6	5	12	4	0	31
总计		9	8	12	45	17	3	94

业委会的基本定位是社区业主的自治组织，在专业化、职业化程度上自然无法与市场导向的物业公司相比拟。为了了解社区业委会在规章制度方面是否规范，我们尝试从业委会的例会制度及其出勤率、业委会选举的难易程度来衡量其内在联结程度和在社区业主中的实际话语权。调研数据显示，在设有例会制度的业委会中的例会出勤率方面，例会出勤率状况都比较良好，43.5％的业委会能达到 100％的出勤率，其余业委会的例会出勤率也均能达到 80％，不存在出勤率在 50％以下的业委会。

在社区共治过程中，业委会在行使自治权时遇到的各种问题体现了自治力量的天然孱弱性。业委会的筹备、成立以及改选均由业主自主运作，需要接受街居一级的指导，而在实际操作过程中，业委会可能会遇到街道一级越界控制、审批的问题，行政权力和自治权在此发生冲突。再加上业主参与社区公共事务的积极性大多取决于该事务与自身利益的相关性，不同类型的社区群体利益和社区意识水平就显得参差不齐。同时，业委会选举中操作的难易程度直接体现了其在社区共治中的角色和地位。如图 3－7 所示，在梅陇镇参与调查的业委会中，有 26.1％的业委会人员认为选举较难，60.9％的业委会人员认为选举难易程度为一般，另有 13.0％的业委会人员认为选举比较容易。总体看来，业委会选举工作是梅陇镇不少社区都可能会面临的难题。

业委会在社区事务中代表了业主的利益与理念，是业主意志的集中体现。业委会作为社区业主选举产生的业主代表所组成的自治组织，其对于

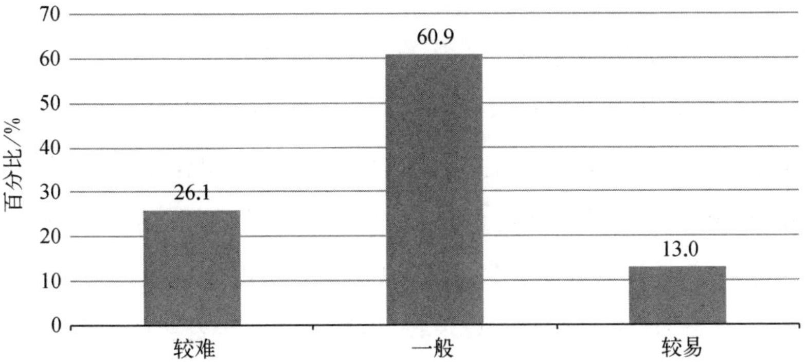

图 3－7　梅陇镇业委会选举难易程度

小区事务的参与，以及对物业公司的监督等重要职责，均使得业委会在社区治理中占据了重要地位。业委会作为社区居民自治组织之一，其与居委会之间的关系也受到学界关注。对此，目前主要有四种观点。第一种观点认为，理想中的社区应当是一个关系牢固、紧密联结的居民共同体，因此居委会和业委会要互相合作、维护共同利益。① 第二种观点认为居委会和业委会相互依存的关系毋庸置疑，但仍需法律条文来进一步厘清。② 第三种观点认为，作为首先被政府认可的自治组织，居委会有义务助力业委会的发展，可将其作为次级机构。③ 第四种观点则认为，一方面业委会可以代替居委会行使某些居委会无法行使的职能；另一方面，在群众对政府依赖度高的地方，要将居委会的行政性和自主性发挥出来。④ 在业委会和其他社区治理主体关系的研究中，刘安分析了业委会与物业公司、业委会与居委会的博弈关系，认为三者之间各自不同的利益是造成矛盾的根本原因。⑤ 孙荣、范志雯

① 石发勇：《业主委员会、准派系政治与基层治理——以一个上海街区为例》，《社会学研究》2010 年第 3 期。
② 汤艳红：《论我国城市社区居民自治的完善——以城市居民自治发展新要求为视角》，《政治与法律》2012 年第 12 期。
③ 徐以民：《论业主自治领域合作机制的建构》，《贵州社会科学》2012 年第 12 期。
④ 徐以民、朱伟：《业主自治及其实践困境的消解——基于多中心治理的阐释》，《北京理工大学学报（社会科学版）》2013 年第 5 期。
⑤ 刘安：《社区业主委员会的发展与城市社区自治》，《南京社会科学》2006 年第 1 期。

通过分析业委会与物业公司、居委会的三大关系，以及法律欠缺、素质不佳、代表性欠缺的三大问题，提出了合作治理的新模式。①

在对梅陇镇的综合调研中，研究除了上文提及的对业委会成员基本信息的梳理外，还通过分析居委会对业委会的评价及关系状况，与居委会对物业公司服务的评价、二者关系状况进行横向对比，探索三者之间的互动关系。

在图 3-8 中我们可以看到，居委会对业委会的评价总体来说比较好，73.9%的居委会认为业委会的表现较好，17.4%的居委会认为业委会的表现极好，认为业委会表现一般和表现较差的居委会均为 4%左右。可见在与居委会的互动中，大部分业委会都做得较好，能够得到居委会的认可。为了控制同一主体评价的偏差，研究者同时将业委会和物业公司的关系状况进行了考察，在 23 个业委会中，业委会与物业公司的关系极好的占 13.0%，与物业公司关系较好的占 69.6%，与物业公司关系一般的占 13.0%。此外，对业委会与居委会的关系状况进行考察后发现：21.7%的业委会与居委关系极好，73.9%的业委会与居委关系较好，4.4%的业委会与居委的关系一般，没有与居委关系不好的业委会。具体见图 3-9。由此可见，梅陇镇的居委

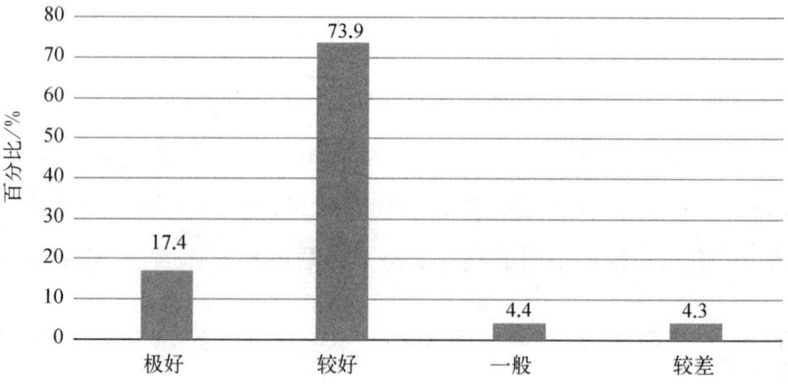

图 3-8　梅陇镇居委会对业委会的评价状况

① 孙荣、范志雯：《社区共治：合作主义视野下业主委员会的治理》，《中国行政管理》2007 年第 12 期。

会、业委会、物业公司三者整体呈现良好的互动态势，但业委会与居委会的关系要优于业委会与物业公司的关系，这主要是由于物业公司的经济利益与业主利益容易存在冲突。

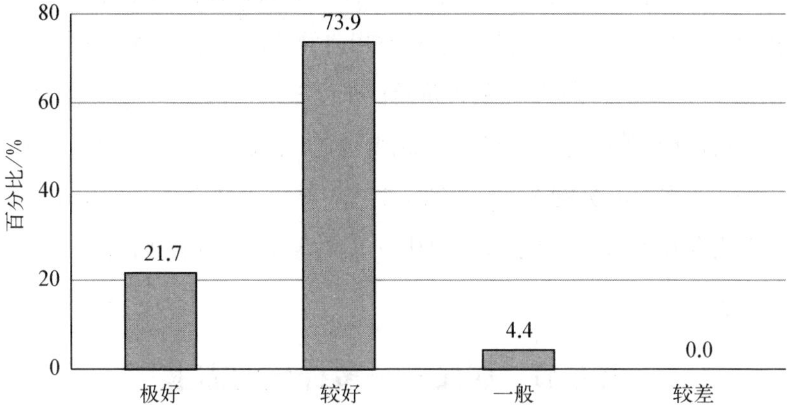

图 3－9　梅陇镇居委会与业委会的关系状况

业委会作为对全体业主负责的权益性组织，维护业主权利是业委会存在的应有之义。业委会作为了解民情的基层自治组织，其提供的服务能够急群众之所急，反映社区居民的切实需求。项目组收集了梅陇镇社区居民对业委会所提供服务的满意度信息，如图 3－10 所示。在 23 个梅陇镇业委会中，43.5％的居民满意度为 80％以上，52.2％的业委会居民满意度为

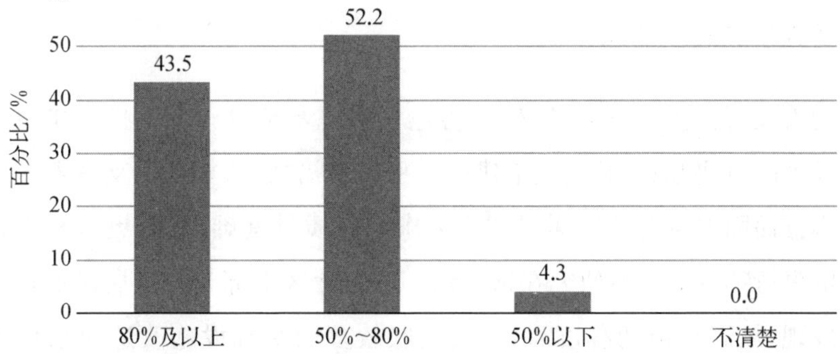

图 3－10　梅陇镇业委会服务的居民满意度

50%～80%，另有4.3%的业委会居民满意度为50%以下。

总体来看，梅陇镇社区业委会成员年龄偏高，以66岁以上的男性成员居多，可能是因为老年男性照料家庭的任务较轻，空闲时间多，且在社区生活时间长，熟悉社区情况，因此也能够为业主发声、争取利益。每个业委会都有自己的例会，能够定时召开讨论与业主利益相关的社区事务，且都能保持80%以上的出勤率。居委会对业委会的评价总体来说较好，居委会与业委会的关系较好，当然也有极个别的关系不理想状况需要改进；业委会与物业的关系总体来说比较乐观。业委会成员的选举比较难，今后居委会可联合多方力量帮助解决。居民对业委会服务满意度的总体状况比较乐观，但也有个别方面需要改进。

第五节　居民——多样化的需求

习近平同志在党的十九大报告中对我国社会主要矛盾作出了与时俱进的表述，旗帜鲜明地指出："中国特色社会主义进入新时代，我国社会主要矛盾已经转化为人民日益增长的美好生活需要和不平衡不充分的发展之间的矛盾。"正确把握我国社会主要矛盾的变化，对于准确回应人民群众动态化、多样化的需要和诉求，不断创新社会治理体制、机制，有效推进社会治理现代化具有重要意义。

一、基础设施建设需求

随着经济社会的发展，民生改善迫切需要基础设施的支撑。作为经济社会发展的重要基石，基础设施建设关乎民生福祉，从根本上支持着人民生活的方方面面。符合社区居民切实需求的高质量基础设施，更有利于人民生计的可持续发展。本研究在梅陇镇157名社区干部与社区居民的日常交流中发现，从需求迫切程度看，居民反映较多的基础设施改造包括房屋改造、多层住宅加装电梯、垃圾箱房改造、安装智能门禁及视频监控、家门口工程(包括加装雨棚、楼道整治、大树修整、车棚整治、停车场改造等)、增加社区健身设施以及改善小区卫生环境、维护绿化等。具体见表 3 - 8。

表 3 - 8　社区居民对基础设施建设改造的需求程度

	非常需要	需　要	一　般	无反映	总　计
房屋改造	48(30.6%)	58(36.9%)	35(22.3%)	16(10.2%)	157(100.0%)
多层住宅加装电梯	43(27.4%)	54(34.4%)	44(28.0%)	16(10.2%)	157(100.0%)
垃圾箱房改造	35(22.3%)	66(42.0%)	41(26.1%)	15(9.6%)	157(100.0%)
安装智能门禁	35(22.3%)	49(31.2%)	49(31.2%)	24(15.3%)	157(100.0%)
安装视频监控	23(14.6%)	50(31.8%)	51(32.5%)	33(21.0%)	157(100.0%)
家门口工程	20(12.7%)	44(28.0%)	65(41.4%)	28(17.8%)	157(100.0%)
社区健身设施	19(12.1%)	54(34.4%)	71(45.2%)	13(8.3%)	157(100.0%)
改善卫生环境	10(6.4%)	49(31.2%)	71(45.2%)	27(17.2%)	157(100.0%)

社区居民对基础设施的改造需求倒逼社区服务持续创新、升级,为满足社区居民日益增长的对新技术、新发展的需求,上海市人民政府于 2020 年 5 月正式发布《上海市推进新型基础设施建设行动方案(2020—2022 年)》(以下简称《行动方案》)。《行动方案》明确了具有上海特色的“新基建”四大重点领域:以新一代网络基础设施为主的“新网络”建设、以创新基础设施为主的“新设施”建设、以人工智能等一体化融合基础设施为主的“新平台”建设、以智能化终端基础设施为主的“新终端”建设。通过四大建设行动,上海将全力提升新型基础设施能级。

梅陇镇站在“新基建”的风口上,若能在市、区两级的领导下,抢占先机、持续发力,将会在新型社区基础设施建设中推动资源开放、优化规划布局,进一步完善民生服务终端和推动社会治理现代化,厚植民生发展新根基。

二、教育、医疗与养老需求

党的十九届五中全会通过的《中共中央关于制定国民经济和社会发展第十四个五年规划和二〇三五年远景目标的建议》中指出，我国将开启全面建设社会主义现代化国家新征程，全面建成小康社会胜利在望。作为社会保障水平一环中的教育、基本养老、基本医疗水平均已得到显著提高，但是广大人民群众追求美好生活的脚步不会停止。而以人民为中心的发展，需要密切关注社区居民需求的新变化，因此在梅陇镇的教育事业、基本医疗与养老需求方面，社区居民针对各个细节提出了具体要求。

首先，在教育层面，亲子关系培训、0～6 岁低龄儿童的安全教育以及儿童寒暑假社区托管成为重点需求。其中，向社区干部反映自身非常需要及需要社区为其提供亲子关系培训活动的居民累计占比为 65.0%，认为非常需要及需要普及 0～6 岁儿童安全教育的居民累计占比为 63.1%，而非常需要及需要社区在儿童寒暑假期间提供在地托管服务的居民占比为 62.4%。

其次，在基本医疗方面，配置社区卫生服务点和签约家庭医生成为呼声最高的项目。其中认为非常需要配置社区卫生服务点的居民占比为 21.0%，需要配置该服务点的居民占比为 28.0%，共计占比为 49.0%；认为非常有必要签约家庭医生的居民占比为 15.3%，认为有必要签约家庭医生的居民占比为 37.6%，共计占比为 52.9%。可见，居民对优质医疗资源入户有着迫切需求，让广大社区居民少跑腿、更便捷地享受身边的健康医疗服务成为梅陇镇需要解决的一大问题。

最后，在养老方面，社区老年群体期待基础设施上的改善，如无障碍坡道和楼道扶手建设，建立社区日托、短托（长者照护之家）中心等。我们在梅陇镇的调研数据中发现，一个人口总数为 118 832 人的社区，其中 65 岁以上老人有 16 096 人，占比为 13.5%。根据联合国发布的人口老龄化指数，当一国家或地区 65 岁以上老年人口占人口总数的 7%以上，该国家或地区就已进入老龄化社会。根据以上数据，我们可以推算梅陇镇已进入老龄化阶段，而老龄化带来的直接挑战就是当前同样进入老化状态的基础设施已无法满足老年群体的需求，适老化改造迫在眉睫。其中，向社区干部反映非常需要建设无障碍坡道和楼道扶手的居民占比为22.3%，需要该建设的居民占比为37.6%，共计占比为59.9%。由此可见，社区居民重视居家生活设施的安全性、便利性和舒适性，改善老年人居家生活照护条件是提升居家养老服务质量的前提。除了与照顾者同住的需求，对日托、短托日间照料中心等的基建需求外，“喘息服务”也成为众多社区居民的一大需求。13.4%的社区居民认为非常需要该服务，38.9%的社区居民认为需要该服务，累计需求比例为52.2%。在地养老的重要性由此可见。同时，在地养老需要协同社区养老服务机构，引入健康教育、运动康复、心理康复等照护服务，无缝衔接医疗与养老，为广大老年群体提供个性化服务。此外，还可增加助餐、助浴、助行、助医、理发等服务内容，这也是38.9%的社区居民认为需要出现在社区服务的菜单之中的内容。

总的来说，在便民医疗的基础上建成家门口的养老服务圈，打造医养康养相结合的养老服务体系，有助于推动梅陇镇积极应对人口老龄化，促进养老服务高质量发展。

三、精神文化需求

随着人民生活水平的不断提升，过上美好生活的新期待集中体现在对高质量公共文化服务的需求上。梅陇镇社区居民希望社区提供文艺演出、知识讲座、电影放映、图书借阅等服务，11.5%的社区居民认为非常需要社区提升上述公共文化服务，40.8%的社区居民认为需要社区提升上述公共文化服务，对该服务持中立态度的居民占比为40.1%，尚未感知到需要这类服务的居民占比为7.6%。除此之外，广大居民还期待社区定期开展政策咨询与法律援助服务。其中，认为这类服务非常有必要及必要的居民占比为37.6%，持中立态度的居民占比为52.2%，并未意识到自身需要这一服务的居民占比为10.2%。文化是国家的灵魂，是我国综合国力的重要标志。梅陇镇在文化层面上不断满足社区居民日益增长的精神文化需求，提供了丰富的精神食粮，增强了群众精神力量。人民日益增长的精神文化需求也要求各社区不断提升公共文化服务水平，促进文化产业协调发展，让梅陇镇居民更多、更公平地享受文化改革发展的成果。

社区居民对社区服务的需求越来越多，要求越来越高，多层次、多样化、多方位的需求催生着社区服务的不断改进和加强。梅陇镇社区服务工作的升级、完善，对提高居民生活质量、扩大就业、化解社会矛盾、促进社会和谐等都具有重要意义。

第六节　镇域社会治理共同体的“分”与“合”

在镇域社会治理中，各个主体在属性、成员组成、工作方式等方面各不相同，彼此之间容易发生职能交叉、权责混乱的情况，因过于分散而无法发挥整体性势能。必须通过有效打造社会治理共同体，根据不同社区的具体情况，构建各治理主体“合”的机制，才能实现高效治理。在这一过程中，应当充分发挥基层党组织的整合作用，构建科学合理、长期有效的体制机制，使基层党组织发挥推动发展、服务群众、凝聚人心、促进和谐的作用，才能进一步做好群众工作，使得基层党建充满生机与活力。梅陇镇在社区治理的过程中，秉持党建引领这一核心，将社区内部治理主体进行整合，并以闵行区“一核多元”的治理思路为基础，创新社区治理模式，最终达到超大城市复杂镇域情况下的社区自治与共治。在梅陇镇复杂的镇域情况下，本书对梅陇镇的社区治理情况进行总结，并提出“一核多元”的社区主体整合、协作的治理策略与实践路径，从而提高社区治理绩效。

一、坚持党组织核心引领

其一，坚持社区党组织体系引领。在党组织的设置形式上，梅陇镇注重实际操作中的社区资源整合。一方面，推行建立社区党总支，将居委会、社区工作站等各类型的党支部以及驻区单位党组织纳入一体化管理。在组织关系、单位身份不变的前提下，将辖区内部的行政单位、企事业单位、社会组织的党员负责人吸纳入党组织当中，形成以社区党总支为核心、区域内部单位党政广泛参与的区域化党组织体系。另一方面，探索功能型党支部的建立与发展。梅陇镇依托自身的地域优势，探索建立“楼宇党支部”“商圈联合党支部”等党组织，拓展党的工作覆盖面。

其二，健全党员分类管理机制。首先，对各类党员进行多样化管理。梅陇镇根据社区党员的特点，及时调整党员管理对策，管理要求有侧重。如对社区党支部“直属”党员实行“星级管理”，对离退休党员实行“服务管理”，对下岗失业党员实行“扶助管理”等，根据不同需求特点按需设点进行服务。其次，对在职党员实行“双重管理”。在职党员的党组织关系一般由所在单位管理，但伴随着在职党员由“单位人”向“社会人”的转化，在职党员的管理也应向其居住生活的社区延伸。比如“在职党员进社区”活动，要求在职党员在“家门口”站出来、亮身份、作表率，就近为群众提供服务，形成在职党员“八小时之内工作在单位，八小时之外活动在社区，服务奉献双岗位”的良好局面。最后，“跟踪管理”流动党员，使得其在社区内发挥更大的作用。如何解决与利用社区在职党员的流动性特性，加强对其群体的管理，这是社区党建的工作难点与重点。解决这一问题的基础和前提是要掌握清楚社区范围内的流动党员情况。流动党员组织关系转接和登记制度的建立，也有助于城乡一体化建设，以及对流入地与流出地的党组织的共同管理。同时，要切实为流动党员解决工作生活中的实际问题，让他们积极参与居住地党组织的活动。

在坚持党建引领的前提下，社区其他多元力量也不容忽视，在社区党支部的领导下，居委会、业委会、物业公司这三大基本组织在社区治理中均发挥着重要作用。而居民是社区治理中最为广泛的主体，将社区群众的需要纳入考量范围，是社会治理现代化的应有之义。

二、推动社区服务多主体协同

梅陇镇社区城市居民众多，且不乏村改居居民，社区内人员构成较为复杂，商品房、动迁房错综交织，居民流动性强，各种利益诉求相互交织。社区内不但有机关单位、公有制企业，还有不少民营企业和大量的小经营者、各类组织团体、协会。它们来自不同的系统，隶属于各自的上级机构，这就需要社区党组织在社区中担负起核心领导的作用，协调各方利益，引领正确方向，维护社区稳定，促进共同发展。在社区治理当中，梅陇镇需要将社区党组织服务模式向社会化转向，以服务对象的需求为主体，转变观念、推行改革，做到服务内容和形式的高度统一。

首先，健全社区党组织与社区居民交流互动机制。在充分了解服务对象实际需求的基础上，探索开展党代表、党员社区群众接待日活动，安排基层党代表和社区党组织班子成员与干部，实地解决社区居民的问题，定期为社区居民答疑解惑。同时，建立社情民意了解机制，定期走访、问询并组织社区议事会等了解居民实际需求。在此基础上，社区可以创建相应的服务平台，如“民情民意直通车”，对于群众反映的难题和诉求，依托社区平台，协调市、区部门联动，邀请媒体网络介入，在一线快速解决居民的问题，满足群众的实际需求。

其次，转变传统的服务方式，实现社区内部的协调式服务。在当下的社区空间内，不仅有传统的单位制组织，大量的非公经济组织和社会组织也在其中占据重要位置，此外业委会、物业管理公司等也在社区内部发挥着重要作用。社区内部的多组织情境，要求社区党组织必须综合运用协调方式来进行服务，整合各类资源，向党政服务的“最后一公里”聚合。在社区建设方面，基层党组织需要协调政府与社区居民的利益，同时协调社区各主体之间的利益。社区党组织需要通过培育社区服务类社会组织，策划各种文化项目，满足社区居民在精神文化层面发展的需求，推进区域内社会文化的形成。因此，梅陇镇党委在社区党建中坚持从实际出发，充分发挥社区党组织在辖区内的主导作用，从社会性、群众性、公益性等方面提升自身能力，提高社区党组织整合社会资源的能力，并最终使社区党支部成为统揽全局、协调共治的社区运行机制中的核心单元。

梅陇镇的社区治理思路是"一核多元"，打造这一治理格局需要对党组织、居委会、物业公司和业委会这四者之间的关系进行思考。以党建引领作为社区治理的核心，串联并指导其他三个主体在社区中的关系。党在社区治理中，不仅作为治理的主体之一，同时也引导社区的治理方向。在实际操作工作中，居委会作为行政主体引导具体工作方向，业委会作为居民代表提出社区治理需求，而物业公司则提供实际的服务，切实满足居民需要。在梅陇镇域范围中，存在着商品房社区、动迁房社区、售后公房社区、混合型社区、公租房社区、直管公房社区等多种社区形态，不同社区的工作侧重点有所差异。针对商品房社区，需要充分发挥业委会和物业公司的积极性，动员邻里互助，引导居民、居民组织参与公益服务，实现居民自治。而动迁房和售后公房社区则倾向于以条线工作为主，服务居民时更加强调积极性和专业性，同时整合多元资源回应各家庭的生存需要；此外还应倡导居民开展自助互助，逐渐建立业委会、物业公司与居民间的合作伙伴关系。混合型社区需要根据不同情况，在关注不同群体间的交往融合前提下，对居民具体需求做个性化回应。[①] 但不论哪种社区类型，都需要坚持多元交织下党组织的核心领导、统揽全局地位，打造全面覆盖的区域化社区党组织体系，形成以人为本、以服务对象需求为导向的服务机制，完善"一核多元"体系架构内容。在坚持党的核心力量、居委会的关键依托、社区社会组织的能动作用、市场的有力支撑以及社区居民通力协作的坚实基础上，梳理社区治理中不同结构的功能发挥，有助于梅陇镇在社区治理过程中协调社区资源，调节社区内部矛盾，促进社区和谐发展，推动社区治理不断创新，最终实现社区治理有效、健康、持续地发展。

---

① 何雪松：《基层社区治理与社会工作的专业回应》，《浙江工商大学学报》2016 年第 4 期。

第四章　梅陇镇社区的混合态与治理情势

随着中国新型城镇化的不断推进，农村人口大量流向城镇，许多城郊农村、发达乡镇逐渐演化为城市，同时中心城区的扩张也使得城镇承接着更大的动迁压力。镇域作为“城市—乡村”格局中的过渡地带，较为集中地承载着混合型社区这种居住样态，因此混合型社区治理在镇域治理中的重要性不言而喻。可以说混合型社区治理的效果，在很大程度上影响着镇域治理的现代化。

梅陇镇作为上海这一超大城市的下辖镇域，其在基层社区的转型过程中囊括了多样态的住房类型。因此，以梅陇镇为例，分析混合型社区的本土治理方式对当下的基层治理有着重大意义。

第一节　混合型：镇域社区治理的基本脉络

混合型社区是一种充满了社会和文化特殊性的社区空间，其产生的社区治理困境更能最大限度地反映建设美好社区的关键。尽管西方社会的实践与理论表明，混合居住模式能够提高居民的住房、公共设施和物质生活水平以及心理层面的归属感和安全感，促进社区整合，但是正如爱德华·W. 索雅指出的，“空间障碍的消除也容易激发日益高涨的族群主义和地方主义感受。空间障碍的消除使地方性空间之间小规模的、细微的差异变得更容易被人感知”①。

近年来，随着我国城镇化的高速发展以及政府行政力量的推动，房屋类型也在逐渐发生转变，混合型社区越来越成为基层治理当中的重要部分。在我国的单位制解体后，社区体制改革的推进使得居民的社区住房类型逐渐丰富，进入了社区类型的“过渡阶段”，基层社区生活发生了巨大改变，多样化的住房类型使得“混合型社区”这一社区类型也应运而生。在此背景下，我国学术界也不断拓展这一概念的应用领域，丰富其概念意涵，以期更准确地概括我国不同混合型社区的特点。时至今日，学界提出了村居混合型社区、功能混合型社区、多民族混合型社区、多阶层混合型社区、后单位混合型社区等不同概念，更为准确地概括出我国混合型社区的类型特征。

可以看到，在混合型社区的概念中，学界主要关注社区的“同质”与“异质”两个特征。二者概念相对，分别强调基层社区的单一性与多元性，运用这两个概念能够很好地分析中国社区的历史演进脉络。改革开放之前，我国的基层社区以“同质”为主，计划经济体制下的单位制社区占基层社区的绝大多数。此类社区的居民构成较为单一，拥有相似的职业、文化背景与家庭结构，同时流动性也相对较小。而在改革开放后，商品房的出现与动迁速度的加快，使得基层社区的“异质”特征不断明显。其一，房屋商品属性的出现打破了原先社区居民职业的同质化；其二，动迁房的出现打破了社区居民的地域化特征。房屋类型的异质化发展，使得我国的混合型社区规模不断

① 爱德华·W. 索雅：《社会生活的空间性：迈向转型性的理论重构》，载德雷克·格利高里、约翰·厄里主编《社会关系与空间结构》，谢礼圣、吕增奎等译，北京师范大学出版社，2011，第95页。

扩大，同时也使得基层社区的治理难度不断提升。

概括来讲，本书所研究的混合型社区主要指在同一基层群众自治组织管理下，社区内包含两个或两个以上不同住房类型的基层社区。在此类社区中，不同的住房类型使得居住人群、治理方式、群众需求等均有所差异，这也对基层治理水平提出了更高的要求。本章所分析的混合型社区包括动迁房、商品房、售后公房、公租房等多种房屋类型，以及村民、居民、新市民等多种群体身份。这种居住的混合形态是梅陇镇的一个突出特征。混合型社区的发展在我国随着社区异质性的加深而不断加快，而其混合的“异质性”也给基层治理带来了诸多实际操作困难，因而针对我国当下混合型社区的治理探索也势在必行。

一、西方语境下的“混合型社区”

西方语境下的“混合型社区”指不同社会阶层混合居住的社区形态[①]，其目标是促进社会不同阶层的融合与发展，促进社会整合，消弭阶级固化。西方早期“混合”概念的提出是为了打破城市居住格局中的阶层固化，如提出“卫星城”的恩温以及“邻里单位”的佩里等，都呼吁不同社会阶层在社区空间混合居住的形态，以缓和因剧烈的贫富差距造成的阶层区隔和矛盾。可以看到，西方“混合型社区”出现的原因主要是不同社会阶层的社区差异导致的社会矛盾，“混合型社区”这一概念在居住环境上将不同阶级相混合，弥合了不同阶级的居住环境差异，在一定程度上缓和了社会矛盾。

西方学界关于混合型社区的研究，起源于早期的城市规划中为应对城市阶层分化与隔离而提出的概念。西方城市社区演变、空间发展的经验证明了在以市场力量为主导的城市化、工业化过程中，如果国家不以强有力的规划和控制手段介入，随着收入差距加大、贫富分化，城市中不同收入阶层

① 王锋：《中小城市混合型社区的治理困境与应对——以江苏省江阴市S社区为例》，《中共太原市委党校学报》2018年第3期。

自由购买房屋将不可避免地导致社区之间与社区内部的居住分化和隔离，最终影响经济发展与社会转型。因此在19世纪，西方国家逐渐开始探索混合居住的可行模式以解决社区之间的分化。在实践层面，英国政府率先通过筛选来自不同阶层、不同职业的人群混合居住来解决问题。其设想的潜在假设是通过中产阶级的角色模式和示范作用，使穷人能够变成“好”的居民。实践结果表明，混合居住有助于降低区域歧视、促进社会交往和融合等，因此混合型社区在西方的实践也在持续。

随着西方的城市发展和理论更新，混合型社区的内涵在逐渐丰富，主要包含以下三个方面：一是多元社会阶层的混合，即不同年龄、种族、生活方式、职业、收入水平的居民的混合；二是土地使用功能的混合，即承载功能、生产功能、资源功能、资产功能、景观功能的多功能混合；三是建筑样式的混合，其实现途径为设计多样化的景观和培育富有特色的地域文化。社区样态的不断丰富，使得混合型社区的概念意涵也在不断发展和完善，同时也展示了这一类型社区的发展趋势。

在理论方面，西方关于混合型社区的理论构想同样层出不穷。著名的空想社会主义者罗伯特·欧文曾提出“花园城市”这一概念，其突出园林绿化的重要性以及城市的公众参与，希望通过社区内的公民参与以减少社区内的区隔，减少社区内的阶级差距。新城理论和新城实践倡导通过社会整合、阶层混合以及不同人群的混合居住以达到政治和谐，促进社区整合。田园城市理论构建出一个理想中的结合城市和乡村优点的田园城市模型。但是这些理论只是提出设想，并未研究出现实可行的、可操作化的混合型社区空间模式。诸如瑞典实施的“百万住房计划”、美国推行的“公屋建设计划”等实践，则鲜明地展现了社会发展和社区整合贯穿了西方城市发展史。时至今日，混合型社区的住房规划和社会安置已经成为西方国家缓和阶层矛盾、统一社会福利的重要举措。

可以看到，西方语境下的混合主要指社区内不同阶级居民的混合，通过多种措施以减少社区内的阶级差距以促进社区和谐。

二、国内"混合型社区"研究

改革开放以来,我国的住房供应逐步市场化,同时高速化的社区发展使得多种样态的社区被"打包"成为混合型社区。国内的混合居住现状为来自不同省份、阶层、年龄、职业等的居民共同居住在同一个社区,形成人口结构多元化的社区现状。由于我国的社区混合方式较为多元,学界对混合型社区的定义也十分多样。针对目前国内的混合型社区现状,可从地缘位置、房屋类型、居民分类、社区功能等多个方面展开研究,如何在不同样态下的混合型社区中展开基层治理创新也成为国家和学界的研究重点。目前,学界主要关注到混合型社区的概念分类与治理路径,集中于对各种混合型社区形态的研究,包括"城中村社区""边缘社区""村居混居社区""过渡社区"等。

(一) 边缘社区研究

随着城镇化的高速发展,众多村转居社区由于动迁而出现,其社区的地理位置常位于中心城区的边缘地带。此类社区并非因生产力的自然发展而被纳入城市当中,而是因地方政府的城市规划等政策因素成为名义上的城市社区。其特点主要表现为,此类社区的居住人群拥有传统村镇中较为整体的价值观念,同时又由于城市化的发展而拥有了城镇社区的特征。有学者观察到城市边缘区域的"流动人口聚居地"或"城市里的乡村"等现象,认为这是"边缘社区"概念的具体体现。同时"超级村庄"这一概念的提出,概括了一种边界明确、观念同质、基建发达、区位边缘的"城市型村庄"。这些研究从社区区位的角度,分析了城市边缘社区的特点,提出了此类社区的治理策略。

在关于城中村的研究方面,我国学界的研究主要聚焦在城市与城中村的整合。李培林对我国城中村的发展过程和治理方式进行了研究,并提出了相关研究结论:第一,城市化必然带来村落和农村的终结,但不能一蹴而就;第二,村落的终结必然伴随产权的变动和社会网络的重组,会引起利益矛盾和价值冲突,因此需要建立一种超越"零和博弈"的新的合作和整合机制;第三,村落组织可以融入或被用来构建现代化的新传统,作为补充部分融入现代化;第四,应正确看待“城中村”在城镇化过程中的价值与功能,发挥“城中村”社区的作用。[①] 也有学者重点分析了“城中村”的社会层面和本土资源,从中提炼出了“都市村社共同体”这一概念以揭示“城中村”社区存在、发展的特定逻辑,并重点解释了“城中村”的发展离不开政府的合理制度供给。城中村社区在城市的发展过程中,可以作为社会联络、沟通的过渡点,使得城镇化更加整体、全面地发展。

此外,城乡接合部的研究也是我国混合型社区研究的重点之一。此类社区不同于传统的郊区或农村,其分布于城市建成区或中心城区周边地带,在生活方式上兼有城乡社区的特征,因此在治理层面不能简单地被纳入二元的街道治理体系与乡村振兴治理体系中。周大鸣等学者认为,城乡接合部社区属于城乡之外的第三种社区类型,这类社区是中国大城市在城市化过程中普遍存在的一种社区类型,是基层社区对中国特有的土地征购政策、户籍管理政策体系的集中反映。对于这类社区的研究主要集中于土地问题、社区安全和社区建设等议题。同时,位于城乡接合部的社区处于城市发展的边缘地带,多种房屋类型的混合也多有发生,因此针对这一类型社区的研究也有助于对混合型社区的深入了解。

除了对居住类型和地缘的研究外,国内学者关于此类社区的混合居住模式也有所研究。国内现有研究多聚焦于社区居民这一议题,同时国内学者已经开始论证引入混居模式的可能性,这为混合型社区的形成提供了依据。在社区内的人员分类方面,学界关注到二元户籍制度下的混合型社区内的居住空间隔离,阻碍了进城务工人员的城市化融入,主要表现为进城务工人员在城市居民群体间聚居,从而形成和城市社区的空间隔离,进而产生隔离、封闭或与主流文化不相符甚至相悖的行为方式。空间集聚是地区衰败与贫困的主要成因,在极端的情况下,群体因素和阶层因素的重叠容易导

---

① 李培林:《村落的终结:羊城村的故事》,生活·读书·新知三联书店,2019,第128页。

致多重剥夺感，造成贫困和隔离的循环积累。学界认为要摆脱这种空间隔离与封闭的困境，混合居住是一种可行的方式。有研究指出，进城务工人员自身在混合型社区中的生活能够实现一定程度的市民化，同时还表现出某种社区适应性。因此，在边缘社区内考察混合型社区的治理实践具有重要的现实意义。

综上所述，目前学界关于边缘社区的研究既有宏观背景的探讨，也有微观层面的案例考察研究，强调其过渡性和边缘性，研究重点为城乡关系以及居民身份。

（二）混合型社区的实践探索

从近年来对混合型社区的实践探索来看，国内关于村居混合型社区治理的研究重点在于重构国家与社会、行政与自治、经济与社会、管理与服务等二元关系，从而推动混合型社区的治理模式由居民被动接受向主动参与转变。在对混合型社区的治理实践的总结提炼中，各地学者选取不同地区作为典型个案进行类型研究，尝试总结当地混合型社区治理的模式。例如，上海“街居一体化进程”模式着眼于重新界定政府和社区治理的职能和界限，引入专业社会组织参与社区治理，推动社区自治；深圳盐田模式以创新社区管理体制为特征，着眼于打造社区议事平台、建立良性的沟通机制，实现居民与企业、居民与政府、居民与居民之间的良性互动。虽然各地的实践模式不同，但是其在探索过程中均积累了相关经验，为其他地区的混合型社区治理提供了治理经验。

但是此类实践也有一定的局限性，使得推广其模式存在困难。实践探索的社区由于某些地域、经济、文化等方面的“先天”优势，具有一些其他地方、其他社区所不具备的条件，再加上一些被破除的制约性因素、政府的配套政策支持等，使得这些地方的社区治理实践取得了成功。因此，从案例的可复制性与可推广性来看，单一的模式需要总结出更具普适意义的经验，否则推广难度极大。

在国内城镇化的大背景下，创新社会治理方式成为当下基层治理的迫切需要。回答基层社区治理创新的重要议题是新时期理论研究和实践工作的方向，也是更好地响应和落实十九大关于“加强社区治理体系建设”和“治理重心向基层下移”的要求。综观国内学者的研究，混合居住如何可行、如何可为，以及与社会融合之间关系的讨论是目前关于混合型社区的社区治理研究的基本着眼点。从混合型社区的治理视角来看，在基层社区的研究中贯彻治理能力和治理体系的现代化是从本质上转变村居混合型社区治理的方法、协调模式、行为逻辑。我们需要汲取多方面的实践经验，找到一套具有较强适应性、较好操作性的理论模型和理论体系来使得混合型社区的治理有力、有效。

三、我国混合型社区中常见的房屋类型

与西方在概念上所提出的社区混合不同，我国的混合型社区主要是在中国城镇化的过程中所形成的。在中国的城镇化进程中，政府自上而下的行政力量与市场的自发效应共同作用，促成了多种房屋类型的形成以及在特定空间中的混合。在这一过程中，不同的房屋类型的形成均有其特定的历史脉络，对其历史脉络的分析有助于我们了解其发展由来，同时深入了解其社区特性。因此，本节分析了售后公房、动迁房、商品房与保障性住房四种房屋类型的历史形成过程与特点，并介绍其成为混合型社区的过程。

（一）售后公房

在我国的市场化改革完成后，20 世纪 90 年代中后期的国企改革也相继完成，单位制的迅速解体使得社会结构、住房模式产生了巨大的变化。单位制解体后，原先单位所遗留下来的工厂用地、宿舍、单位职工家委会等也被改造、融合进新的社区形态。在这一过程中，体制内的职工被逐步推向市场成为社区居民，而售后公房这一住房类型也在此阶段出现。

售后公房是单位制解体的产物，但也是另一种单位制的延续。单位制改革后，旧有的国有企业的体系逐渐被市场化体系替代，同时由于单位制的解体，原国有企业的改制使得居民生活发生了巨大变化。以某市一大型国

有企业改制为例，在其市场化解体后，原先体制内的职工失去工作成为自由人，在这一过程中工人以下岗、转岗、买断、辞退等方式与集体大单位切断联系，成为社会的一员。同时在住房方面，原工厂的住房使用权以较低价格转让给部分职工，使得他们仍然可以住在老厂宿舍里，这便是售后公房的来源之一。在这一过程中，除了住房性质变化外，原国有企业所承担的社区治理职责也由街道办事处、社区居委会等分担。[①] 可以看到，单位制解体不仅带来了房屋类型和社区形态的变更，更重要的是社区居民的关系网络、社会资本、信任机制等也发生了巨大变化。

随着时间的推移，售后公房社区也在逐步发生变化。从居住条件来看，售后公房由于建造年限较长，房屋普遍老旧、住房面积小、住房条件差。也正是由于这些问题，高收入的居民逐渐搬离，收入较低的外来流动人口迁入，总体上形成了一个经济水平较低的居住区。此外，从居民关系来看，原先公房社区内部所建立起的信任关系与中国传统的宗族家庭信任关系相似，但是随着社区生活的巨大变迁，这种关系产生了不可逆转的改变。现代社区的居民来源多样、构成复杂、流动性强，异质性成为突出特点，居民之间的交往频率大大降低，熟人社会“远亲不如近邻”的优势也逐渐式微，单位制社区中居民之间互相知根知底所建立起来的传统信任关系受到挑战，也随着原先居民的不断搬离而被逐渐削弱。

虽然售后公房在市场化的大潮中逐步被新型的住房类型所取代，但是其仍在基层社区当中仍占据了重要的地位。而在基层治理的过程中，售后公房在管理主体、治理方式、产权界定等方面存在不甚明晰之处，这在一定程度上为其所在的混合型社区的治理带来困难。可以看到，售后公房作为单位制的保留、延续或者强化，依然是影响城镇化进程中混合型社区发展的重要部分，因而如何将其纳入城镇混合型社区的治理之中也是亟待解决的问题之一。

---

① 李强、葛天任：《社区的碎片化——Y市社区建设与城市社会治理的实证研究》，《学术界》2013年第12期。

（二）动迁房

随着城镇化的发展，城市边界不断向外扩展，因此大规模动迁的产生也使得农村土地被逐步纳入了城镇的管辖当中。而为了安置失地农民，政府集中建设了动迁房社区，动迁房这一房屋类型也随着城镇化的发展而不断增加。

动迁房社区是指政府通过征收农村土地，以统一规划、综合考虑城市发展，选择合适用地新建房屋来补偿被征收人的社区。这种社区类型以城市社区中开发商品住宅小区的模式为参考，用以集中安置失地、失宅农民。除了新建房屋用以安置的方式，另外还有改建旧建筑、收购或长期租赁房屋等方式。动迁过程中表现出较强烈的政府行政力量主导的特点，政府通过自上而下的城市规划和对外扩张，将农村用地征收为商业和住宅用地，将农村或行政村拆迁成为城市社区。

动迁房社区特点鲜明，主要表现为居民同质性与治理双线性两个特点。居民同质性是指动迁房社区内居民往往来自同一个或相近的行政村，居民在文化习俗、思想观念、群体素质和收入水平等方面较为接近，同时其原生关系也未被完全打破。治理双线性主要指村委会、居委会双线管理的模式。由于动迁房居民与原来生活的行政村的天然联系，公共组织、土地管理、资金分配等仍离不开原来各行政村的党支部、村委会，而同时由于居住地的变化，居委会的属地治理与服务提供也成为动迁房居民生活中的重要部分，因此形成了村委会、居委会双线管理的模式。

动迁房社区作为近些年来城镇化过程中新出现的社区形态，目前在社区治理方面面临许多问题：一是社区组织建立不健全，部分配套设施不完善；二是动迁房社区部分公共配套服务设施建设滞后，社区的物业管理水平、服务质量有待提高；三是农民生活成本增加，富民乏力。因此，对于这一房屋类型的治理需要关注居民需求，提高社区治理能力，并关注这一住房类型中存在的问题。

（三）商品房

1998 年开始，我国正式推进住房的商品化与社会化。在此背景下，商品房这一房屋类型逐步增加，高档商品房社区拔地而起，各种楼盘林立。随着楼房数量一起上涨的还有房屋价格。近二十年来，全国一线、二线城市的房价翻倍上涨，人们收入水平的差异拉开了不同社区之间的距离，高昂的房价限制了社区内居住人群的数量和类型，居民的业主身份也使得其对社区的治理工作提出了更高的要求。

商品房社区的最大特征是住房的商品化和私有化，其社区内民主力量的发展也是这一类型社区的重要特点之一。由于商品房社区内房屋为居民自购，业主这一身份也使得商品房内的居民参与社区事务更为积极，其业主委员会的作用发挥有助于其向业主主导性的自治政体发展。[①] 与此同时，商品房社区内部业主对社区服务的要求也相对较高，因此更需要各治理主体协作进行社区治理。

商品房这一房屋类型，是我国居民住房市场化的产物，也是我国市场化转型当中的重要部分。在大多数情况下，由于房产价格与物业费较高，商品房社区相较周围其他社区配套全、环境优越、物业服务管理水平良好，住房周边配套设施也相对齐全。因此，在商品房社区的治理过程中，需要关注社区人群的切实需求，并关注由商品房社区的兴建而导致的周边环境的变化。

（四）保障性住房

在我国单位制解体后，大量居民失去了单位保障房，其居住问题成为国家亟须解决的难题。为了保障民生并维护基层稳定，1994 年起我国开始了以国家安居工程为着眼点的经济适用房建设，力图解决中低收入人群的居住问题，构建我国新时期住房体系。经济适用房具有社会保障性质，相对于商品房而言具有经济性、保障性、实用性三个显著特征，是国家面向中低收入家庭而兴建的商品住宅。经济适用房概念的正式提出，被认为是我国住

① 陈鹏：《城市社区治理：基本模式及其治理绩效——以四个商品房社区为例》，《社会学研究》2016 年第 3 期。

房制度改革的序幕，也是我国保障性住房建设历程的开端。[①]

此外，改革开放以来的市场经济体系不仅释放了劳动力，更刺激了经济发展的活力，推动了城市化进程。随着我国市场的开放，许多中西部的务工人员进入大城市工作，流动人口大量增加并聚集，因此对保障型住房的需求增大，公共租赁住房这一住房形式应运而生。2014 年后，公租房和廉租房政策并轨运行，共同保障基层稳定，解决城市特困人口住房问题。保障性住房这一住房形式是为了解决基层中低收入与特困人口的住房问题而提出的解决对策。而此类住房由于其内居民经济实力较弱，所配套的公共服务也相对较差，如何在最低的社会治理成本下完善此类社区的治理则是保障性住房治理的难点。

综上所述，在我国的住房体系改革后，多种类型的社区在城镇化高速发展的过程中开始出现。单位制的迅速解体、房地产行业的高速发展、城镇化的规模拓展均使得多种类型的社区混合出现。在时间紧、任务重的城镇化压力下，地方政府往往紧迫而仓促地将多种类型的房屋纳入混合型社区，进行“打包式”建设。这样落地而成的社区尽管能迅速解决当下的问题，有利于经济发展，但是为之后长期的社区治理埋下了多种难题，成为各项城市化政策的“试验田”。

由此来看，我国宏观经济发展背景和地方政府的共同作用催生了混合型社区，其典型特点为政策导向性。混合型社区不仅是地方政府所主导的多项城市化政策、经济发展政策的直接产物，更是城郊农村社区向中心城区靠近，中心城区压力疏散至郊区这两股力量相碰撞的结晶。在此过程中，混合型社区中的居民并不具有自主选择的权利，居民身份的复杂性以及聚合的骤然性必然造成政策导向下形成的社区出现分散的状况。

在梅陇镇的镇域中，四类房屋类型并存。因此，下文将从社区整合视角

① 叶晓甦、黄丽静：《公平和效率指导下的我国保障性住房体系建设》，《城市发展研究》2013 年第 2 期。

入手，展示梅陇镇15个混合型社区的数据，揭示社区内部所面临的组织制度、文化认同方面的整合困境；同时展示社区发展过程中各主体所彰显出来的社区整合希望，反思和讨论混合型社区内部聚合和平衡发展的政策思路。

第二节　梅陇镇混合型社区基本情况分析

一、社区类型

梅陇镇位于闵行区东部，紧邻徐汇区，四周分布着徐汇滨江、莘庄商务区、紫竹高新技术产业园、漕河泾开发区等重要产业区域。近年来，梅陇镇认真落实新发展理念，全面推进“北优南拓”发展战略，将深度城市化推向新阶段。

20世纪90年代末，梅陇镇承接了许多动迁自徐汇区、卢湾区、静安区的市民以及在梅陇购置商品房的业主。随着近年来经济的快速发展，梅陇镇内商品房社区建设快速推进，建成了多个规模较大的商品房社区，如上海春城、春申景城等，居民数量增长迅速。同时，由于梅陇镇周边有多个产业园区，对于劳动力的需求较大，因此每年有大量的外来人员落户梅陇镇。此外，梅陇镇根据市政府要求，近年来兴建了几个超大型经济适用房小区，如中春三水苑、上海晶城等。以上种种因素，使得梅陇镇社区内人口构成复杂，多种社区类型混合，给社区发展和管理带来了许多新的问题。

人员的复杂和城镇化的快速发展，也使得梅陇镇内的混合型社区数量较多。本书从梅陇镇中选取出了15个混合型社区样本，对其进行了有针对性的深入调研，并对获得的一手数据进行分析。基础社区数据如图4-1、图4-2所示。

如图所示，在梅陇镇接受调查的15个社区中，动迁房在混合型社区当中占据了重要的地位。在每一个混合型社区当中，均或多或少地夹杂了动迁房这一房屋类型。而在其他房屋类型上，13个社区属于动迁房与商品房混

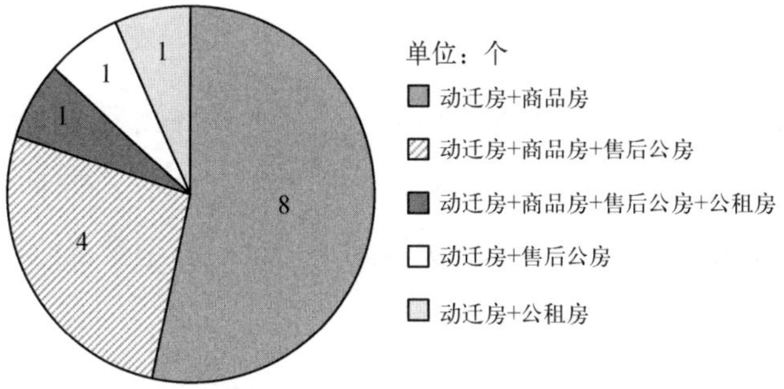

图 4-1　梅陇镇混合型社区类型

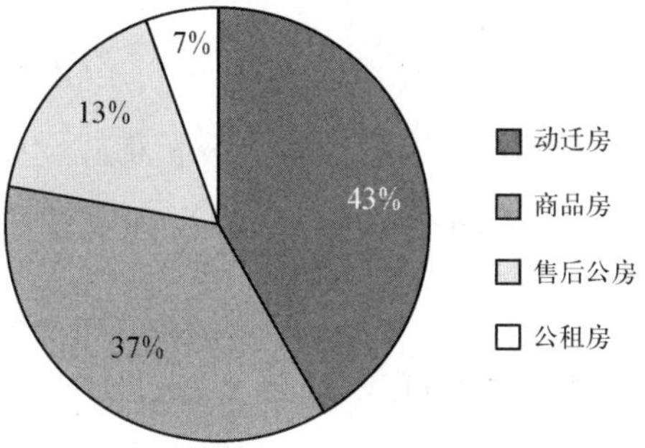

图 4-2　梅陇镇混合型社区中各房屋类型占比

合型社区或是包含了动迁房与商品房的混合型社区，在 15 个混合型社区中占比高达 87%。这样的数据也印证了梅陇镇社区自 20 世纪 90 年代以来社区建设的政策方向。一是按照 1991 年上海市政府发布的《上海市城市房屋拆迁管理实施细则》(也被称为"黄菊 4 号令")，闵行区开始大量承接来自上海市中心的动迁居民。这一阶段的动迁主要是由于旧城区改造，目的在于解决居民居住矛盾，改善居住环境。而 1991—2001 年的动迁补偿主要是采取"数砖头"的方式，按照被拆迁房屋的面积给予产权调换或作价补偿。二是从 2010 年开始，梅陇镇南部城中村蜕变崛起为南方商务区。例如，2009 年 4 月陇西水厂基地"城中村"改造项目正式拉开帷幕，当地农民就地安置、陇西村统一回购动迁基地的相关配套用房，因此大型的动迁房社区建设也势在必行。这也是近些年来梅陇镇根据市政府要求兴建超大型经济适用房、农民动迁房小区的缩影。

可以看到，梅陇镇的混合型社区混合了多种社区类型，但总体而言以动迁房社区与商品房社区为主。这主要是梅陇镇的就地安置、回迁的政策而导致的。因此在基层治理时，需要关注到不同社区类型带来的社区差异，并制定相应的政策与服务策略。

二、社区居民构成

社区治理与服务的对象为社区内居民，而对居民的结构进行分析能够使得服务更加具有针对性。而在混合型社区中，由于房屋类型的多样化，其中的居民构成也各不相同。本研究着重分析梅陇镇整体的人口情况，从流动人口占比与居民年龄两个方面，分析梅陇镇混合型社区内的居民构成。

首先是对于流动人口的分析与介绍。因为我国户籍制度长期存在，所以与西方世界中的“迁移人口”“人口迁移”的概念不同，中国的流动人口所做出的流动行为并不会改变户籍。在实际的界定中，社区居委会通常根据异地居住的成年人员标准来统计本社区流动人口数量。参考学界对“流动人口”概念的普遍定义，本书从以下几个方面界定流动人口：一是流动性，即按照人户分离的行政区域界定，并结合离开户籍地人口的行为确认；二是时限性，流动人口应是在非户籍所在地具有一定的居住时间；三是目的性，指在非户籍所在地的流动人口在长期一段时间内，其主要目的是择业或就业，即经济型流动人口。

在本次针对梅陇镇混合型社区的流动人口调查中，我们采用的数据为各居委会在日常工作中所收集的社区居民数据，由各居委会工作人员自主填报。梅陇镇混合型社区的常住人口与流动人口的具体构成如表 4－1 所示。

表 4-1　梅陇镇混合型社区常住人口与流动人口占比

	填报社区数量	最小值	最大值	均　值
常住人口占比	13	27.0%	92.0%	64.4%
流动人口占比	12	1.0%	66.0%	35.4%

同样，项目组也针对梅陇镇内的社区老年数量与未成年人数量进行了统计。本书将社区居住人员中年龄大于 65 周岁的居民界定为老年人，而将不满 18 周岁的群体界定为未成年人。梅陇镇混合型社区的老年人口与未成年人的构成如表 4-2 所示。

表 4-2　梅陇镇混合型社区老年人口与未成年人占比

	填报社区数量	最小值	最大值	均　值
老年人口占比	13	3%	57%	18.7%
未成年人占比	12	1%	14%	8.0%

根据国家卫健委发布的《中国流动人口发展报告 2018》，2017 年，中国流动人口数量达 2.44 亿，占全国人口的 17.4%。根据这一标准，上述 13 个混合型社区中，流动人口占社区人口的比例超过 17.4%的社区共有 10 个。而在社区老龄化方面，上述 13 个混合型案例社区中，65 岁以上老年人口占社区人口的比例超过 7%的社区共有 10 个，老龄化程度相对较为严重。可见梅陇镇混合型社区中比较突出的特点在于外来流动人口和社区内老年人口较多，这为后文分析混合型社区的基本特点提供了数据支撑。

三、社区工作人员组织架构

梅陇镇混合型社区的党总支、党支部成员相关信息如表 4-3 所示。

表 4－3　梅陇镇混合型社区党总支成员相关信息

	极小值	极大值	均　值
年　龄	31	85	60.9
党　龄	4	66	30.7

梅陇镇混合型社区的社区居委会人员性别分布如表 4－4 所示。

表 4－4　梅陇镇混合型社区居委会人员性别分布

		频数/人	百分比/%	有效百分比/%	累积百分比/%
性别	男	26	32.1	32.1	32.1
	女	55	67.9	67.9	67.9
合　计		81	100.0	100.0	

梅陇镇混合型社区的居委会人员年龄分布如表 4－5 所示。

表 4－5　梅陇镇混合型社区居委会人员年龄分布

	极小值	极大值	均　值
年　龄	22	68	36.6

梅陇镇混合型社区的居委会人员持有社工证的比例如表 4－6 所示。

表 4－6　梅陇镇混合型社区居委会人员持证率

	频数/人	百分比/%	有效百分比/%	累积百分比/%
有	23	28.4	30.7	30.7
无	52	64.2	69.3	100.0
合计	75	92.6	100.0	

在梅陇镇的党总支与党支部中，成员平均年龄为 60.85 岁，平均党龄为 30.68 岁。老党员的优点在于经验丰富、群众基础较好、政治敏锐性强，但是在党建活动的创新度方面欠缺。居委会干部中女性占比较多，中年占比较多，社工持证率较低，且多为初级社工证。

以上为梅陇镇混合型社区的相关数据与基本情况分析，从社区房屋类型、社区居民构成与社区工作人员三个方面介绍了梅陇镇混合型社区的结构与特点。对于梅陇镇混合型社区的数据收集，有利于分析在镇域下的社区治理特点，分析其社区治理结构与居民生活方式；同时，也有利于为梅陇镇“一核多元”的治理提供数据支撑，有助于分析基层社区治理的多方合作模式，共同提升社区治理水平。

第三节　混合型社区基本特点：散而未合

梅陇镇镇域内的混合型社区，多是由政策力量推动形成的。在经过了村民重组、市民嵌入、外来人口流入等形成过程后，其社区产生了社区结构多元化、社区公共性式微等结构性特点，造成了社区内治理结构、居民生活等各个领域散而未合的格局。

一、社区结构多元化

我国的混合型社区概念与西方单一的居住人群混合不同，所涵盖的“混合”意涵更为丰富，所观察的视角也有所不同。对社区结构多元化的分析，有助于对混合型社区内多样性的讨论和研究，丰富混合型社区的治理方式。以下将从房屋类型、居民身份与社区内组织架构三个方面介绍混合型社区的多元化结构。

（一）房屋类型多元化

混合型社区的结构多元化首先表现为多元的房屋类型，其中可能包括商品房、动迁房、售后公房、公租房、自然村等。房屋类型的多元化背后影射出社会空间的变化，即受到社会因素影响的物质空间。居住空间是阶层化的重要因素之一，空间反过来也影响社会关系，在资本化过程中参与社会关系的重构，这些都丰富了混合型社区的居住形态。①

在我国，房屋类型的多元化主要和房屋的市场化改革和城镇化的迅速发展有关。而在混合型社区内，不同房屋类型所对应的管理方式、政策方针都有所不同，混合型社区内部因多元的住宅结构而形成多样的居住形态，这些居住形态在空间上分化成为单个的片区或者“居住共同体”，各片区拥有各自的权利主体，因而不同类型的社区、社区内部的居住共同体所面临的问题、需要处理的公共事务不同，相应的治理机制也不尽相同。因此，房屋类型的多元化构成了我国混合型社区的基础。

（二）社区居民身份多元化

梅陇镇镇域内生活着多种身份的居民，包括市内迁出的安置房居民、单位制解体后的公房内居民、城镇化发展过程中产生的动迁村落居民以及购买商品房的外来居民等。多种类型的居民使得梅陇镇镇域下的社区组成更加多元，如何同时满足多元的居民需要，并促进各类居民和谐相处也成为社区治理的关键一环。从城镇化发展的角度来看，居民与村民以及流动人口互相融合，表面上是城市社区发展的一个主要方向，但实际上不同的社会群体不仅在户口、观念、习惯、职业等方面有所不同，而且在经济来源、组织形式等方面也都有较大的差异，存在着与传统城市社区不同的特点。同时，由于生活在同一社区的居民群体的年龄相异，其诉求也会有所不同，也会对社区治理产生一定影响。

由于居民户籍、身份、地域、所属阶层与体制的差异，在社区日常生活中居民群体所代表的利益各不相同甚至相互冲突，最终导致社会群体的利益

① 刘精明、李路路：《阶层化：居住空间、生活方式、社会交往与阶层认同——我国城镇社会阶层化问题的实证研究》，《社会学研究》2005年第3期。

碎片化。[1] 例如，在规划社区公共空间的过程中，青年人与老年人的诉求因为与自身生活息息相关，使得协商过程变得艰难。另外，在户籍方面，不同居民表现出较大差异，本市城镇户口、外地城镇户口、本市农民户口、外地农民户口等户籍类型使得居民内部群体利益分化。不同身份的居民代表不同利益主体，反映在社区层面则是利益分配的碎片化，进而加大了社区治理的难度。

随着居民生活水平的提高，社区居民除了单一的物质需求之外，对各类优质公共服务资源的需求也与日俱增。但是不同年龄、不同收入、不同学历、不同职业的人群对社区公共服务和公共资源的需求都是不同的，同时满足多群体的需要较为困难。在混合型社区当中，由于居民构成较为复杂多样，其需求也是各不相同。公共资源需求增加可能造成公共服务被挤占、公共资源供给不足等问题，一味采取需求为本的工作方法会使社区治理处于疲于应付的被动地位。在混合型社区的治理中，我们需要关注多元群体的需求，这也将有助于提升社区治理水平。

（三）社区治理的组织架构多元化

随着治理结构的完善，社区治理的组织架构也呈现出治理主体多元化的特征。过去，居委会作为居民自治组织，是社区最核心的组织机构之一，甚至可以说是一个社区的中枢和象征。但是随着社会重心的下移，政府各个部门的工作下沉到社区，社区居委会实际上成了街道居委会下面的一级政府机构，承担着繁重的行政性管理工作，无法提供完善的社区服务。

为了破解社区的行政化困境，全国各地都开展了各具特色的实践探索，其中一个比较通行的方法就是在社区建立“社区工作站”来承担下沉到社区的行政事务，而让居委会腾出手脚更多地履行自己的自治职责。但是，当居委会的行政事务管理职能被剥离之后，很容易出现另一个问题，那就是居委

---

① 李强：《社会分层十讲（第二版）》，社会科学文献出版社，2011，第44—49页。

会的地位迅速下降，甚至被边缘化，这就是我们所说的居委会“边缘化危机”[1]。因此，在加快构建共建共治共享的社区治理体系的政策背景下，多元主体逐步融入社区治理，最终形成党委领导、政府负责、民主协商、社会协同、公众参与的多元治理模式，而梅陇镇所提出的“一核多元”体系也是新的多主体多元治理模式的一种实践。

而在多主体的协作过程中，多主体之间如何理顺各自的关系，展开有效的协商合作，并充分发挥各个社区主体的能动性、主体性是梅陇镇面临的实质问题。因此，建构出一个完善的基层治理体系有助于充分发挥多主体作用，共同构建良好的基层治理格局。

二、社区公共性不足

在混合型社区中，社区内部的多元化导致了公共性不足，这也构成了混合型社区的治理难题。城镇化导致城市社区人口自由流动、跨地区人口重组，从而导致不同身份的人口进入社区混合居住。在此过程中，社区的人口结构、组织形态、居民凝聚力、社区公共精神、社区参与和社区治理等多方面受到影响。而此时社区内居民作为“市民”的身份认同尚未形成，基于认同的政治参与感也难以被唤起，最直接的体现即社区公共性的瓦解。

“公共性”概念源于西方公共哲学话语体系，以汉娜·阿伦特、尼克拉斯·卢曼、约翰·罗尔斯和尤尔根·哈贝马斯等为代表的西方学者，从不同方面对“公共性”进行了讨论。[2]“社区公共性”概念则是公共哲学在社区与公共生活层面的落实，界定了社区是一个超越于私人家庭领域之外，建立在

① 郑杭生、黄家亮：《论我国社区治理的双重困境与创新之维——基于北京市社区管理体制改革实践的分析》，《东岳论丛》2012 年第 1 期。

② 谷玉良：《城市混合社区的“公共性”式微及其重构——基于农民工与市民混合居住社区的分析》，《学习与实践》2018 年第 7 期。

邻里交往基础之上的社会—文化系统①。市民社会的公共性以社区为重要载体,“公共性”在社区层面应被界定为社区居民应有的社区认同感和归属感,以及为维护社区共同利益而自觉自愿参与各种公共活动的公共精神和公共参与行为②,是人们从私人领域中走出来,就公共性问题开展讨论和行动,并实现自己从私人向公民转化的一种状态③。而在城市化高速发展的当下,社区人口的流动性也相对较大,公共性的形成也较为困难。

而在梅陇镇的混合型社区当中,如何在不同居住群体、不同房屋类型以及不同治理方式的社区内寻找“公共性”,则是做好基层治理的难题之一。以下将从梅陇镇的混合型社区入手,从社区的实际情况出发探讨混合型社区内公共性匮乏的难题。

(一)社区组织不稳定

混合型社区中的外来流动人口主要以租赁方式入住,居住缺乏稳定性,导致社区人口不断有老居民流出、新人口加入,社区始终处于人口重组过程中。这直接关系到社区内新旧组织的成长与发展,原社区组织碎片化可能成为常态,新社区组织的形成与发育也受到人口持续变动的影响。同时,居委会在新入住人口的登记、管理和服务方面的工作量也会增加,对于社区组织的培育往往难以投入足够精力。

在梅陇镇混合型社区的社区人口结构数据中,流动人口占社区人口的比例超过 17.4%的社区共有 12 个,甚至有 4 个社区的流动人口比例达到 50%,形成了严重的人口倒挂现象。在混合型社区形成的过程中,外来人口进入,原有社区居民流出,人口的高流动性导致原社区既有的组织和团体成员有一定程度的流失,组织结构的完整性遭到一定程度的破坏。因此,混合型社区中由社会组织所培养出的公共性,也容易在社区居民的去组织化过

① Iris Marion Young, “The Ideal of Community and the Politics of Difference,” *Social Theory and Practice*, 1986, 12(1), pp. 1-26.

② 高红:《城市基层合作治理视域下的社区公共性重构》,《南京社会科学》2014 年第 6 期。

③ 李友梅、肖瑛、黄晓春:《当代中国社会建设的公共性困境及其超越》,《中国社会科学》2012 年第 4 期。

程中逐渐式微。

（二）居民身份隔阂

混合型社区中居民身份存在多元性，对社区事务的关注点也有所不同，对社区治理的要求也有所不同。而在梅陇镇的混合型社区中，社区内的人口流动与身份差异两个方面会影响社区内的居民关系，容易产生隔阂，引发社区冲突。新居民在社区融入的过程中与老居民在生活方式、社区文化、利益关系等方面也容易产生冲突。新旧居民的冲突容易影响到居民的文化心理认同、社区参与的积极主动性和维护公共利益的热情等。

有研究显示，流动人口与本地居民相比对社区的情感趋于保守，认同感和归属感相对较低，其参与社区事务的前提是建立社区认同。人口的流动性对社区居民之间的关系有着重要影响。社区内的旧居民在长时间的生活中，形成了一定的地方性知识，而这种地方性知识无疑对外来流动人口形成了某种区隔，外来流动人口不仅缺乏在地生活经验，并且对于城市社区基本规范处于摸索适应阶段。作为新进入社区的居民，其缺乏原先社区内的地方性知识，导致其容易与旧秩序发生冲突。新旧居民本就存在经济、社会、身份等不同，在这基础上，他们之间的差别在处理社区公共事务或者群体性实践时会被“放大”。而在社区参与方面，流动人口对于社区事务的参与和公共生活的交往在很大程度上依赖于社区所提供的环境和条件。

同时，由于梅陇镇中混合型社区部分是由周边村镇整村动迁而来，新旧居民之间的生活习惯与差异始终存在。因此，尽管居民已生活在同一场域，即当下的混合型社区中，但是依旧缺乏邻里交往的基础。原生村落之间存在相同的生活规律、相互接近的生活水平、不约而同的生活习惯以及稳定的居住样态，使得这些长期生活在此的居民的生活方式比较固定，潜移默化地形成了隐性的文化传统和地方性知识。而新市民的生活习惯和村民有所差异，不同生活模式的差异会导致居民之间的冲突。

在梅陇镇的混合型社区当中，居民之间由于利益不同而产生的冲突较为常见，恰当处理居民之间的矛盾，也是对社区治理的重要要求。

（三）社区情感资源流失

在混合型社区中，社区流动性大容易造成社区的情感资源流失，稳定的情感关系也会在居民流动过程中弱化。社区居民流动性较大，容易导致熟悉的邻里、朋友、同事迁出，原本稳定的、可供依赖的社区关系遭到挑战，对社区的归属感也在不断的“居住过滤”中被磨灭。更重要的是，在居民当中被公认为领袖的精英人物的流失将直接导致居委会失去与部分群众的联系，再次培养社区骨干并非一朝一夕可以做到的，普通居民在社区公共活动与事务的参与方面难以起到带头示范作用。

在居民交往层面，混合型社区居民之间的交往呈现出多重离散性的特点，这也使得社区内的情感联结建立较为困难。具体表现为外来流动人口内部社区交往的离散、新老居民之间交往的缺失、原住市民之间交往的弱化。随着社区人口结构不断重组、社区居民异质性突出，导致社区居民之间的接触与交往进一步减少，居民群体之间对各自的了解和称谓停留在“集体”层面，缺乏对个体的深入了解。在混合型社区内部，新老居民间的异质性妨碍了彼此之间的人际交往。[①] 不同居民群体由于生活与工作时空的不同，很难实现实际的共同“在场”，社会交往明显地表现出相对于社区的时空抽离问题，原住市民的社会交往也同样如此。

综上所述，混合型社区中的“公共性”不足是缘于其地缘、组织以及居民身份等多种因素。如何重建混合型社区的公共性，是混合型社区治理的难题，也是梅陇镇日后治理的重点。

三、过渡区域复杂化

随着城市化的快速发展，上海市作为超大城市向外扩张十分迅速，在这一过程当中，位于城市周边的过渡区域吸收了原先周边村落的居民、文化以及关系，使得区域内社区情况变得较为复杂。此外，城市外来人口也多在新

① ［美］布劳（Blau，P. M.）：《不平等和异质性》，王春光、谢圣赞译，中国社会科学出版社，1991，第110—113页。

城市地区购置房产、租住房屋，使得过渡区域的复杂化程度进一步加深。梅陇镇作为位于超大城市之中的镇域社区，其地理位置是处于城市的过渡区域，其本身具有一定复杂性。而混合型社区又在城市的发展过程中打包了多样态的房屋类型，使得镇域内的复杂性进一步加深。

（一）社区地理空间过渡

梅陇镇处于郊区向城区过渡的城市近郊区，在城市扩张的过程中，公路、通信、电力、环卫、排污管网以及电信网络等配套基础设施逐渐完善，社区内公共空间、绿化景观、环境卫生、住房条件都跟随城市社区发展脚步而不断改善。梅陇镇通过开发商品房、拆违改建老小区等工作在空间形态上不断向中心城区靠近，地铁、公交等公共交通不断便捷，购物广场、学校、医院等基础设施的完善为附近社区居民带来了更多便利。

传统村落的社区形态表现出自然散居的特征，户与户之间存在一定的自然间隔，村落社区内大型配套设施较少。随着大规模动迁房的开发，城市样貌的社区空间逐渐形成，社区建筑以多层居民楼或者高层商品房建筑群为主。但是混合型社区在向中心城区的过渡阶段，与成熟的城区社区形态相比差别依然较大，在社区内部也面临着不同的过渡难题。在梅陇镇的混合型社区中，基础设施建设等问题逐步出现，新建公租房、商品房小区的物业公司水平参差不齐、管理不规范等难题也有所出现。可以看到，过渡性地域在治理经验、文化氛围等方面与成熟社区依旧有所不同。

因此，混合型社区在由郊区向中心城区过渡的过程中，首先面临的是地理空间上的社区形态聚集与混合分布问题，以及基础设施和社区组织架构的不完善。

（二）社区交往关系过渡

在混合型社区内，不同身份的居民居住在一起，其居住空间是统一的，并且享受同样的社区服务。但是空间上的住所只是形式上的统一，整体社区交往关系的紧密或松散才是社区生活大舞台的主旋律。

首先，在混合型社区中，村转居居民面临着市民化的困境，居住环境的变化和社会分工的加强使其内部原有的社会关系发生变化。这类居民是伴随着城市空间扩张和重点工程建设等原因造成的动迁一起形成的，通常是社区中的第一批居住者。混合型社区在城市化进程中面临的问题也是他们在生活中遇到的问题，即市民化的转型适应过程。例如，分房的利益争端和楼房室内狭小的空间使得家庭内部矛盾频发，家庭关系紧张化；也有不少家庭因为动迁带来的利益分割而需要上门调解。

其次，混合型社区中还涉及外来流动人口的社区融合议题。受到城乡分割的二元体制和严格的户籍制度的制度性因素、城市文化包容度的社会性因素等影响，流动人口的社区融合比较有限。梅陇镇近几年实施的工程改造项目、基础设施兴建等不仅改善着社区的居住空间，更在此过程中形塑着社区居民的交往关系。例如，普乐二居作为以动迁房为主的混合型小区，突出社区公共活动空间承载的社会交往、康体活动、文化交流、休闲游憩、政治参与等功能，积极拓展和营造公共空间。空间的硬件使得社区既有供老人休息的老年活动室，也有供儿童玩耍的乐园，还有供广大社区居民活动的休闲广场。通过公共空间治理，养成新习惯，塑造新民风，让群众意识到自己是共享的主体，更是共建的力量。这些公共空间超越了物理空间意义，重塑了社会空间，提高了社区居民认同感，扩大了居民的交往范围，让社区真正成为人们的安居之所。

综上所述，梅陇镇内混合型社区具有多元性共存、公共性匮乏与过渡性明显等社区特征，总体上处于一个“散而未合”的状态。而对于这些社区特征的分析也有助于解决混合型社区的治理困难。在城镇化迅速发展的过程中，混合型社区也在逐渐增多，此类社区的特征涵盖了当下阶段基层治理的重点、难点。因此，针对梅陇镇混合型社区的分析具有普适性与实践意义。

第四节　混合型社区面临的挑战与机遇

梅陇镇混合型社区的形成与壮大有其历史脉络和结构性因素，其发展过程中出现了种种治理难题，突出表现为社区公共性缺失、碎片化明显，社区整合存在困难。在当下的基层治理场景下，混合型社区的治理面临多种困境，其中主要分为基层治理主体的治理困难以及社区居民日益提高的居住需求。本节将以梅陇镇混合型社区的实际情况为例，分析在实际工作中，社区各治理主体面临的挑战，以及随之而产生的治理机遇。

一、社区治理各主体挑战

为了充分发挥各主体在社区治理中的作用，梅陇镇提出了“一核多元”的基层社区治理方法，即以基层党组织为核心，充分发挥党建引领作用，居委会、业委会、物业公司等其他治理主体分工明确，履职顺畅，依据党组织提出的方向，作为基层治理的执行者参与社区治理。因此，下文从居委会、业委会、物业公司三个角度出发，分析梅陇镇混合型社区在治理实践中遇到的难度与挑战。

（一）居委会面临的挑战

在基层治理的过程中，居委会是实践的重要主体。其主要承担社区的日常管理工作，同时负责下沉的行政性事务。但其在具体的实践中，也遇到了一定困难。居委会行政化的困难在之前已有所论述，此处主要介绍梅陇镇居委会在实际过程中遇到的资源问题与队伍建设问题。

1. 社区资源挑战

有效治理是建立在一定的治理资源基础上的，梅陇镇混合型社区的治理工作备受资源匮乏问题掣肘，突出体现在资金来源和社会情感等方面。

资金匮乏问题限制了居委会引入外来社区资源参与社区治理的可能性。社区居委会的可用资金依赖自上而下的资源投放，社区干部的工资以及日常办公经费由市、区（县）共同筹集。目前社区可以支配的资金有“社区公益金”及“为民服务党建基金”两项基金。除此之外，上级部门还会为居委会上报的专项基础建设（如美丽家园建设）以及专项的社会活动（如扶持当地的传统文化产业）提供资金支持。

而在购买社会组织服务的资金方面，虽然上级政策支持居委会作为社区主体购买社会服务，但是在实际的资金使用中，还是会遇到很多困难。由于政府支出报销程序等制度规定，许多NGO（非政府组织）无法进入到社区选择的范围之中，社区只能选择和那些有着一定政府合作基础的社工机构开展业务，社区干部的体制内职业历程也会使得他们倾向于利用体制内的资源参与社区建设。此外，居委会干部虽然在寻求外部资源合作中具有一定的自主选择权，但依然强调在日常工作中对其他外部资源的全方面控制，同时在选择外部资源时要尽可能“小心翼翼”，确保不出现错误。[①] 因此，社区居委会在开展工作时受到资金和内部行政资源的限制。在实际调研过程中，梅陇镇多个混合型社区中均存在资金缺乏问题，具体体现在社区维修基金不足、活动资金较少、给予社区团队的支援不足等方面。

此外，居民的社会联结不足也影响了社区的治理水平。在混合型社区中，传统的社会关系和价值规范在现代化转型中逐渐瓦解，而外来流动人口尚未建立起有机的社会联结。当出现重大利益矛盾乃至群体性事件时，居民之间原本脆弱的信任机制受到威胁，混合型社区自组织机制的乏力状态就会进一步凸显。这种情形极大地影响了社区矛盾纠纷的化解和有效治理，也给居委会开展工作带来了更大的难度。在梅陇镇混合型社区开展的公共空间的建设与分配、工程实施、物业费上涨、停车位改建、绿化面积被占用等案例中，居委会往往需要花费大量的精力用于调解和沟通，造成治理难度大、效率低下的问题。可以看到，居民之间的情感资源不足也加大了社区治理的难度，居委会的工作效率也会明显下降。

综上所述，在混合型社区尤其是以动迁房为基础的社区内，居委会无法获得更多的资源支持，因此无法达到良好的治理效果，而治理效果不佳也会影响资源倾斜程度以及居民的社会联结，使得居委会较难达到良好的治理效果。

---

① 王海宇：《有限度的自主——当前社区治理中的社区干部》，《青年研究》2018年第2期。

2. 队伍建设挑战

基层工作者的专业化工作水平，也是影响居委会提高社区治理质量的因素之一。根据梅陇镇混合型社区中工作者的组织架构数据，居委会的社区干部平均年龄为36.1岁，年龄跨度为30～45岁，以青壮年居多；大多数社区干部工龄并不长，普遍在两年左右，且多从其他岗位转岗而来，之前对社区工作接触不多；社工证持证率为33.7%，多为初级社工证。根据《闵行区社区工作者管理细则》，梅陇镇社区工作者的薪酬由基本工资和绩效工资两部分组成，其中基本工资由本人所对应的岗位等级确定，为年收入的70%左右，按月发放，绩效工资为年收入的30%左右。总结而言，混合型社区中的社区工作者年龄较小、工龄较短、专业性相对较差。

根据调研访谈，15个混合型案例社区的干部均反映需要增加居委会成员，他们在工作过程中常常体会到责任大、任务重，分身乏术。同时，一个居委会成员在负责自身相应的条线工作时，更要负责走访多个楼栋，以及应对不定时的“创全国文明城市（社区）”、人口普查等活动开展，“一人多职、一人多能”的现象比较普遍。此外，每逢新老干部交接，居委工作会就会出现青黄不接的情况。根据《上海闵行区建设专业化社区工作者队伍试行细则》，社区工作者的配备额度一般为每个居民区配备4～9名社区工作者，超过2 000户的居民区，每多400户可增配1名社区工作者。但是部分社区的居委会工作人员数量并未达到此标准，人员不足的问题给混合型社区造成的困扰尤甚。

综上所述，梅陇镇混合型社区队伍建设的难度主要有以下两点：社区干部专业性与居民日益增长的社区治理要求之间的矛盾，以及较大的工作量与不足的社区干部人数之间的矛盾。社区干部常面临着自上而下的外部行政压力和自下而上的社区事务的双重压力①，无法实现梅陇镇许多居委会干部所期待的“社区服务水平”提升，这也是混合型社区形态下的难点所在。

① 李德虎：《转型社区治理中的社区干部：行动逻辑与角色困境——基于成都市LH社区的样本考察》，《领导科学》2016年第17期。

（二）业委会面临的挑战

业委会作为业主自身组织，其负责维护居民权益，监督物业公司工作并反映居民的合理诉求。业委会的作用得到充分发挥，则可以使社区居民真正成为社区的主人，并调动居民社区参与的积极性。因此，梅陇镇在“一核多元”的社区治理体系中将业委会作为“多元”中的重要一元，密切关注其作用发挥。然而，在梅陇镇的实际治理过程中，业委会的作用发挥有一定困难，也面临新的挑战。

在调研开展的 15 个混合型社区中，有 8 个社区的业委会居民满意度达到 80%。但是另有 5 个居民区的业委会居民满意度为 50%～80%，2 个居民区尚未成立业委会。可以看到，业委会在梅陇镇中虽推广范围较广，但其与其他社区治理主体的协作度、居民满意度仍处于相对较低的水平。总体而言，业委会的作用在混合型社区中尚未得到良好发挥。而混合型社区的业委会，主要面临以下三个方面的挑战。

第一，成员能力的挑战。业委会成员不仅要有较强的组织能力、协调能力，更要有任劳任怨和自我牺牲的品质。同时业委会的工作性质和特点决定了业委会主任要拥有足够的时间参与社区事务并且有一定的居民影响力。这样的复合型人才不是每个社区都能拥有的，其一方面有赖于居民的整体素质，也取决于居委会对社区能力的培养和挖掘能力。[①]

第二，组织内部动力的挑战。这一挑战指业委会需要激发并维系工作人员的工作热情与奉献精神，这也是关乎业委会有效运转的根本问题。在调研过程中，调研人员发现，蔷薇二居社区之所以能够在垃圾分类活动的开展中脱颖而出，就是有赖于业委会的强有力支持。其业委会主任对垃圾分类问题十分重视，在前期进行了重点宣传。冬天的时候，他亲自组建团队，由党员、志愿者、楼组长等组成带领团队，实施垃圾分类投放的拍照打卡，早晚两个时间段志愿者垃圾分类之后，再拍照在群里打卡，通过大家的点赞增

① 陈伟东、吴猛：《社区自组织与直选成本——以武汉市柴东社区和宁波市澄浪社区为个案》，《当代世界社会主义问题》2005 年第 2 期。

添参与人员的自豪感和荣誉感，集合志愿者的力量。后期，他又通过学习点的宣传，带动了大量居民参与，减少垃圾分类的实施阻力。

第三，社区公共性弱的挑战。业委会以培育和发展社区自治力量为己任，很难在弱公共性的社区中开展工作，而混合型社区公共性不足的特点使得梅陇镇部分居民区的业委会在开展工作时难以整合和代表大部分业主的利益。另外，召开业主大会前至少需要经过 5 道程序，而且要制定一系列章程、公约、规定等，耗费精力，时间漫长，这对于业主的知识和时间都有较高的要求。但在混合型社区中，业主的生活方式、参与能力、利益诉求都差异较大，更增加了业委会的工作难度。

因此，在梅陇镇的实践中，社区内业委会主要面临个体能力、组织架构和社区公共性的挑战。

（三）物业公司面临的挑战

物业公司是社区治理中不可忽视的重要主体。物业公司的服务能力与参与治理的程度以及与其他治理主体的互动关系，直接影响着社区居民的社区认同感和归属感。与居委会、业委会不同，作为市场主体，物业公司还存在商业盈利的需求，其运行模式和利益诉求与其他二者也有所不同。

在调研中，有 7 个社区表示本居民区的物业管理存在较大的问题，这也导致物业公司与居委会、业委会之间合作、协调不足。物业管理所面临的挑战主要有：一是单一社区由多家物业公司进行管理，造成不同居民区的收费标准混乱；二是物业服务水平普遍未能达到居民需求，这一问题在民营物业公司中尤甚。物业公司的服务水平不足一方面表现为人员配备不到位，如个别居民区中的物业公司尚未配备保安、保洁、保绿人员，卫生状况堪忧；另一方面表现为物业公司与业主、居委会之间沟通较少。例如，某小区反映物业公司尽管进驻社区，但是很多业主对于物业管理的服务范围缺少认识，因此常常会引起业主与物业公司的矛盾。另外物业管理水平较低也给居委会增加了沟通协调、矛盾调解、日常巡视等工作成本。

物业公司作为直接提供服务的“多元”之一，其面临的挑战主要是商业盈利与良好的社区服务之间的冲突。当下有社区尝试直接使物业公司承担一定的社会服务职能，直接购买物业公司的社会服务。这使得物业公司能够将冲突进行调和，同时达到盈利与提供服务的双重要求。

总的来讲，混合型社区的治理挑战实质上是居委会、业委会、物业公司与居民群体等治理主体未能在社区大平台上进行有效沟通和合作治理，进而表现出“一核多元”与居民参与这一体系的组织制度性困境、社区参与困境与社区功能整合困境。社区的多元善治与合作化治理要求重构混合型社区的“公共性”，从社区碎片化走向社区整合，而基层社区的整合与治理探索有助于更大范围的社会整合。因此，如何在碎片化的困境中发掘群体整合与有效治理的积极因素与积极力量，通过建立和完善社区利益表达和协调机制，在日常治理中将各主体的利益纠纷转化为追求社区整体的善治，就成为工作的重点。

二、混合型社区的治理机遇

梅陇镇混合型社区的形成与壮大有其历史脉络和结构性因素，出现了种种治理难题，突出表现为社区公共性缺失、碎片化明显，社区整合存在困难。但是混合型社区依然存在“合”的希望，即在社区工作者能力提升的措施下，借助社区公共事务的实施与参与，促进社区民间力量的萌生，重构社区公共性。

上文分析了社区治理主体遇到的挑战，从中可以看到在梅陇镇的混合型社区中，居委会、业委会和物业公司都正在遭遇来自治理方面的新挑战。但随着居民参与意识的提升，政策向基层治理方向的倾斜，基层治理的机遇也随之而来。而为了抓住机遇，快速提升基层服务质量，梅陇镇内也在多领域开展相应活动，旨在提升社区治理水平。因此，本节将从梅陇镇内的整体视角与措施入手，分析混合型社区的治理机遇，探讨在混合型社区中，“一核多元”应如何在社区治理的实践当中发挥作用。

（一）社区工作者队伍建设

在社会转型的背景下，混合型社区的产生与治理有着鲜明的时代特征。梅陇镇处于城乡过渡的发展阶段，居委会工作人员和社区工作者的能力也要与时俱进，适应社会发展需求。在上述分析过程中，可以看到目前梅陇镇混合型社区中的社区工作者普遍存在年龄层次逐渐年轻、专业理论知识缺乏、工作能力不强的问题，因此提高社区居委会工作人员的专业能力势在必行。为此，梅陇镇社区中心采取了多种方式提升居委会成员的工作能力：

第一，通过公开招聘、民主选举的方式，选聘社区治理专职人员。同时，设置多方面的考核指标，考察应聘者的社区治理能力、专业知识水平、纠纷处理能力和沟通能力等。第二，加强对工作人员的培训、督导、教育。广泛链接周边高校、社会组织等专业资源组织专业培训，提升居委会干部的能力。社区居委会干部的培训内容不仅应分层次、有重点。同时，也要听取居委会成员的心声与意见，收集他们想要学习的内容，不同社区之间的居委会干部要加强交流、经验分享。第三，完善监督考核机制。良好的工作考核机制既可以激发工作人员的能力和责任心，也可以对其进行有效监督。要以人才建设为突破口，建立科学的考评体系，引进人才奖惩机制。

可以看到，梅陇镇十分关注基层治理的人才队伍建设，而各居委会也可以借此机会提升队伍建设水平，提升自身治理能力，发挥居委会在基层治理当中的作用。

（二）社区经费多渠道筹集

基层的治理经费缺乏是一个共性问题。徐永祥在《社区发展论》中指出，居委会的经费来源主要有政府拨款、政府委托事务专项费用、由社区自发筹集、募捐和馈赠四个途径。除了以上四个途径以外，社区更应该形成一套科学合理的整合链接资源机制，为解决社区资金问题形成长效机制。

梅陇镇政府与社区中心发挥公共财政对混合型社区建设的支撑作用，切实加大财政投入力度，切实提高社区工作经费和人员待遇标准，合理确定区、街（镇）分担比例，逐步减轻村居混合型社区集体经济组织负担份额，使社区工作经费逐步增加以提升社区治理成果。

此外，随着上层建筑对社区这一基层领域的关注，社区可借用的资源也在不断增加。社区发展不应该局限于"等靠要"，而应该整合社会各方资源，创新发展模式，借助上级单位、本级驻区单位、社会中介等各方力量，开展多种内容和形式的共建活动，推动混合型社区可持续发展。

同时，在混合型社区的物业管理经费方面，社区可以多方面拓展筹资渠道，提升公共收益。对小区停车费收缴、公共部位广告收益和商业配套收益要账目明晰，设立物业管理事务公开栏，定期公布公共支出账目，让居民全面了解社区物业管理情况，增强物业管理意识。

总而言之，随着上级对基层社区治理的关注度逐步提升，社区的资金来源也将逐渐被拓宽。混合型社区可以借助自身与周边资源，服务于自身社区建设，提升社区的服务水平。

（三）社区社会组织培育

除了提升各个治理主体的能力之外，社区内部自发形成的社区社会组织的力量也需要受到关注。社区社会组织在提升居民公共性的方面具有极大的优势，有助于居民基于相同或者相近的兴趣爱好、共同利益、行业特征等建立联系、组织活动，通过激发居民认同感、体现个人的社会价值等手段动员居民，具有明显的公益性、自发性。当下多地以行政化手段，助推社区社会组织成立，提升社区工作的水平和质量，并以此为纽带联结社区居民，取得了良好的治理成效。

在混合型社区内，工作人员应有意识地培养一些有权威的人来担任组织者。在开展各种社区活动时，社区骨干能切实发挥参与社区治理的积极效应，将零碎的资源进行系统性整合与优化。在调研过程中，梅陇镇的居委会干部常常对社区的老人、老党员赞不绝口，他们在居民群众中发挥了良好的带头作用。

而在调动起社区居民的自觉性后，社区可引导其组成社区社会组织，发挥更大的作用。社区社会组织自下而上产生，通过活动动员和组织公众参与等实现对社区居民的组织，发挥“第三方”作用。其一方面通过活动，培养居民的参与意识，强化居民对社区的归属感和认同感；另一方面为居民提供了平台，吸引居民走进社区、融入社区，为居民参与社区治理创造了多样化的渠道。

梅陇镇混合型社区的治理现状与探索，可以说是我国基层镇域治理的一个缩影。本章从混合型社区的发展脉络，梅陇镇混合型社区的情况介绍、基本特点、挑战与机遇等方面入手，介绍了梅陇镇混合型社区的治理方式与遇到的实际问题。混合型社区的治理可以说是当下我国基层建设的缩影，多种社区类型杂糅、多社区治理主体混合、居民的公共性缺失等问题均是当下基层服务水平提升与社区治理发展的重点、难点。而针对梅陇镇其他不同类型社区治理的分析，将在下一章中展开。

第五章　梅陇镇社区治理的样态构成与实践逻辑

在城市化进程中，不同的政治经济条件下演变出了不同的居住形态。居住形态主要包括空间样式和产权结构，其中空间样式是住宅的外在风貌与空间关系，与文化传统相关；而产权结构则体现了不同主体的权利身份。在住房改革前后，我国的住房经历了一个从“福利”到“商品”、从“公产”到“私产”、从“单位分房”到“个人购房”的转变过程。自改革开放以来，城市住宅的产权形式呈现出从单一到多样的变化，并呈现出多层级的形态。根据梅陇镇社区居住空间与产权结构类型差异，本章将介绍商品房社区、动迁房社区以及售后公房社区的治理结构与实践中的运行逻辑。

第一节　商品房社区治理

商品房社区在城市发展过程中逐渐成为城市居民重要的住房形态，是房屋改革过程中的直接产物。作为高度私有化的代表，商品房社区居民拥有了业主这一新身份。而产权成为商品房的核心属性，社区内业主具有较强的权利意识。与此同时，业委会作为业主权利的执行机构，具有一定的话语权和决策能力，其在社区内的良好运行能够促进社区管理从“行政管理型”模式向“居住自治型”模式转化。在城市社区不断发展的过程中，业委会为业主提供了参与社区治理的组织化通道。

同时，由于开发经营权转到房地产公司手中，市场力量被全面引入社区，物业公司也由于商品房社区的业主对日常生活的要求提高，而进一步在此类社区中发展。作为市场力量的开发商及物业公司，在商品房社区中也发挥了重要作用。居民对房屋的管理和维修需求提高，使得专业的物业公司入场参与到社区管理之中，物业公司和居民也成为契约下的平等合同主体。

商品房社区是我国房地产市场化的产物。商品房鲜明的市场属性，凸显了其治理结构中物业公司与业委会的作用，这也是商品房社区与非商品房社区在治理主体上的重要差异，也由此形塑了商品房社区治理的特有格局。

一、商品房社区治理研究现状

（一）商品房社区治理结构与问题研究

围绕商品房社区治理结构，学者陈鹏总结并提出了三种模式：强政府、弱社会的政府主导型治理模式，社区主导与政府支持的社区自治型治理模式，政府推动与社区自治相结合的合作型治理模式。在不同社区治理模式中，社区治理中的群体可大致被划分为三类：代表国家力量的街居系统、住建/房管系统，代表市场力量的开发商和物业公司，代表社会力量的业主群体及其自治组织。[①] 由此，商品房社区内形成了多元治理主体共存的新格局，具体见图 5-1。

① 陈鹏：《商品房社区治理创新》，《光明日报》2015 年 10 月 12 日。

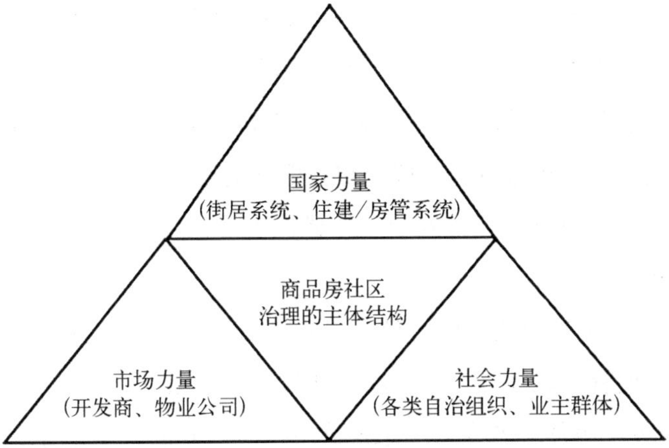

图 5-1　商品房社区治理中的三类治理主体

在商品房社区的治理过程中，基层政府主要起到指导、监督的作用，其中主要发挥作用的为街道办事处和房管部门，共同对社区内的社会事务和物业事务进行“双线管理”。除了基层政府外，社区内部各类组织也在治理中发挥重要作用。目前国内的商品房社区多以“业主大会(业主代表大会)—业主委员会—物业管理公司”的架构来实施社区管理，而少数商品房社区更是实现了“业主大会自营”的管理方式。随着小区建设现代物业管理进程的加快，以及业委会参与小区物业服务与管理模式的推广，社区里的权力模式呈现出一幅以政府实际工作部门为代表的国家力量、以物业企业为代表的市场力量与以业委会为代表的社会力量持续博弈互动的图景。在商品房社区内，三种治理主体具有不同的权威来源，隶属于不同的权力体系，遵循不同的行为逻辑，这导致在商品房社区治理的过程中会产生运作内部的消耗，较难达成协调一致。此外，作为社会力量的业主群体也存在参与不足和参与过度的矛盾现象：业主会在维权或是侵害个人利益等问题上表现出超常的积极性，同时又对小区的公共利益和公共事务漠不关心。同时，因为商品房社区中居民的业主身份具有利益关联性，因而居民更加愿意通过业主大会和业委会等组织化通道参与社区内部事务，这也在一定程度上促进了“公民自治型社区治理模式”的形成，这种自下而上的民主议事方法为居民提供了更多参与途径。在商品房社区快速发展的背景下，其社区治理规则存在滞后和刻板等问题，相关法律法规和政策虽然陆续出台，但总体上仍然不能满足当下社区治理新情况和新形势的要求。例如，针对业主团队、法人地位、物业自管模式、居委会职能错位等社区实际问题，还没有切实的可操作法规。①

此外，频繁的社会流动使得社会越来越陌生化，商品房社区中的居民关系相对于其他社区较为疏离，主要表现为陌生人社区的社会关系个人化。同时，伴随着住房体制改革，不同地域、阶层、行业的人彼此生活在同一社区，社区异质性的增强带来了一系列治理挑战。首先，社区治理重心转移出现问题。在社区治理模式从单位治理到社区治理的转型过程中，商品房社区中多元主体之间会出现如物业侵权、业委会无实际管理权等问题。其次，由于社区信任难以重构，众多社会信任和公共道德难题逐渐浮现，社区公共事务的治理难以有效推进。最后，居民中间出现社区治理参与问题，具体表现为居民的社区参与渠道不畅、议事内容较为单一等。②

（二）商品房社区治理主体的关系互构

商品房社区与其他类型社区的不同点在于其市场特性较为突出，这一特点对社区治理存在一定程度的影响。以下将描述市场特性对治理主体关系的影响，并对商品房社区的特征进行简要分析。

1. 市场体制助推物业服务

在商品房社区中，物业公司是社区管理的实际运作组织，为商品房社区提供日常管理服务，直接对业主的利益和诉求负责，在现代商品房社区治理中发挥着重要作用。因此，物业管理的质量也是商品房小区业主关注的焦点。根据《物业管理条例》的有关规定，物业的主要职责包括物业费的定价和收缴，房屋维修、维护及管理，相关环境绿化及保洁，设施维修养护及安全

---

① 陈鹏：《商品房社区治理创新》，《光明日报》2015 年 10 月 12 日。

② 何绍辉：《陌生人社区的治理困境及其破解》，《吉首大学学报（社会科学版）》2016 年第 5 期。

巡逻工作等。同时物业对社区的管理还体现在解决矛盾和获取资源方面。在商品房社区中，物业服务公司通过收取物业费与社区公共收益分成进行营利，在维持自身正常运营的同时，也将一定收益回馈在社区服务之中。由于商品房社区大多建设时间较晚，社区内部资源较为丰富，公共收益相对较多，因此物业可利用资金充足。而为了实现居民对美好生活的向往，相应提高居民社区生活质量已成为物业公司在商品房社区治理中的工作重点。

2. 主体意识促进业主参与

商品房社区中的业主对房屋拥有完全的产权和所有权，并对社区内的公共社区场地也拥有使用权。因此相比于其他类型社区，商品房社区业主维护自身利益的意识较为强烈。业主的社区参与行为主要以小区业主公共利益为基础，业主积极参与业主委员会、居委会的选举，并关注小区共有财产、公共事务等方面的讨论与决定，具有较强的参与意识。在商品房社区中，由产权私有化带来的主体意识能够助推居民参与社区治理，促进社区居民积极参与业委会的组建，并管理社区事务，体现出商品房社区内居民较强的主体意识。此外，由于商品房小区的封闭性，居民拥有各自的“空间领地”，业主对房屋及共有财产的所有权，使业主参与成为社区公共治理的重要组成部分，也是社区发展的内在动力，是衡量社区建设成就的重要因素。[①]

3. 民主协商下的制度化参与

党的十八届三中全会首次提出：“全面深化改革的总目标是完善和发展中国特色社会主义制度，推进国家治理体系和治理能力现代化。”党的十九大报告提出：“加强社区治理体系建设，推动社会治理重心向基层下移，发挥社会组织作用，实现政府治理和社会调节、居民自治良性互动。”民主协商作为一种决策模式，是社区自治的关键，“利益相关者习惯于通过民主协商来

① 王小章、冯婷：《城市居民的社区参与意愿——对H市的一项问卷调查分析》，《浙江社会科学》2004年第4期。

处理公共事务、公共问题、各种纠纷”[①]，意味着社区自治正走向成熟。同时，广泛的公众参与也能够让民主协商更加落到实处。在目前的社区治理过程中，越来越多的社区建立社区议事小组，召开居民大会、业主大会、业主代表大会等，不断提升了居民参与社区事务的制度化和规范化程度。商品房社区中居民较为重视自身权利，关注社区事务，这有助于社区提升居民参与社区事务的积极性。社区协商在商品房社区也是解决问题的重要途径。社区协商谋求多元主体的利益共享、利益均衡、利益协调，并建立起社区利益协调机制，求得多元主体之间的共赢，是实现在中国共产党领导下的社区治理体制机制的建立与完善，促进城乡社区治理体系和治理能力现代化的根本途径。

当然同样也要注意到，商品房社区的市场特性也会对社区产生一定的不利影响。业委会对于自身的维护，往往会和物业公司发生一定的冲突，而冲突往往会使社区稳定程度有所下降。而在梅陇镇的社区治理实践中，商品房社区由于资源的分配不均、信息不公开等也产生了诸多问题，同时物业公司的市场导向也使得其服务质量始终与居民的需求处于动态博弈之中。

二、商品房社区治理共同体建设的实践

商品房社区是我国20世纪90年代的城市住房商品化改革后发展出的新型居住类型。区别于传统的单位制社区及街居制社区，商品房社区中的居民完全享有房屋产权，受到《中华人民共和国物权法》保护，并享有社区内公共设施的使用权。业主对房屋的出租、转让和出售拥有自主权。此外，社区中治安、环境和绿化的维护都由专门的物业公司负责，业主通过缴纳物业费的方式来购买物业公司的服务。

随着居民自治意识的不断提升，商品房社区内的问题也逐渐增多，对于居委会的治理水平提出了更高要求。而商品房社区内业主素质的不断提

① 陈伟东：《社区自治：自组织网络与制度设置》，中国社会科学出版社，2004，第171页。

高，也使得居委会与居民之间的关系模式发生了较为明显的转变。居委会与居民的关系向着更为缓和而非压迫的方向发展。居委会不再将强制性手段作为开展日常工作的主要策略，居民也能够对居委会产生明显影响[①]，商品房社区中居民的参与积极性提高，也为社区工作提供了较大助益。发现居民中的“草根领袖”、积极分子，挖掘和培育居民中的自组织，是促进居民参与自治并充分发挥集体智慧的更优选择。以下将介绍梅陇镇商品房社区内治理共同体的实践方式。

（一）党支部：核心引领

在社区治理过程中，发挥党总支的作用就是要坚持党建引领，凝聚基层党组织的力量，做群众的“主心骨”；积极发挥示范作用，发挥党员干部的“领头人”作用；积极动员群众参与，让更多居民和志愿组织成为参与社区治理的“生力军”。在商品房社区中，党建引领社区的发展方向，保证社区发展的路线正确，而党员先锋模范作用的发挥也能够提高社区治理水平。以梅陇镇商品房社区的罗阳九居党总支为例，社区工作者以抓好党建工作为重点，以新思路、新机制、新手段谋划和推进基层党建工作，推动了基层党建工作与中心工作、日常工作的有机融合；在居民区党总支的引领下，其下设的7个党支部和408名党员都在积极发挥带头引领作用，提高了居民的生活质量，提升了社区治理水平。

（二）居委会：专业与帮带

在梅陇镇的商品房社区中，居民对于社区治理要求较高，对居委会的要求也趋向专业性。为了进一步提高管理和服务水平，近年来居委会调整队伍结构时逐渐向年纪较轻、教育程度更高、专业能力更强的干部倾斜。新居委会干部大多毕业于行政管理、社会工作等相关专业，拥有更丰富的专业知识。同时，一些中年干部还拥有丰富的工作经历，拥有相关工作经验，并熟悉社区内部社会关系。干部之间的相互帮带，取得了良好的工作效果。例

① 桂勇：《邻里政治：城市基层的权力操作策略与国家—社会的粘连模式》，《社会》2007年第6期。

如，嘉和花苑两年前面临车辆乱放、设施老旧、人员流失等重大难题，居民满意度一直不高。新书记接管工作后，首先对社区情况进行摸底排查，再通过裁撤物业、组建团队等方法，对社区物业进行全面整顿。最终，新组建的物业班子得到了居民的一致认可。据社区书记介绍："居委会成员逐步年轻化，专业化程度也在不断提高。年轻居委会干部经常能够为社区治理提供新的思路，运用一些新技术与专业的社区服务方法到社区治理中，提升社区治理水平。"当然，年轻的社区工作者也会遇到一些无法解决的社区问题，此时社区的老干部就会对一些问题进行解决指导，帮带年轻社工开展工作。专业与帮带，这是商品房居委会干部新老交替中的常态，也对社区治理的发展有所裨益。

（三）物业公司：服务保障

商品房社区内的物业公司是具体的服务供给方，负责社区日常的养护和维修等工作。社区党支部和业主都积极参与对物业公司的监管，这也有助于物业服务质量的提升。物业公司作为治理的主体之一，也对社区治理有着重要作用。以春申景城社区为例，在日常生活中，物业公司严格按照规范标准为社区内的楼道、电梯、公共活动区域以及绿化带等提供专业细致的保洁服务，以洁净优美的环境培育居民环保意识，为垃圾分类工作的开展提供良好基础。同时，在社区垃圾分类的过程中，物业公司全力配合居委会的宣传和动员工作，建立居民微信群，并为每个片区的微信群配备一位专门"管家"，旨在快速了解居民在垃圾分类过程中的需求和困难，并能够及时地参与解决，同时督促居民学习有关知识，确保垃圾分类工作有序开展。

（四）业委会：年轻与实干

业委会是业主大会的决策执行者，也是物业服务管理的监督方，还是日常收支使用和部分维修项目的决策方。商品房社区内的居民普遍具备较强的自主管理意识。梅陇镇商品房社区中业委会的特点可总结为年轻与实干两个关键词。以嘉和花苑的业委会为例，该业委会成员进入业委会的方式主要为居委会选拔与自荐推荐两种，经过资格筛选后选聘了一批积极、创新、有活力的70后和80后成员。嘉和花苑的5位业委会成员大多拥有高学历，在工作中能够充分运用自身专业知识，在尊重社区业主需求的前提下，积极参与社区内公共区域设施的改造方案设计。同时，业委会将工作结果进行书面化公示，公开透明地接受监督，推动业委会工作走向规范化和制度化。如涉及社区维修基金问题时，业委会在工作前期、工作过程中以及工作后期都会积极与居民沟通事情进展情况。也正是因为他们的实干，社区内业主对于他们的工作给予了积极评价："这几个年轻人真的是能干，有想法，而且肯做。他们对于小区的事务能够提出很不错的想法，比如儿童乐园的改造，并且愿意去实施，业委会的工作也公开、透明。"

（五）社区居民：积极自治

在梅陇镇商品房社区治理过程中，社区居民普遍展现出较强的参与意识和参与能力。该类型社区居民大多呈现受教育水平较高、经济基础良好、社区认同感强的特点，此外部分居民还拥有一定社会治理方法的知识储备。以春申景城为例，大多居民对于社区内的事务关注度高，积极参与社区事务的表决，如选举过程中有部分年轻居民会特地把选票送到居委会，其规则意识和公平意识相对较强。

与非商品房社区相比，商品房社区另一个凸显自治能力的方面在于社区骨干的群体构成和参与意识。在非商品房小区中，社区骨干大多为社区内的积极分子，主要是楼组长、志愿者、社区党员群体。他们大多由居委会挖掘并组织起来，再对普通居民进行二次动员参与，将社区内的日常工作推进下去。而商品房社区的社区骨干大多是一些具备特殊才能和拥有策划、组织、处理问题能力的居民。他们一般有着较为强大的人脉网络和一定的社会资源，拥有丰富的社会经验，且有公益心和一定的号召力，有能力自行召集并组织居民参与到活动中去。

三、商品房社区的治理困境

有资料显示，梅陇镇商品房社区在居住空间和治理结构方面呈现出空间封闭性强、社区网络服务资源丰富两个特点。

一方面，本次调研所涉及的梅陇镇的四个商品房社区大多用围墙、绿化隔离带、护栏等设施将社区封闭，并采取了较为严格的门禁措施，限制非本小区居民进入。严格的边界管理一定程度上将空间私有化，社区的私密程度良好，能够在较大程度上保护个人及家庭的居住生活隐私以及安全。这是商品房社区在空间形态上的基本特征，封闭某种程度上也是“区隔”的过程，是业主身份和地位在物理空间上的映射。

另一方面，受益于其商品房属性，开发商在社区建设时会考虑社区周边的配套设施与资源，因此梅陇镇诸多商品房社区都享有较为丰富的服务资源。由于商品房社区的商业性质，在楼盘开发阶段，房地产开发商会对周边环境、设施、生活资源进行考量，并以此为品质生活卖点。以梅陇镇的春申景城为例，春申景城位于闵行区莲花南路，这一区域一直是闵行区发展较快、配套较成熟的板块。春申景城周边生活设施完善，配套学区包含幼儿园、小学等，同时拥有大型超市、卖场和银行等。社区还毗邻兴梅路商业街，商业街中教育机构配比较高，社区经常动员和对接相应资源，为社区内的青少年提供公益培育服务。社区内部还设有乒乓室、阅览室、居民活动中心、多功能室、会议室和调解室等多种类型的活动场所。可以看到，春申景城社区周边集中了多样的社会资源，便利了居民的生活、出行、医疗等基本需求。目前商品房社区的实际治理困难主要体现在作为居民组织化载体的业委会组建、运营和参与困难，以及居民公共意识和社区参与不足。

（一）业委会运行困难

作为商品房社区的治理主体之一，业委会从创立准备到成立后的日常运转都面临着种种困难。这在梅陇镇的罗阳九居体现得较为明显。罗阳九居在业委会组建和运行过程中经历颇多坎坷。在2018年年末的社区内发生居民与业委会成员的冲突事件后，罗阳九居的业委会全体辞职，业委会缺位使得社区自治工作运行受阻，社区内部矛盾日益积累。2020年，罗阳九居面临重建业委会的难题。业委会的重建更多依靠了新一任党总支和居委会的帮助。新任书记在进行充分商议的基础上，制定了“稳定压倒一切”的方针：坚持党总支的核心地位不动摇、突出党建引领、做好基础工作、始终由党引领一切。在这样的工作方针指导下，一段时间内业委会职责暂时由居委会代行，同时居委会也在积极筹备新一届业委会的相关选举工作。2020 年下半年，新一届业委会选举完成，开始正常履行相关职责。

从罗阳九居的案例中能够看出，业委会在商品房社区治理中发挥着重要作用，但同时也具有脆弱性和不稳定性等特点。业委会所掌控的话语权和影响力在社区自治过程中具有重要作用，一旦业委会沦为精英化决策工具而排斥大众参与，会不可避免地产生决策有失公允、损害大众业主利益的后果，最终引致业委会和居民之间发生矛盾冲突。①

（二）个体“原子化”

商品房居民与住房之间是完全的购买关系，缺少先在的文化和价值的有机联结，因此居民大多只是将社区单纯看作一个居住场所。居民的参与积极性更多地展现在对居住体验有直接利害关系的问题上，诸如房屋维修、物业收费等。若非涉及切身相关产权利益，许多居民对于社区开展的活动，既无时间也无兴趣，大多数情况下需要居委会依靠党的基层组织发动退休党员来参与。

商品房社区的业主在面对社区问题时，通常以自身利益为中心，按照与自身利益关联的强弱采取相应行动。商品房社区居民参与社区事务呈现出先“个益”、再“共益”、最后“他益”的价值排序特点，并呈现出“应激性共同体”的特征。能够看出，商品房社区居民在参与同自身利益相关度小的公共事务时，积极性和参与度都较低，“公共”意识尚待培育。

① 吴晓林、谢伊云：《房权意识何以外溢到城市治理？——中国城市社区业主委员会治理功能的实证分析》，《江汉论坛》2018 年第 1 期。

第二节　动迁房社区治理

改革开放前，我国的城镇化水平一直处于落后地位。20 世纪 90 年代末，随着城市化进程的加速推进，我国大多数城市的规模迅速扩大，城市土地资源日趋紧张，亟须进行动迁以实现城市格局的重新规划。在城镇化发展过程中，政府征用居民的宅基地和耕地，并用一定面积的安置房或拆迁补偿款对征地农民进行补偿，完成了农村土地在土地用途、产权主体和性质等向城市建设用地的转变。在动迁过程中，居民大多会选择住房安置或以住房安置为主、以货币补偿为辅的补偿形式，较少要求纯货币补偿。因此政府在城乡规划和建设中，将选择住房补偿的失地居民安置到城市中，建设开发出一种新型社区，即动迁房社区。随着城镇化发展不断加深，动迁房社区规模随之增大，成为城市社区的一种重要样态，也成为城市社区治理中不可忽视的部分。

一、动迁房社区治理结构与特点

我国动迁房社区的治理过程主要围绕政府、市场、社会三大治理力量，因此关于动迁房社区治理方面的研究也往往围绕治理主体展开。动迁房社区转型的内在机理包括两个方面：一是在组织建制方面从农村社区转变为城市社区，二是在基层组织形式方面由村委会转型为居委会。在转型过程中，社区中一些内在结构要素发生了重构，社区内部社会关系也产生了“传统农村熟人社区的生人化”等治理难题[①]。此类问题的出现，对进一步推动我国城镇现代化建设，提高我国基层社区治理水平带来了巨大的挑战。动迁房社区兼具农村社区和城市社区的双重特点，其治理手段也应相应地采

① 武中哲、韩清怀：《农村社会的公共性变迁与治理模式建构》，《华中农业大学学报（社会科学版）》2016 年第 1 期。

取城市与农村双轨并治方式，体现出传统与现代相结合的特征。

有研究发现，动迁房社区内的居民大多具有统一性、被动接受性以及思想上传统性与现代化并存的特点。就统一性而言，同一动迁房社区中的居民大多是来自邻近几个村庄的失地农民，在动迁过程中整体搬迁至一个社区中，社会关系网络保留得较为完整，生活习惯、价值观念也较为接近，因此在生活习惯、社会网络等方面具有统一性。就被动接受性而言，动迁房社区内的居民往往是由政府集中安置，无法自主选择居住社区。同时与自主购买商品房的居民相比，动迁房社区居民依然秉持着乡村的社会组织观念，尚未形成“社区主人”的身份认同，自治意识偏低，在社区参与中往往处于被动接受管理的状态。因此，社区自治在动迁房社区内的推进，相较于其他类型的社区而言更为困难。在思想状态方面，动迁房社区内的居民往往安土重迁，具有较强烈的乡土情结，因而难以适应城市社区治理方式的剧烈变革。有的居民还会由于传统思想与受到城市社区氛围影响而产生的现代性思想相互交织和碰撞，出现思想的过渡期和矛盾期。

我国大部分城市的动迁房社区侧重以单一的居委会(村委会)为治理主体，居委会(村委会)在工作中大多带有浓厚的行政色彩。而要全面推动动迁房社区治理的改革和发展，不仅需要政府的支持和引导，还需要对市场、社会力量进行积极培育，依靠政府、社会和市场结构中各主体互动，激发社区治理活力，进而推动治理体制方面的改革和突破。对于梅陇镇而言，其承担着上海市城中心和周边村镇拆迁安置的重大体量，对梅陇镇的动迁房社区展开研究，可以为超大城市的社区治理提供丰富的经验材料和理论对话。

就梅陇镇的23个社区来看，其中有3个社区的房屋类型全部为动迁房，分别为金都路社区、高兴二居和银泰苑，占总数的13%。另有16个社区中房屋类型包含了动迁房，占总数的82.6%。可以看到，动迁房在梅陇镇总体住房类型中占比较高。由于其他社区未提供动迁房屋的详细数据，本书着重分析房屋类型全部为动迁房的金都路、高兴二居和银泰苑3个社区。这3个动迁房社区户数均在1 500户以上，其中金都路社区的居民户数有近

4 000 户。可见动迁房社区总体规模之大，涉及的居民数量之多。

对 3 个社区内的党支部、居委会、业委会和物业公司成员构成进行分析，发现该类型社区各治理主体的性别分配、工作时间和工作经验存在以下特点：在工作人员数量方面，动迁房社区中党支部成员平均人数为 4 人，居委会平均人数为 6 人，业委会人数在 4 人左右；物业人数差异较大，银泰苑仅有 19 人，而金都路物业在人员配备上有 102 人，这与社区居民规模具有一定的相关性。同时，性别比例在不同社区类型和动迁房社区不同主体间差异较大。首先，动迁房社区中的党支部成员性别比例与其他类型社区相比较为均衡；其次，业委会成员男性占比偏高。银泰苑的业委会成员全部为男性，而高兴二居除了一名女性外均为男性；最后，居委会人员结构与其他社区类似，出现了女性占据压倒性优势的情况。具体数据可见下文的描述与分析。

（一）党总支：男女性别比例均衡，年龄跨度较大，中年主体地位明显

从性别上看，梅陇镇动迁房社区党总支成员的性别比例相对均衡。3 名书记中有 2 名男性 1 名女性，委员共 12 人，男女各占一半，相较于其他类型社区而言性别比例较为均衡。从年龄结构来看，党总支成员的平均年龄在 51 岁左右，30～65 岁的工作人员占比为 83.3％，40 岁以下的党总支成员占比为 25％，30 岁以下的工作人员和 66 岁以上的党员在党支部中占比较少，分别有 1 人。高兴二居与银泰苑的党总支书记较为年轻，年龄均在 39 岁左右，党龄为 7 年；而金都路的党总支书记年龄相对较大，为 62 岁，党龄为 42 年，有着丰富的工作经验和生活阅历。可以看到，中年群体在动迁房社区管理中发挥着中流砥柱的作用，而年轻干部则是社区管理事务中的潜在力量。另外，从表 5－1 和表 5－2 的统计数据可以看出，党总支成员的党龄普遍较长，其中委员群体最短党龄为 5 年，66.7％的委员党龄大于 10 年，50％的委员党龄在 20 年以上，还有两人的党龄超过 40 年。较长的党龄使得他们保持着较高的政治敏锐性和政治觉悟，助推动迁房社区治理坚持以党建引领为核心的治理结构。

表 5-1　梅陇镇动迁房社区党总支书记年龄、党龄和任职时间

	频　数	极小值	极大值	均　值
年　龄	3	38	62	46.3
党　龄	3	7	42	18.7
任职时间	2	1.1	3.7	2.4

表 5-2　梅陇镇动迁房社区党总支委员年龄、党龄和任职时间

	频　数	极小值	极大值	均　值
年　龄	12	29	74	51
党　龄	12	5	50	24.4
任职时间	9	1.1	7.7	2.9

（二）居委会：中青年为主，女性化趋势明显，专业水平偏低

梅陇镇动迁房社区居委会共有 18 名成员，其中女性有 13 人，占总人数的 72.2%，男性有 5 人，占总人数的 27.8%，女性人数是男性人数的 2.6 倍，女性比例远高于男性。对居委会工作人员的年龄进行分析，发现居委会工作人员的年龄段十分集中，31～45 岁占据了总人数的三分之二，最小年龄为 27 岁，最大年龄为 62 岁，大多为中青年群体，这一群体为动迁房社区治理创新提供了后备力量。另外，动迁房社区内居委会成员的任职时间平均值为 3.6 年，70%的居委会工作人员在任职社区工作时间不足 5 年。例如，银泰苑居委会工作人员的任职时间均在 2 年内，人员调动相对较为频繁，流动性较大，这对于动迁房社区治理提出了挑战。值得注意的是，3 个社区居委会主任均为男性，最小年龄为 51 岁，最大年龄为 62 岁，平均年龄达到了 57.33 岁。其任职时间平均约为 3 年半，拥有相对丰富的社区治理经验，可为基层治理转型提供宝贵的地方性知识。

除了经验式的知识库存，社工证作为衡量基层自治组织专业化水平的指标之一，同样为我们了解和评估梅陇镇动迁房社区治理队伍服务能力提供了参考。就梅陇镇整体情况而言，40%的社区工作者持有助理社会工作师或社会工作师证书。然而，动迁房社区居委会的 18 名成员中仅有 2 人持有社工证，占比为 11.1%；3 名居委会主任中只有一名居委会主任持有社工证，可见该比例远低于梅陇镇平均水平。从社区治理人才队伍建设的长远角度看，居委会成员的专业化发展具备一定潜力，为了进一步促进社区工作者专业化水平的提升，可以采取证书与薪资水平或政府培养支持挂钩等形式，来鼓励社区工作者提升专业能力。

同时，社区工作者队伍人员配备比例和团队协作程度直接影响队伍的服务效率与质量。目前，动迁房社区均存在人力短缺情况，需要新的社区干部加入缓解工作压力。在新老社区干部的互动方面，高兴二居还遇到了新老社区干部更替的情况。以银泰苑和高兴二居为例，这两个社区的居委会成员较为年轻，需要年老社区干部帮带。通过对动迁房社区中社会工作者的访谈可知，年长社区干部的优势普遍体现在经验丰富、群众基础扎实、动员能力强、能吃苦和政治敏锐性强五个方面，此外，他们的奉献精神和服务意识也获得了社区居民的高度认可。与之相比，年轻社区干部则集中体现出学习能力强、团队凝聚力高和创新能力强的特点，并在提升社区服务专业知识水平、提高社区工作的政治敏锐度、发扬吃苦耐劳精神等方面起到辅助作用。但同时，年轻干部也暴露出基层工作经验缺乏、动员能力欠佳和群众基础薄弱的问题。在工作适应方面，所有年轻干部都对适应社区工作抱有高度信心。但在流动性方面，年轻干部在各个社区中有着较大的差异性。高兴二居的流动性较高，而金都路居委会年轻干部的稳定性较高。

（三）业委会：架构缺失，满意度低，男性成员多

目前，动迁房社区的业委会在培育和运行两个方面均存在困难。从对两个动迁房社区的居委会干部访谈中得知，高兴二居和银泰苑均设有业委会，“一核多元”治理体系设置齐全，但该社区居民对业委会的工作效率的满

意度较低，主要是由于在收集居民反馈意见、诉求和维护居民权益等方面，业委会低效的反馈机制阻碍了业主利益诉求的及时传达。对于这两个社区而言，社区治理共同体结构的生成受到业主与业委会的社区治权博弈影响，而像金都路社区这样缺失业委会的直接后果就是社区居民的诉求难以通过业委会得到有效回应，因而会集中向居委会寻求解决方案，导致居委会工作压力骤增。业委会的缺位，除了影响居委会和社区居民的交流强度与密度外，还会由于缺少对物业公司工作的有效监督，导致其工作质量无法得到保证。显然，业委会的成立是当下动迁房治理中亟待解决的问题，但动迁房社区中居民自治意识相对较弱，业委会的成立需要社区党支部和居委会的有序引导和支持。

从梅陇镇动迁房社区现有业委会情况来看，业委会成员的准入方式主要包括居民推荐、居委会工作人员日常观察和动员以及社区活动积极分子自荐三种；业委会均设置了例会制度，频率在每月一次和两周一次不等，成员的出勤率均达到了80%。在人员结构上，业委会成员共8人，平均年龄为67.6岁，最小年龄为52岁，最大年龄为70岁；成员在小区内平均居住时间长达15.2年。具体见表5－3。同时，在动迁房社区内的业委会成员任职时间较久，成员中途未有换届情况。但社区居委会工作人员认为业委会的表现不尽如人意，其工作难以产生实际效果。

表5－3　梅陇镇动迁房社区业委会成员年龄、居住时间和任职时间

	频　数	极小值	极大值	均　值
年　龄	8	52	70	67.6
居住时间	8	8.7	25	15.2
任职时间	8	7	11	8.5

（四）物业公司：服务水平有待提升

在梅陇镇动迁房社区物业人员的组成方面，保安共有89人，占比为

55.6%，在动迁房社区物业人员总人数中占比最高；保洁人员共56人，位居第二；维修人员相对较少，各社区平均为5人。具体见表5-4。

表5-4　梅陇镇动迁房社区物业人员的组成情况

	保安人数	保洁人数	维修人员数	总　数
总　数	89	56	15	160
占　比	55.6%	35%	9.4%	100.0%

梅陇镇动迁房社区内物业公司服务提供的品质评价数据显示，居民对于物业服务的评价较低，满意度均在50%～80%。物业费作为物业公司向业主提供服务的重要财力支撑，其收费水平和收缴难度在一定程度上影响了物业公司的服务质量。虽然动迁房社区引入物业公司会得到一定比例的财政补助，使得物业费维持在1.05元/平方米及以下的较低水平，但由于动迁房社区居民以往鲜有缴纳物业费的习惯，因此该类型社区的物业费收缴比例仍较低。同时，由于动迁房社区外来租户较多，对维持物业费收缴的规范性也造成了一定的困难。物业管理费水平低、物业费收缴不规范等都是社区管理产生资金缺口的影响因素，对基础设施建设和房屋修缮等诸多社区服务带来资金压力。

二、动迁房社区中的治理共同体

在我国城市社区治理体系中，党支部、居委会、业委会和物业公司四大治理主体环环相扣，共同推动社区治理水平稳步提升。梅陇镇为了进一步深化社区综合治理，提升居民获得感和社会力量参与度，提出以党建引领居委会、业委会、物业公司等治理主体共同参与社区治理创新，在全域范围内营造社区治理生态氛围，发掘居民区治理功能，提高动迁房居民区治理能力，形成动迁房社区的居民区治理文化。

（一）党建引领在社区治理中的核心作用

动迁房社区的治理呈现出多元化和复杂化的特征，如何发挥党组织“一根针”贯穿社区治理“千条线”的作用是关键问题。动迁房社区内的党建引领作用突出体现在党支部通过推动社区自治管理体制的创新和发展，增强居民的认同感和归属感。

以梅陇镇的银泰苑社区为例，当碰到社区治理难题时，一般按照以下流程解决问题：第一，召开党员会、楼组长会，形成一个初步方案和计划；第二，征询居民对于小区建设、活动开展方面的意见；第三，居委会整合群众意见，形成初步方案，请第三方策划活动，形成项目；第四，公示形成项目清单公告；最后，由党员大会表决，居委再做申报表、审批表。这种公开透明的社区治理流程能够极大地提升居民对于党支部和居委会的信任，提升社区居民参与社区自治的热情和积极性，从而增强党员的带头作用，充分发挥居民的自主性，增强居民对于社区的归属感。可以看到，党建指引着社区发展的方向，强化社区治理和基层社会的健康发展。

（二）居委会的基础性作用

依照我国有关法律法规的规定，居委会是我国的基层群众性自治组织，承担着居民自我管理、自我服务等职能。而动迁房社区的居委会，也需要根据社区特性和居民需求不断调整自身工作方式，依据居民需要进行社区治理。

居委会有着清晰明确的法律地位，在居民社区治理中长期处于中心位置。在基层社区治理机制中，“后单位制”的特征逐渐凸显，居民自治逐渐成为社区治理建设的基本目标。也正是如此，社区居委会也就自然而然地成为居民进行社区自治的重要载体和核心组织。在动迁房社区中，居委会与居民联系紧密，除了负责行政性事务外，还需要回应动迁居民的需求，提供差异化的服务。近年来，在党支部的带领下，居委会顺利推进党的决策，切实关注居民利益，为维护社区安定、服务社区居民和提高社区治理水平起到了重要的推动作用。

（三）业委会的协调和监督作用

根据有关规定，业委会是由业主大会选出的，作为社区业主大会的代表和执行机构，业委会是维护业主物权的自治力量。业委会的出现也是我国由社会主义计划经济转向社会主义市场经济体制的体现，是我国经济社会发展与政治文明进步的产物。同时，业委会制度也进一步推动了我国公民社会的发展和公民民主意识的提升。而动迁房社区居民主动参与社区治理的意愿相对较弱，同时也因缺少参与经验，一些动迁房社区的业委会组建较为困难。在社区促进业委会更好地融入社区建设的实践中，业委会也面临着合法性挑战，具体表现为业委会的法律地位不清晰、与有关部门关系不顺畅、成员能力素质不匹配、成员缺乏监督制衡机制等问题。在梅陇镇的动迁房社区中，党支部、居委会和物业公司均配备齐全，其中，高兴二居、银泰苑的党支部、居委会、物业公司架构完整，但金都路存在业委会缺失问题，这也对提高社区治理水平造成了一定的阻碍。在这几个小区中，居委会承担着更多的职责。总体而言，业委会起到了提高居民归属感、协调居民矛盾和参与社区民主自治的重要作用，但在动迁房社区中，如何建立业委会并充分发挥业委会的作用仍较为困难。

（四）物业公司的服务保障作用

物业公司是社区治理体系中市场属性最为明显的治理主体，是为社区居民提供公共服务和市场服务的重要组成部分。动迁房社区内的物业公司与商品房社区有所不同，多是由街道、乡镇政府组织为社区提供服务，服务质量存在参差不齐的现象。要充分发挥物业公司在社区服务中的保障作用，平衡社区治理中居委会、业委会、物业公司间的社区治权博弈，需要对动拆迁社区的物业公司采取有针对性的准入与退出机制，如联合多方检查和督导物业工作，对物业管理水平进行长效评估，督促落实物业服务，对物业公司资质进行定期核验，依法处罚违法违规企业，对不负责的物业公司进行重点训诫约谈管理，对于不履职物业管理负责人进行撤换，对优秀物业公司采取表彰激励等形式，督促物业公司履行其主体责任，推动物业管理制度方面的创新。对于物业公司的有效管理,有利于引导物业主体积极参与社区治理的创新实践工作,与其他社区治理主体一同为打造共建共治共享的社会治安治理新格局以及推进和完善基层社会治理模式做出相应的贡献。

(五)居民的自治与互助传统

动迁房社区在一定程度上延续了旧有社会关系,为增强社区归属感和凝聚力提供了社会资本。首先,梅陇镇动迁房社区内现存居委会的人员结构基本沿袭了动迁之前的村委会架构,基层自治组织架构的维持便利了纵向上居民与政府之间的互动。其次,传统的乡贤、宗族长辈等社会角色声望高,对乡村生活中的话语体系、默会知识体认充足,成为动迁房社区治理中可供动员的居民骨干。此外,梅陇镇动迁房社区多处于大型的农民动迁地域,与原住村落或周围社区关系紧密,为跨区域开展活动提供了可能,熟人社区的社会支持网络便利了横向上居民与居民之间的互动。纵向和横向联结的畅通性为培育社区居民自治提供了摇篮。动迁房社区居民间地域相近、文化相通的特点,使得社区公共活动空间成为承载着人际交往、锻炼身体、文化交流、休憩娱乐、政治影响等活动的重要场域。但随着居民从村落转移到社区内,以及水井、戏台等特有地理形态的社交场所消失,精神文化需求亟待满足。

以梅陇镇动迁房社区中的银泰苑为例,居委会为支持居民自发成立的沪剧班提供了活动场地、演出机会等方面的支持。一方面,居委会和居民之间的互动加强,促使沪剧班在居委会的支持下提升了社区整体文化氛围;另一方面,居委会发挥了掌舵人的引领作用,给予沪剧班充足的发展空间。社区内众多居民自治团队在娱乐生活得到丰富的同时,也为社区治理提供了一定助力。例如,以服务群众为出发点和立足点,以党员为核心,先后成立小区管理委员会、监督小组等多支社区自治队伍,创造了自治参与新路径。银泰苑社区依托文化活动打造了一个良好的社区自治运行机制。拓展和营造公共空间的意义不仅在于社区治理本身,更是通过对公共空间资源的治理,培养居民新习惯,塑造社区新风尚,让居民意识到自己是资源共享的主体，更是社区共建的力量之一。

（六）社会组织的积极参与

在社会组织方面，梅陇镇动迁房社区中的党支部和居委会能够充分发掘社会组织资源，并引导其参与社区治理，主要体现在参与社区层面各种大小型活动的策划，以提升社区工作的专业性。截至2021年年底，梅陇镇所有动迁房社区都和社会组织有过合作经验。两委与社会组织的合作方式主要有两种，分别为以社区为单位购买服务和以镇（社区服务中心）为单位购买服务。合作类型中活动创新类和环境治理类最受社区居民的欢迎，青少年服务、社区养老方面的项目合作也备受关注，同时社区也对社会组织服务特殊群体（残疾人等）项目和培育居民骨干项目有合作意向。社区工作者对社会组织的专业化水平评价普遍较高，对其服务效果、专业能力、资源链接能力和活动开展质量较为认可。但社会组织的群众基础差、服务价格较高，社区与社会组织合作沟通成本较高，项目难以落地等现实问题也阻碍了双方的进一步合作。

三、面临的困难和需求

通过对各个动迁房社区资料的整理和社区工作者的访谈，本研究发现梅陇镇动迁房社区面临的困难和需求如表5－5所示。

表5－5 梅陇镇动迁房社区面临的困难

困　难	频　数	占比/%
停车困难、停车管理待加强、停车设施待改善	3	100
资金匮乏	2	66.7
楼盘质量、规划问题	1	33.3
居民公共意识、环保意识较差，素质参差不齐	3	100
擅自改建、群租	2	66.7

续　表

困　难	频　数	占比/%
老龄化严重，志愿活动积极性不高	2	66.7
居民人口素质低	2	66.7
居民流动性大	2	66.7

在梅陇镇动迁房社区面临的困难中，停车难是老大难问题，居民乱停车是症结所在。因此，在动迁房社区中建立科学的停车管理模式是关键。梅陇镇部分动迁房社区建有地下车库，但这一资源并未得到合理利用。如何号召、发动居民对地下车库资源进行有效利用，同时避免居民矛盾和冲突考验着社区各治理主体解决问题和合作协调的能力。然而，停车管理问题机制复杂，涉及车辆停放秩序管理、车辆安全管理与停车费管理等多个方面，方案制订难度大，决策成本高。同时，社区道路规划设计存在局限、车位资源稀少、停车现状混乱、第三方资源缺失、物业和业委会推动力度欠缺等问题，加大了引进科学机动车管理模式的难度。

除了机动车停车问题外，非机动车停车位紧张和充电桩供求失衡问题也成为社区内矛盾之一。安置房社区内非机动车较多，居民对非机动车充电桩需求相对较高，但社区建设规划时并未充分考虑到这一需求，导致社区内现有的充电桩数量较少，产生充电需求缺口，进而出现飞线充电现象。质言之，妥善解决机动车和非机动车车位短缺问题是动迁房社区的重点工作任务之一。

第三节　售后公房社区治理

自1994年《国务院关于深化城镇住房制度改革的决定》颁布后，国家全面推进住房市场化改革，政府逐步将国有公房出售给职工并将产权转让，开启了我国城镇住房制度的正式改革之路。随后，部分公房可以在市场中流通，这部分可以上市进行交易的公房被称为“售后公房”。一般来讲，售后公房分为央产房和一般性质公房。央产房是指房屋产权归中央单位或央企的房产，单位出售给职工后并非一定可以上市交易。一般性质公房包括一般国有企业、非中央级别事业单位以及机关的房产，该类房产可以进行上市交易。售后公房在经历 20 多年的发展后，如今呈现出产权模糊、管理失范、数量庞大、房屋老旧、房屋质量偏差等问题，同时还叠加了人口流动性大、人口老龄化严重等新生特征。此外，与商品房、动迁房等社区的居民相比，售后公房社区居民呈现普遍收入较低、对参与社区公共事务缺乏热情等问题，此外人口流动与老龄化问题的叠加也使得售后公房社区的治理难度进一步增加。

因此，售后公房这一特殊“身份”意味着在对该类型社区的治理中应注意考察历史维度，了解历史问题形成背景，理解新生问题形成原因。同时，售后公房社区作为一个多方参与的治理共同体，其运作离不开社区管理层的有效引导、居民的良好参与、资源的合理供应以及三者之间的沟通联系。

一、售后公房社区治理研究现状

（一）组织整合：“一核多元”待提升

党支部、居委会、物业公司和业委会是一个社区能够有效运转的组织保障，并且组织之间需要协调配合、通力合作才可能实现社区的良善治理。但是在实际情况下，四个治理主体各自独立且其内部各有工作体系，所以想要达成四个组织的通力合作并不容易，特别是在售后公房社区中这一困局更为明显。

其一，社区党支部作为社区治理工作的引航者，发挥着培养和教育社区干部、建设党员队伍等重要作用，但售后公房社区中的党支部在人员结构上与其所在社区同样呈现出老龄化趋势，还存在后备干部青黄不接的问题。其二，售后公房居委会成员同样受到年龄结构偏大、性别比例失衡等问题的困扰。此外，居委会作为连接政府和城市居民的桥梁，它的组织定位已被重重加码的行政性事务异化。随着20世纪90年代以来城市管理重心的下移，部分政府工作被分离出来下放给街道层面，街道又将诸多行政任务分配至居委会，居委会在人力、财力和权力方面都面临严重短缺的情况下，一方面要及时处理上级政府的下派任务，另一方面还要完成街道办事处的专项检查、指标考核等工作[①]。售后公房社区本已存在天然弱势与后天资源匮乏等问题，再加上居委会自治功能的弱化，其作为社区治理主体发挥作用的空间不断被压缩。其三，住房市场化改革后，售后公房由于原产权单位的解体导致其房屋产权不清，同时还存在多人共同拥有一套房屋产权的现象，给社区物业公司管理、社区房屋售卖都带来了较大困扰。因此，售后公房社区物业公司质量不高、接收断层现象比较常见。不仅如此，售后公房社区居民整体收入水平不高、人口流动性强等特征也对物业公司管理费用收取、物业公司管理条例落实等有所阻碍。其四，社区中的另一自治主体——业委会也对售后公房的治理有所影响。售后公房社区居民的维权意识往往是较为薄弱，在产生利益纠纷时居民通常无法有效团结起来，于是，被侵权而不知、居民自扫门前雪的情况并不少见；甚至部分售后公房社区的业委会处于尚未组建状态，无法正常运转以及联动社区开展治理工作。

（二）人口结构：流动性与老龄化

我国的城乡二元户籍制度确立于20世纪50年代，目的在于限制农村人口大规模向城市迁移以缓解城市压力。20世纪80年代，随着乡镇企业吸收农村剩余劳动力的能力开始减弱，大量农民需要远离家乡寻找更广阔的就业空间。20世纪80年代后期，农村劳动力开始在更大的范围内进行迁移，主要目的地为北京、上海、广东、深圳等大都市。《2019年上海市国民经济和社会发展统计公报》显示，2019年上海外来常住人口已达977.71万人，占全市常住人口总数的40.27%。庞大的外来人口规模倒逼城市住房政策的调

① 胡洁人、费静燕：《国家主导下的城市社区治理：四方互动及诉讼外的纠纷化解》，《广西民族大学学报(哲学社会科学版)》2017年第4期。

整，而售后公房作为相对低价的房屋类型也成为经济基础较薄弱的外来人口购买或租住的对象，因此流动人口也逐渐成为售后公房社区治理中不可忽视的群体。

城镇住房制度改革目标在于匹配社会主义市场经济体制，拉动内需，刺激社会总需求。1998 年 7 月，《国务院关于进一步深化城镇住房制度改革加快住房建设的通知》决定，从下半年开始停止住房实物分配，逐步实行住房分配货币化，同时建立和完善以经济适用住房为主的住房供应体系。售后公房作为房改中的重要一员，其居民年龄和社区房龄均是这一场住房制度重大变革的见证。时至今日，售后公房社区仍普遍呈现出居民老龄化的特征，房龄也在逐步增大。由此可见，目前的售后公房社区呈现出原住居民老龄化、新迁入居民流动性强的特点，这一特点也成为售后公房社区治理过程中的难点与痛点。

（三）资源禀赋：缺位的资金与政策

党的十九大报告指出，要“加强社区治理体系建设，推动社会治理重心向基层下移，发挥社会组织作用，实现政府治理和社会调节、居民自治良性互动”，并强调基层社区工作的重点在于“社区治理体系建设”。随着基层治理的转型，基层社区在社会转型发展过程中承载了越来越多的社会事务，这必然会对社区人力、物力和财力提出进一步要求，而这些要求无一不是售后公房治理中的弱项。

新型商品房及其他房龄较短的社区能在规划上适应现代社会变迁、满足人们的居住需求，但售后公房等老旧社区因为建造年代久远，不仅在房屋配套设施方面有所欠缺，还可能在社区规划方面影响城市整体居住布局。同时，售后公房人口结构流动性和老龄化的特点导致社区较难筹措资金用于改造旧房、配备新设施，因而该类型社区改造的工作经费主要来源于上级政府。尴尬的是，该类型社区往往会因为治理格局中多方主体的缺位和整体运转迟滞而影响其获取社会外部资源，使其在众多房屋类型社区的基层建设资源竞争中处于劣势地位，从而陷入“治理怪圈”。

（四）服务能力：有待加强的沟通与对接

进入信息化时代，公共服务业逐渐数字化，但是不同的年龄、社群之间对数字化服务的接受程度存在差异，使得公共服务的输送环节更加不充分、不均衡。[①] 这种不均衡在售后公房社区中具体表现为，一方面，老年人对新技术接受能力普遍弱于年轻人，这造成服务供给和诉求间的差距；另一方面，随着近年来社区工作者队伍的逐渐年轻化，社区日常工作向信息化转变，进一步加剧了年轻社区工作者和社区老年群体间的信息不对称。除了工具的迭代发展，组织领导者的能力会直接关系到组织的功能发挥与方向选择。所以，社区党支部、居委会、物业公司及业委会的领导者工作风格也会对四个组织之间、组织与居民之间的沟通产生影响。

组织理论认为，分析组织行为和组织现象既要考虑到组织外部环境的制约因素，也要考虑组织内部的人力、物力、财力、政策等资源禀赋，这对售后公房的治理提出了更高的要求。在社区的各个元素中，人力可以被视为一个组织最基本的条件，在基层工作中时常会出现因组织领导更替而影响组织功能强弱变化的现象。[②] 正因为这样，基层组织的领导者不仅需要经历时间的沉淀与居民塑造良好关系、熟悉社区居民大小事务，也需要上一代领导者悉心带教，为实现社区各组织间的交流、社区组织与居民间的交流提供必要条件。所以，培养社区组织接班人、明确领导力培养方向、增强社区领导力建设也是实现社区组织良好沟通、相互协作和有效运转的重要条件之一。

综上所述，售后公房社区治理既要从内部出发，看到居民结构老龄化和流动人口规模庞大的特征以及资源禀赋的匮乏；也要考虑加强社区组织整合，并不断提升社区服务水平。与此同时，还要从外部考察社区服务管理的主动性，链接外界资源，充分分析售后公房社区的治理问题。继而从“一核

① 胡春艳：《公共服务如何跨越“数字鸿沟”》，《人民论坛》2020 年第 23 期。

② 杨爱平、余雁鸿：《选择性应付：社区居委会行动逻辑的组织分析——以 G 市 L 社区为例》，《社会学研究》2012 年第 4 期。

多元”的治理结构入手，以党建引领为抓手，发挥社区党员作用、引导社区组织发展，促进社区“一核多元”有效运转。治理分析框架如图 5－2 所示。

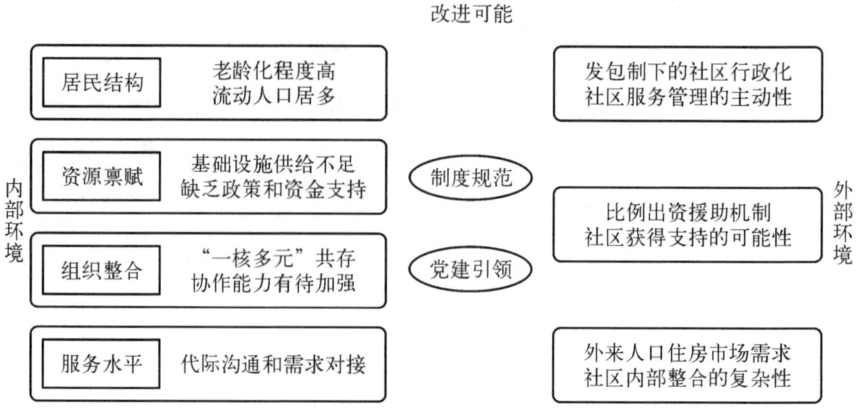

图 5－2　售后公房社区治理分析框架

二、售后公房社区的治理结构与特征

梅陇镇现有梅陇二村、梅陇三村、梅陇四村和朱行二村四个售后公房社区，这些社区内的售后公房普遍呈现出人口流动性强、社区公共设施老化等特点。总的来看，朱行二村和梅陇三村常住人口总数分别为 4 467 人和 4 518 人，数量相对接近，梅陇二村常住人口数为 3 468 人，梅陇四村常住人口体量相对较小，仅有 1 856 人，具体见图 5－3 所示。

在流动人口方面，四个售后公房社区中朱行二村流动人口约有 411 人，占社区总人口的 8.4%；梅陇二村、梅陇三村和梅陇四村流动人口分别为 300 人（占比 8.0%）、535 人（占比 10.6%）、122 人（占比 6.2%）。具体见图 5－4，可以看到，几个售后公房社区均存在流动人口比例偏高的特征。社区高速的人口流动意味着社区的人口管理工作面临巨大挑战。如何在人口流动较为频繁的情况下保持社区房屋设备完好、引导居民遵守社区公共规范、遵守社区相关制度等，均是流动人口较多的社区需要注意的问题。

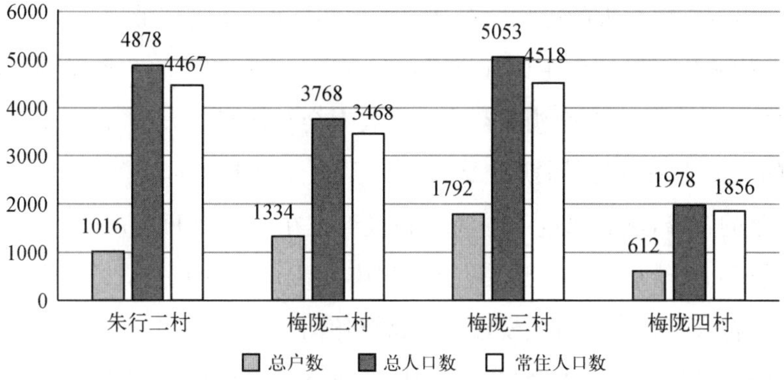

图 5－3　售后公房社区人口情况

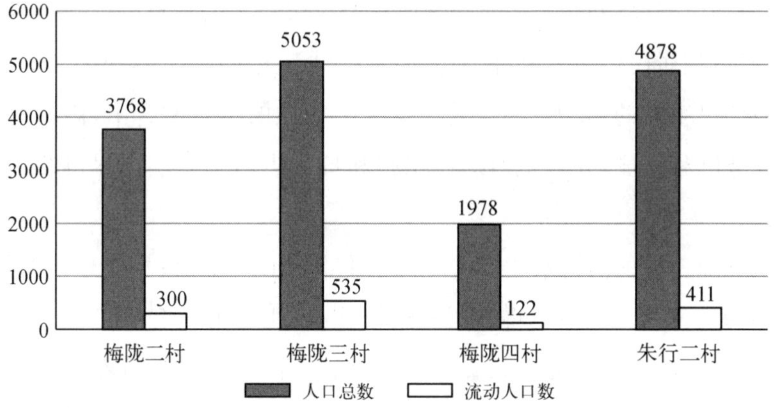

图 5－4　社区人口流动情况

梅陇镇售后公房社区十分重视党支部、居委会、物业公司和业委会之间的协作和配合，达到了良好的“一核多元”运行效果。在党支部的指导下，各治理主体团结合作以推动社区治理共同体运行，明显改善了售后公房社区的治理效果。以梅陇三村的雨污水改造工程为例，作为一项便民利民工程，该工程得到政府的资金支持。建设费用由政府承担三分之二，业委会承担三分之一。雨污水改造工程于 2020 年 3 月启动，总施工时长为 3 个月左右。工程比较复杂，全小区路面均需要动工，挖地深达两米，在管道铺设完成之后还要进行各项指标测试。因此对于小区居民来说，这项工程可能会在短期内对出行造成较大的影响。在这项工程实施前,党支部带领居委会、业委会以及物业公司等治理主体征询了居民意见,并对居民的意见做统一汇总与梳理。之后,居委会牵头召开业主代表大会和楼组长大会,将雨污水改造工程的实施范围、用工周期以及对因工程造成的不便向居民进行详细、彻底、完整的解释,然后通过业主代表和楼组长在小区内开展宣传工作,并正式下发征询单给居民。最终,通过大规模宣传,居民同意率达到了70%~80%的,符合工程实施有关规定,可以顺利施工。

在施工过程中,居委会与业委会成员成立了巡查小组,对施工期间的工程进行监督和提议,保证施工规范开展。同时,巡查小组在社区巡查过程中,及时回应居民的问题,还会提醒居民及时进行水管测试,减少后续隐患。另外,考虑到居民生活需要,楼栋施工采取白天集中施工,夜晚停工的方式,减少对居民生活的影响。在居委会与施工单位的密切配合下,雨污水管道改造任务顺利完成,并且把对居民出行和日常生活的影响也尽可能地降到了最低。

在梅陇三村的雨污水改造这一例子中,党组织积极发挥党建引领作用,引导治理的方向。居委会将基层党组织建设、服务群众和维护社区稳定作为工作重心,体现了居委会较强的服务意识。而业委会成员在社区的居住时间大多为20年至30年,任职时间也达10年以上,对社区情况有着较为全面的了解,非常熟悉社区内的居民和事务,为业委会与居民之间沟通和服务的开展奠定了基础。在物业公司方面,物业公司与居委会和居民之间保持着良好的互动关系。可以看到,梅陇三村"一核多元"的协作体系较为完善,合作也较为融洽,有利于提升社区居民共享社会进步的获得感和幸福感。

三、售后公房社区治理难点

售后公房社区的特有的时代背景,决定了它房龄老、设施旧等历史性问题。由此衍生的财力、人力方面的缺口和需求,给售后公房社区的基层治理增加了难度。

（一）设施老化，居住环境不佳

售后公房社区大多房龄较长，由年久失修而产生的问题在四个售后公房社区中均有存在。例如，梅陇一、二、六村很多居民家中存在房屋漏水问题，排污水管道也老化严重。同时，很多住户对房屋进行违规改建，房屋内非法存放了许多煤气罐，带来了很大的安全隐患。更有甚者将房屋分割为6平方米一间，群租问题严重；部分住户在生活习惯上存在不文明、不卫生行为，影响社区容貌与卫生环境。因此，社区内的设施老化、居住环境不佳引发的安全、卫生问题给社区工作治理带来了挑战。

（二）资金供应不足，运转困难

售后公房的老旧特点给它带来的另一个需求是需要对房屋、设施进行翻新，大量的翻新工程给社区财政施加了巨大的压力。一方面，社区居民收入普遍偏低，筹措资金较为困难；另一方面，较低的社区治理水平又阻碍了其申请项目资金。在内外双重困难之下，社区改造资金获取是每个售后公房社区都会面临的棘手问题。例如，在梅陇三村美丽家园的建设过程中，由于业委会的资金匮乏，社区无法筹集到政府的起步资金，项目也只能停滞。因此，售后公房社区老旧所带来的最终结果，就是陷入了资金难以筹措与资金不足的困境。从这个案例我们可以发现，条件较为困难的小区面临着无钱可用、无福利可享的问题。政府的有关政策虽旨在帮助社区进行治理，但实际效果可能并不理想。

（三）社区工作人手不足

售后公房社区在开展社区工作时面临的另一主要困难是社区可用人手不足。售后公房社区的居民往往年龄偏大，导致其在处理社区事务时常常心有余而力不足，社区工作者也无法借力于居民，超负荷运转成为日常工作中的常态。例如，朱行二村的业委会主任由一位八十多岁的老人担任，难以统筹业委会工作，因此该社区的业委会目前处于停摆状态。为了发挥业委会功能，居委会正在协调将业委会的权利转到居委会，由居委会代行业委会职责，这就给居委会工作带来了更大的负担。在梅陇镇的售后公房社区中，居委会成员均只有4～5人，每位居委会干部需要兼顾多条线，特别是老龄条线。所以，售后公房社区在养老服务和养老保障、社区安全及群体治理等多方面均面临很大的工作压力，亟须引进大量社区工作人才以支撑社区工作。

第四节　迈向精细化的分类治理

在当代中国的社区治理中，“行政一体化”的特征有所减弱，市场化特征有所加强，政府、市场与社会的结合更加紧密，公域、私域和第三域并存的结构体系转变趋势明显。2014年全国两会期间，习近平在参加上海代表团的审议时指出：“上海街道取消了招商引资的职能，心无旁骛，也有了更多精力做好服务。基层是一切工作的落脚点，社会治理的重心必须落实到城乡社区。”随着上海市委对一号课题“1＋6”文件的贯彻落实，上海市内社区工作也在方向上发生了转变，社区基层治理建设工作的体制机制和社区治理方式得到了自主性提升，社区的工作方式已经从以“管理”为主导向“治理”转变，社区治理发展到了一个新阶段。

总的来看，我国基层社区治理经历了前所未有之大变局，当前基层社区不得不直面三种主要变化。第一，社会的多元化发展不可逆。随着城镇化的不断发展，基层社区人口构成复杂，群体异质性越来越强，不可避免地导致了因群体利益差别形成的多元的、差异化的服务需求。第二，社会的流动化发展不可逆。人口的高速流动是当前商品房社区、动迁房社区以及售公房社区面临的共性挑战，人们居住空间和工作地点长期稳定不变的传统治理习惯已不再适用于高速流动的社会，并且可以明显看到基层社区对此特征的应对还处于探索阶段。第三，社会的信息化发展不可逆。随着科学信息技术的高度发展，基层群众为自我发声的渠道不断拓宽，居民自主意识的显著增强倒逼基层政府和社区进行自我改革以适应群众的新要求，同时信息化技术的发展也为创新社会治理提供了新路径。

从梅陇镇商品房社区、动迁房社区和售后公房社区等多样态社区类型治理实践中，可以发现基层社区治理面临的共性困境及基于各社区自身特性形成的个性问题，由此需要整合性的行动框架与分类治理的思维回应上述现实挑战。梅陇镇各样态实践中都存在主体多元与合作治理之间的矛盾。在社区代表行政力量的社区党组织和居委会、代表市场资本力量的物业公司及背后可能施加影响的开发商、代表社会居民力量的业主及其代表者业委会三大治理力量的社区治权博弈中，如不能实现整体的分工与合作，社区治理能量将随着各方主体角逐而产生内耗，使得社区工作处于低水平漩涡中，无法完成社区治理质量的螺旋式上升和飞跃式发展，社区共同体秩序生成更无从谈起。当前我国基层社区治理的内涵仍需回归到对秩序、规范、团结的讨论中，在选择治理框架时需要回应自由与秩序本身的合法性、正当性，建立长效社区规范和社区联结机制。

搭建特大城市基层社区治理共同体框架，需要明确社区治理各主体的职责权限，形成边界清晰的社区规范，发挥社区党组织和居委会的行政力量、居民及业主及其权益代表者业委会的社会力量、物业公司及开发商的市场力量，在社区建设中锚定各治理主体位置的前提下，生成秩序稳定、覆盖范围广、联结畅通的社区团结机制。从梅陇镇社区治理的现状来看，“一核多元”社区治理体系初步成形。社区坚持将党总支作为领导核心，加强党组织建设，发挥党员的先锋带头作用，加强党在政策和组织精神方向上的指导性；社区居委会与党支部之间紧密结合，合力助推社区的发展建设；业委会发挥自身职能，避免权力的失位错位；物业公司按规履职，协同合作，充分了解居民需求，做好社区服务管理工作；社会组织适当介入，发挥自身优势，充分发挥自身在社区治理过程中的重要作用。社区治理主体之间加强交流协调，有利于推动资源共享、信息互通，使社会资源得到最大化利用，助力社区治理效果和水平的提升。

在“一核多元”合作治理的整合性框架中，推动社区分类治理是推进城市精细化治理、提升基层社区治理活力的重要进路。根据各治理主体在实践中发挥力量的主导性差异，可将分类治理路径分为权威整合型、自我成长型和专业介入型。权威整合型路径强调社区单一行政主体集中力量，统筹社区事务，实现一体化治理。自我成长型路径则主要是社区中居民自组织、半公共团体的合作分工，其孵化培育过程始终以社区需求和发展为落脚点，自主运用恰当方法回应居民需求。专业介入型路径中包括专家资源引入和技术力量的保障，引入专业社区工作方法、专业技术平台，该类服务提供者多为第三方。无论是哪种类型的治理路径，都需要坚持基层党组织的核心引领地位，并且将其作为治理路径的理想类型。同时，某一社区的治理并不单一地使用某一种路径，更多情况下是多种路径的混合使用。

（一）权威整合：从“碎片化”到“整合性”

在社区治理的过程中，资源整合和多方治理主体的合作都十分重要。社区首先需要明确多方职能，理顺公共事务关系，同时需要建立明确细致的规章制度。这一举措有利于减少居委会、业委会、物业公司以及党支部的职能交叉，有利于使社区决策向效率化、透明化、科学化方向迈进。政府部门应当根据不同类型社区居民的现实状况和发展方向，因地制宜地制定相关政策，以便社区内党支部、居委会、业委会、物业公司更有序、更高效地开展工作。

在“一核多元”治理格局中，以党员为核心，以居委会、业委会、物业公司为主体的服务团队，有助于充分发挥党建引领、党员带头作用，为社区居民提供服务。在对梅陇镇社区干部的调查中，可以看到党建引领在业委会和物业公司的运行中有较大的发挥空间，社区在治理过程中可以适当提升业委会和物业公司党员的比例，强化“一核”在社区治理中的领导核心作用。此外，社区各主体要通过协调沟通确定各自的分工与职能权限，理顺党支部、居委会、业委会和物业公司的职责，各司其职，为高效解决社区问题疏通障碍，避免由于职能界限不清而导致的交叉领导、资源重复使用的困境。在此基础上，各大治理主体形成平等合作的伙伴关系。厘清“一核多元”的关系也是对社区治理理论的补充和完善，有助于改变当前社区中存在的行政化倾向，对充分发挥各参与主体参与社区事务的水平和积极性，提高居民生活质量，树立良好的城市形象，保持社会和谐稳定有着深远的现实意义。

（二）自我成长：从“他治”到“自治”

基层社区治理需要充分信任和尊重基层社会的创新能力，认识到社区自组织、半公共团体在社会网络运行中的重要作用，只有这样才能推进基层社会治理政党、政府、社会的民主协商、合作共治模式，提升社区自治的建设质量。与传统行政任务自上而下治理模式相异，对于代表社区业主利益诉求的治理主体——业委会而言，其利益表达是自下而上的传送机制，不仅可以依靠自身力量参与社区治理，也能够与其他社区治理主体协同合作，共同监督社区内所出现的公共问题。业委会可以通过制定业主管理公约的方式，在一定程度上保证社区内业主能够遵守业主共同规范。同时，在日常工作中将公约作为基础，以公共舆论的力量规范业主行为，可以让社区内的每位居民都成为监督者，共同管理社区，提高监督效力。我们可以借鉴当下一些成功的业委会运作模式，为更好发挥业委会作用提供范本。例如，在一些商品房小区内，其社区运行架构经历了从“市场专制型—他治政体”向“业主主导型—自治政体”的转型。[①] 在精英人群占比较高的社区内，精英人群往往拥有丰富的知识储备和多种能力，由他们组成的业委会能够优化社区日常事务决策，切实有效地履行维护业主权益、监督物业管理等职能，为居民参与社区治理提供了路径。

社区治理规章制度的制定还要发挥居民主体的自主性和积极性，集合多方意见，加强沟通，减少信息不对称。积极动员普通居民的力量，通过每栋的楼组长将居民联系起来，建立自治管理群，加强对问题的监管、沟通和反馈。通过“线上＋线下”的方式达到日常反馈和沟通更加及时高效的目的，也有助于问题的合理、快速解决。在对社区骨干的挖掘中，社区可以召

---

① 陈鹏：《城市社区治理：基本模式及其治理绩效——以四个商品房社区为例》，《社会学研究》2016年第3期。

集社区领袖参与社区事务，有利于密切社区居民与社区工作者的关系，提高社区治理人才队伍的建设水平和公信力，有利于自发回应和解决群体面对的共性问题，挖掘和创新问题解决方法，促成互助，形成共同体的观念和生活环境。在梅陇镇域内加强和创新基层社会治理，对社区进行治理优化和创新，有利于化解社区矛盾、推动基层社区的创新协调发展。社区要加强党支部、居委会、业委会以及物业公司的合作，激发居民参与社区治理的积极性，建立社区协同治理机制，突出居民的主体地位，更好地满足居民的需求，从而推动社区更好地建设与发展。

（三）专业介入：从“标准化”到“精细化”

现有的行政框架易陷入社区治理标准化的陷阱，但实际情况是社区形态各异、居民需求多元异质。随着互联网、大数据等信息技术的快速发展，网络成为居民表达利益诉求的重要平台，加上移动互联网群体的规模化发展，使得个性化、精细化社区治理和服务有了技术支撑。越来越多的居民通过线上方式发表对于社区治理方面的见解，同时也更加倾向于在线上寻求帮助。特别是在年轻人较多的商品房社区，由于线上互动方式具有便捷性、及时性的特点，越来越受到年轻居民的青睐，为该类群体的社区参与提供了更加便利的条件。社区以微信群、QQ群作为干群之间、居民和居民之间信息交流与互动的阵地，在发布活动信息的同时，也拓宽了居民向社区反馈意见和建议的渠道。发挥“线上＋线下”联动优势，根据居民的实际需求举办多样化的社区活动，采用多元化参与方式满足不同年龄段居民的参与需求，解决部分居民“社区情况如何，发展如何和自己没有关系，多自己一个不多，少自己一个不少，不参与也没有关系”“社区只是睡城”的心理，提高居民的实际参与程度。社区需要运用多元方式引导居民参与社区活动，提高社区自治活力。

面对千差万别的需求，基层政府没有时间、没有精力去解决，政府需要社会组织力量协助了解广大居民群体的需求，同时以第三方身份服务居民。结合不同国家和地区的实践能够发现，想要切实提高社区治理能力，加大对社会组织的培训和支持力度并将其引入社区以提供社区公共服务是可行路径。加强社会组织建设以提升社区治理效果需要在政策层面对社会组织的发展加以支撑和引导，只有不断建立健全社会组织相关制度规定，使各类工作都不断走向规范化发展，才能确保社会组织充分参与社区治理，共同应对社会公共事务管理过程中出现的各种问题。目前，全国街道（乡镇）建立的社工站可作为突破口，以构建基层政社合作伙伴关系，发挥专业社工的重要作用。对于镇域范围内社区工作者队伍建设的讨论也将成为下一章的主要议题。

第六章　镇域社区工作者的治理能力建设

社区工作者是社区治理过程中主要的也是直接的执行者，是推进社会治理创新的重要力量。2014 年 3 月 5 日，习近平总书记在全国“两会”上参加上海代表团审议时明确指出：“加强和创新社会治理，关键在体制创新，核心是人。”因此，所有的创新改革都要紧紧围绕“人”来展开，社区治理也要靠“人”，靠社区工作者们来落实。无论是商品房社区还是售后公房社区，无论他们有怎样相同或不同的治理政策和方式，无论搭建了怎样的制度体制和运作机制，最终都要依托社区工作者来展开实践，进行基层社会治理。因此，建立一支专业化、职业化、坚强有力的社区工作者队伍是基层治理的重中之重。镇域社区工作者队伍，有其普遍性也存在特殊性。社区工作者队伍的发展经历了复杂的演变。从最初强调政治属性的居委会管理者，到以“居委会大妈”形象示人的居委会干部，再到强调专业化、职业化的青年社区工作者，基本上构成了社区工作者发展的历史主线。

第一节　历史脉络：社区工作者的发展历程

中华人民共和国成立后，居民自治委员会的建立过程十分坎坷曲折，经历了调研、预取消、实践、确定、被替代、恢复、调整的发展历程，社区工作者的角色也随之几经变化。从身份来看，社区工作者的角色大致经历了三次较为明显的转变，即第一把关人、居委会干部、社区工作者三个阶段；从时间来看，社区工作者的发展历程可以分为改革开放以前、改革开放之后以及21世纪以来三个阶段。每一个阶段都有其不同的身份结构、角色权利、历史任务和时代特征。

一、第一把关人：特殊历史时期政治色彩的覆盖（1949—1978年）

中华人民共和国成立之初，随着新国家政权的诞生，“都市的组织和管理所面临的任务主要有两个方面：一方面是如何建立基层政权组织与居民的联系；另一方面是如何组织都市居民办理他们自己的公共福利事项，满足他们的各种生活需求，协调他们的相互关系等。居委会正是在这种情况下应运而生的”[①]。所以，这个时期，阶级任务和公共福利任务是居委会面临的两大问题，这在一定程度上决定了如何组织居委会工作人员以及谁可以成为居委会委员。

从身份结构来看，“委员制”“女性”“政治身份”“属地化”是当时居委会突出的标签。此时建立的居委会，“其组织成员（包括主任、副主任）均从居民中产生，其结构是‘委员制’，即正副主任和委员都是专职居民干部，但都是义务职。居委会设主任、副主任、治保委员、调解委员、卫生委员等”[②]。1952年12月，内务部分赴各地，协调当地政府有关部门，就城市街道居民的

①② 刘祖云、毛小平：《中国城市住房分层：基于2010年广州市千户问卷调查》，《中国社会科学》2012年第2期。

组织形式、工作任务、各地存在的问题等进行调查；1953 年 1 月，上海等地的调查报告纷纷建议主要由干部、职工家属（主要是妇女）充任居委会干部。从此之后，由家庭妇女尤其是职工家属为主担任居委会、居民小组干部成为长期定规。[①] 所以，最初居委会工作人员的身份结构是比较单一的，以家庭妇女、离退休职工为主，成员文化水平较低，年龄偏大。1954 年上海居委会调整后，居委会工作人员主要分为三类：一是脱产专职干部，二是聘请的退休职工，三是从街道企事业单位调到居委会工作的职工。[②] 除此之外，这个时期更加注重的是居委会工作者的组织身份，“从替换保甲人员开始，各城市除一度提倡广泛代表性之外，大都强调要从工人阶级尤其是产业工人中物色居民小组和居委会干部”[③]。因为他们面临的是历史性的政治任务，所以是不是党员、有没有政治性问题等是决定个体是否能够进入居委会的重要指标。

从角色权力来看，当时的居委会的主要职责是管理好城市居民，“发挥着国家掌控基层社会的工具作用，也是新政权赋予居委会的重要职能”，因此可以被称为基层社区的“第一把关人”[④]。居委会在法律上被表述为居民群众自治组织，但至少在功能、工作和经费支持上不完全是自治组织，居委会对居民是管、教、服务结合”的。[⑤] 当时的居委会工作人员，基本上是间接管理者和直接服务者相结合的角色，但是明显的是“管理”比“服务”更占上风，并且因为身兼建设基层公共福利的任务，居委会工作者这个位子也颇有“小领导”的意味。虽然从官方定位来看，居委会工作者并不是一个社会地位较高且有利可图的职业，甚至它都不能被称为一个职业。但是，当时依然

①③ 毛丹：《中国城市基层社会的型构——1949—1954 年居委会档案研究》，《社会学研究》2018 年第 5 期。

② 郭圣莉：《社区发展中的城市基层群众自治组织及其制度再造——改革开放以来上海市居委会发展研究》，《复旦政治学评论》2003 年第 1 期。

④ 张济顺：《国家治理的最初社会空间——二十世纪五十年代前期的上海居民委员会》，《中共党史研究》2015 年第 10 期。

⑤ 张济顺：《上海里弄：基层政治动员与国家社会一体化走向（1950—1955）》，《中国社会科学（英文版）》2004 年第 4 期。

有很多积极分子想进入居委会，这与居委会所涉及的复杂利益有关，“阶级利益的冲突在居委会权力分配问题上时有激烈的表现，下层贫民和富裕市民之间经常为居委会干部的位子而争吵”[①]。作为单位制的补充，居委会本身主要针对的就是单位外的群体，其社会经济地位相比单位内的个体更低，而越是下层的人群对居委会的福利期待就越高。例如，劳动就业登记委员就是居委会中非常抢手的位置，在这种情况下，“人民政府充分注意到非单位人群，特别是下层居民对居委会的利益需求，不失时机地把这种需求转化作为政治运动的内在驱动力，在凸显居委会‘解决居民的公共福利问题’宗旨的同时，强化了它的政治职能”，在计划供应的体制中，当时的社区工作者“具有了政府办事人、代言人以及信息优先者的形象”[②]。

从历史任务来看，作为特定历史环境的产物，中华人民共和国成立初期的居委会及其下设的居民小组，积极维护社会治安(防特、防匪)，向下传达政令，向上反映群众意见，组织生产，推动文化活动和公共福利事业等，对新政权的建立和巩固以及社会的发展、进步，都作出了重要贡献。[③] 1954 年，中央人民政府内务部正式颁布了《中华人民共和国城市居民委员会组织条例》，确立了居委会的主要任务：办理居民的公共福利事项，领导治安保卫工作，调解民间纠纷以及向上反映居民的意见和要求，向下动员居民响应和遵守政府的号召和法律。具体来看，当时居委会工作者的工作主要集中在宣传党和国家的各项方针政策，激发居民的政治热情，收集和反映居民的意见和想法，对社会闲散人员进行管理和监督，以及解决居民所需的公共福利问题，如就业、民政救济等。但是，作为“居民自治组织”的居委会，当时所有的工作是按照政府的设计和国家的需求，保证居民正确的价值观和思想觉悟，带有强烈的政治使命感，

① 张济顺：《国家治理的最初社会空间——二十世纪五十年代前期的上海居民委员会》，《中共党史研究》2015 年第 10 期。

② 张济顺：《上海里弄：基层政治动员与国家社会一体化走向(1950—1955)》，《中国社会科学(英文版)》2004 年第 4 期。

③ 王金豹：《新中国成立初期城市居委会制度产生的历史过程及启示》，《上海党史与党建》2011 年第 5 期。

部分任务甚至是以政治性运动的方式推进的。对于居委会工作人员本身,将有政治历史问题或者违法乱纪的人员都逐渐肃清是其工作的一条内在的准则,政治性的理念深深烙印在每一位居委会工作者的生活工作之中。

从时代特征上来看,居委会工作人员这个群体,是政治色彩和人情色彩相结合的群体。对上,居委会工作者可以把握居民的各种动态、需求以及意见,并且可以将国家和政府的政策指令传达到居民手中;对下,居委会工作者走家串坊,以女性为主的特有的"柔性"温情在居民中间传递。它兼具政治功能的同时却也不失温暖,而在那个里弄、大院"一家亲"的年代,居委会工作人员即使没有工资,也将工作进行得风生水起。1955 年,《内务部 财政部关于规定城市居民委员会经费开支标准的联合通知》指出,对于居委会委员,应该根据他们所担任的工作的繁简、耽误他们生产时间的多少、生活困难程度的大小等情况予以适当补助,但不应作为定期的工资或津贴费发给,并且规定每个居委会委员的生活补助费每月平均不超过 15 元,每个居委会的公杂费平均每月不超过 5 元。① 在此期间,居委会按照《城市居民委员会组织条例》中所规定的"5 项任务"做了大量工作,"居民干部上班不计时间、工作不计报酬,串百家门、解千人忧,勤勤恳恳、任劳任怨,热心为居民服务。居民群众把居委会当作保护自己利益、反映自己要求的组织,他们以主人翁的态度维护、支持和参与居委会的工作。现在每当人们回忆这一期间的时候,他们都称之为居民工作的'黄金时期'"②。

二、居委会干部:大变革中的行政色彩不断渗透(1978—2003 年)

从 1978 到 2003 年,在社区工作的政治性色彩不断褪去的同时,其行政性色彩不断加强。截至 1984 年年底,全国已恢复和新建的居委会达 69 万个,而居委会工作归属民政部管理,各市先后对居委会进行了整顿,其主要内容之一就是:改选和充实居委会干部。③

①②③ 刘祖云:《中国都市居民委员会的历史沿革及其特点——中国都市社会基层居民组织的结构与功能研究之一》,《社会学研究》1987 年第 6 期。

从其身份结构来看，这个阶段与上一阶段相比，“女性”“属地化”依旧是居委会干部的典型特征。其中，最大的变化是对部分下岗职工的吸纳和事业编制的增加。针对中青年待业人员不愿做居委会工作和居委会在职干部日益老化的状况，各市都采取措施鼓励离退休人员参加居委会工作，充实居委会干部队伍。20 世纪 80 年代末 90 年代初，国企改革，大批职工下岗，其中部分领导能力较强、学历水平较高的管理层、科级干部，尤其是党员同志被优先吸纳到居委会，这部分人后来都成为社区书记、主任的主要候选人。这部分社区干部有着他们特有的历史故事和行事风格，其中大部分都不是主动到社区工作的，而是通过各种契机（如朋友推荐或居委会、街道邀请等）才加入居委会。20 世纪 90 年代中期，在吸纳国企干部的同时，上海市将居委会中的主要岗位列为事业编制，这在一定程度上确立了居委会干部的合法性地位，但是真正能有事业编制的居委会干部在这个阶段实属少数。

从角色权力来看，褪去政治性色彩和阶级斗争任务的居委会，从“第一把关人”的身份转向“居委会大妈”的形象。这种转向，从语言的描述中就可以看出居委会干部社会地位的下降以及居民对于居委会干部的角色定位。不同于上一阶段“第一把关人”这样极具领导地位意味的称呼，“居委会大妈”在兼具亲情色彩的同时，也将居委会干部从“小领导”位置上拉回到社区生活之中。市场经济的发展、居民收入的提高、资源可获得的多种途径，在一定程度上削弱了社区居委会的权力地位，居委会在社区生活中的垄断能力日趋消失。相应地，社区干部的地位随之下降。目前一些社区中威望较高的社区书记，其威望多半来自个人的人格魅力和工作成效，而不再是社区书记这个职位与生俱来的权威。

从历史任务来看，在改革开放、单位制解体等背景下，居委会干部面临着新的工作任务。首先是服务对象的扩展，不同于上一阶段，居委会面对的是大量无单位和社会闲散人员，而单位制的解体，使得大量“单位人”向“社会人”转变，并开始回归社区，居委会需要管理的人群不断增加，从之前的社会边缘群体到社区内的所有成员。1986年国家提出“社区服务”后，居委会的工作任务也随之拓展，大量社会事务下移到社区，发动志愿者队伍、建立老年活动室等成为居委会面临的新任务，社会管理和社会服务并存，成为该阶段居委会干部面临的两大任务。由于单位制的解体，在对各个单位松绑之时，国家拉紧了街道与居委会的绳索，使它们承担起社会稳定器的重任。① 正是这根绳索，强化了居委会的行政化色彩。例如，1995年，上海市确立“两级政府、三级网络”体制，首次把居委会中的主要岗位列为事业编制，这也反映出行政因素向基层生活的渗透。②

从时代特征来看，结合改革开放、经济快速发展、单位制解体以及关于居委会各项法律法规的修订和颁布，这个时期的居委会处在发展、变革的阶段，而居委会干部也变得越来越多元化。1982年，国家首次以根本大法的形式明确了城乡居委会和村委会的性质、任务和作用，《中华人民共和国宪法》规定“城市和农村按居民居住地区设立的居民委员会或村民委员会是基层群众性自治组织”。1989年全国人民代表大会常委会又通过并颁布了《中华人民共和国城市居民委员会组织法》，各地依法进行了整顿改造，调整了管理范围，健全了组织机构，理顺了各种工作关系。③ 1986年2月，国家又强调了居委会自治性质，首次写明“居委会具有自治权”④。也是从这个时期开始，为居委会减负以及去行政化、增强其自治性的问题一直是整改的一个任务，但是由于街道与居委会之间领导与被领导的关系没有彻底扭转，街道掌握着居委会发展所需要的资源以及人事调动等权利，使得二者的关系无法成为法律规定的指导与被指导的关系。而居委会干部也疲于应对各种上级任务，加上计算机的普及和应用，让一直以来普遍年纪较大的居委会干部力不从心，对年轻后备力量的需求也愈发紧迫。

①④ 郭圣莉：《社区发展中的城市基层群众自治组织及其制度再造——改革开放以来上海市居委会发展研究》，《复旦政治学评论》2003年第1期。

② 费孝通：《对上海社区建设的一点思考——在“组织与体制：上海社区发展理论研讨会”上的讲话》，《社会学研究》2002年第4期。

③ 张琢：《中国基层社区组织的变迁》，《社会学研究》1997年第4期。

三、社区工作者：职业化中行政力量与生活空间的冲撞(2000年至今)

2000年11月，《民政部关于全国推进城市社区建设的意见》中提出，“社区建设需要大批专业的社区工作者……努力建设一支专业、高素质的社区工作者队伍”，这是首次提出社区工作者队伍的建设。其实，早在1999年，民政部明确提出过建立职业化的“社会工作队伍”问题，虽然强调的是社会工作，但是其中包含了职业化的社区居委会干部、社区志愿者、社会中介组织以及(专职、兼职相结合的)理论工作者队伍，而且明确规定调整社区执行机构的人员结构，争取3年内基本实现其工作人员的年轻化和专业化。但事实上，社区工作者的年轻化和职业化经历着漫长的过程，而专业化的道路更加坎坷。

当然，显而易见的是，当前阶段社区工作者的年龄开始普遍降低，其身份结构也发生了较大的变化。其中，男性社区工作者的比例逐渐上升，社会招聘的人员逐年增加，事业编制的条件也吸引了不少年轻人来报考。这样一来，自然而然地也降低了属地化的比例，即“这些人中，有的并不居住在该社区；也就是说他们并不是社区的一分子。因此，他们似乎更像是纯粹行政性的管理干部，而不大具备社区本来应该具有的地缘关系和邻里关系的特征”①。2014年，上海市委“一号课题”颁布“1＋6”文件，在基层公务员、事业编制以外，探索建立了全新的社区工作者队伍。文件中明确指出，“为适应新时期基层社会治理的需要，建设一支结构合理、素质优良、能力突出、群众满意的职业化、专业化、规范化社区工作者队伍，切实提高基层社会治理能力”，并再一次明确了社区工作者的指向，“社区工作者目前主要由就业年龄段的居委会全日制工作人员，街道、乡镇中心聘用人员，街道、乡镇聘用的社区专职工作人员，以及其他经区县党委、政府批准纳入的人员构成。职能部门下派社区的专职工作人员，在梳理整合并与职能部门脱离直接管理关系，

① 夏建中：《从街居制到社区制：我国城市社区30年的变迁》，《黑龙江社会科学》2008年第5期。

转由街道、乡镇统一管理使用后，可分批认定、逐步纳入”。

据统计，在上海2015年完成的居村委会换届选举中，新当选的“小巷总理”中有3名博士，本科及以上学历超过两成，比上届提高了近10%。而到了2017年，根据上海市民政局的数据，全市社区工作者队伍总数为4.6万人，平均年龄为38周岁，大专及以上学历占比为82.5%。就书记队伍而言，上海将居村党组织书记队伍建设作为基层的“班长工程”，逐步建立完善相应的管理制度，如“享编进编”政策，对就业年龄段居民区书记实行“事业岗位、事业待遇”，对就业年龄段聘任制书记实行事业单位同类人员待遇，连续任职满两届、表现优秀，经过规定程序使用事业编制。这个阶段享受事业编制待遇的社区工作者相比起上一阶段是有所增加的，相应的应聘者年龄结构开始年轻化，且学历也越来越高。

从角色权力来看，2000年以来，社区工作者的角色转变也十分迅速。相对于以往的“居委会大妈”的角色形象，目前社区工作者的年轻化趋势十分明显。1992年评比时，(上海)居委会干部中年纪最小的为35岁，最大的为74岁，60岁以上的占三分之一。① 而2015年，居村委会成员中35周岁及以下的占23.1%，比上届提高5%；36～55周岁的占53.9%，比上届降低4.5%。2018年，上海市黄浦区发布的调查报告显示，“70后”和“80后”(30岁以上、50岁以下的人群)逐渐成为社区工作者的主力军，占比为63.6%。②就业年龄的整体化降低，使得整个社区工作者的队伍更加具有活力，逐渐脱离“大妈”的形象而更加向职业化角色靠近。就每一个社区工作者个体来讲，他们更强调比如“隐私权”“人权”等这一代人所看重的个人权利，以此来提高自身的地位。

从现实任务来看，2000年，中共中央办公厅、国务院转发了《民政部关于在全国推进城市社区建设的意见》，各地结合具体情况，开始了以居民自治与基

① 郭圣莉：《社区发展中的城市基层群众自治组织及其制度再造——改革开放以来上海市居委会发展研究》，《复旦政治学评论》2003年第1期。

② 汪鸿波、费梅苹：《新中国成立70年来我国城市社区工作者形象的变迁与重构——基于上海的历史考察》，《内蒙古社会科学(汉文版)》2019年第5期。

层民主为指向的新社区建设发展时期。[①] 从上海市来看，2014 年的上海一号课题改革也进一步将社区自治、居民参与等理念推向基层社区治理的中心。2017 年，《中共中央国务院关于加强和完善城乡社区治理的意见》中指出，要不断提升城乡社区治理水平，其中包括：(1) 增强社区居民参与能力；(2) 提高社区服务供给能力；(3) 增强社区文化引领能力；(4) 增强社区依法办事能力；(5) 提升社区矛盾预防化解能力；(6) 增强社区信息化应用能力。从以上政策文件可以明确看出，这个阶段推动居民自治、提高社区服务、关注社区生活以及推动智能化社区发展等成为社区工作者面临的主要任务。但是，与政策文件相悖的是，行政化的趋势在基层社区并没有因此减弱，并且随着年轻社区工作者办公信息化能力的提升和上级领导派给任务便利性的增强，社区所承担的行政任务有增无减。有居民区书记坦言："现在除了开不完的会议，就是对着电脑写东西，居民直呼见不到我们，都认为我们不工作……"这样的发展趋势实际上极大地阻碍了社区工作职业化和专业化的发展。

从时代特征来看，这个阶段的社区工作者较之上一阶段更加年轻，受教育程度更高，专业性也有所提升。但是，从整体的社区工作队伍来讲，青年社区工作者流动性较大、中坚力量不足的问题依然存在，使得许多社区受困于"青黄不接"的人员结构现状。一项关于北京大学生社工现状的调查显示，待遇保障不够完善、成长路径不明确，是受访者反映比较集中的问题[②]，这些都反映了社区工作者队伍建设的结构性、制度性问题。徐永祥认为，目前我国的社区建设、社区发展和社区工作等，至今未能引入职业化、专业化的社会工作制度，加之操作过程中的"政社不分"的行政全能主义和经验主义，故一直停留在粗放阶段。这种制度性的缺失和粗

---

① 郭圣莉：《社区发展中的城市基层群众自治组织及其制度再造——改革开放以来上海市居委会发展研究》，《复旦政治学评论》2003 年第 1 期。

② 朱雯、史文锐、贺明：《社会管理转型期的社区工作者队伍建设》，《山西高等学校社会科学学报》2013 年第 6 期。

放型发展特征，难以有效地吸引一大批优秀的专业人才加盟社区建设，难以使社区建设和社区工作转移到以内涵发展为主的轨道上来。[1] 所以，“专业化”“职业化”成为这个阶段社区工作者发展的高频词汇。伴随着高校社会工作专业、全国社会工作者职业水平考试的发展，许多政府部门在招聘时会备注“社会工作专业优先”，而很多社区的社工证也与社区工作者的工资绩效直接挂钩，这在一定程度上提高了社区工作者队伍的专业化程度。

但是，由于社区工作者队伍目前的复杂和多元化，关于社区工作者的应然发展趋势在各种争论中尚未尘埃落定，他们既不再是传统意义上的居委会干部，也并非专家口中的专业的社会工作者。所以，这个阶段的社区工作者正处于转型期，有些传统的内容将面临淘汰，在不断吸收新的、专业性知识的过程中，社区工作者队伍的发展尚需讨论。

表 6－1 总结了 1949 年至今社区工作者的发展历程。

表 6－1　社区工作者发展历程(1949 年至今)

时　期	身份结构	角色权力	历史任务	时代特征
第一把关人 (1949—1978)	女性、属地 政治身份纯洁	管理者 “小领导” 信息优先者	阶级政治任务 公共福利救济	组织化 政治化
居委会干部 (1979—1999)	女性、属地、年纪大 离退休和下岗职工 学历低	居委会大妈 人格魅力者 事业编制(少)	社区管理 社区服务	集体化 行政化
社区工作者 (2000 至今)	男性比例上升 属地比例下降 年龄降低、学历提升	职业化倾向 个体化权利 事业编制(增加)	社区自治 多元参与	个体化 专业化

---

① 徐永祥：《试论我国社区社会工作的职业化与专业化》，《华东理工大学学报(社会科学版)》2000 年第 4 期。

第二节　镇域个案：转型中的社区工作者队伍

从整体上来看，梅陇镇社区工作者队伍目前也是以年轻化、受教育程度趋高、女性化的人口学特征为主。许多社区工作者们都具有丰富的工作经验，适应性较强。并且不同于一些街镇社区工作者队伍的高流动性，梅陇镇的社区工作者队伍目前处于较为稳定的状态。在职业认知和选择上，梅陇镇社区工作者的职业选择原因较为多元化、理性化，大部分社区工作者职业认同度较高，学习热情度也较高。但是，目前梅陇镇在社区工作者队伍建设方面，面临着激励机制不健全的困境，这成为其社区工作者队伍发展的主要瓶颈。

梅陇镇地域宽广，辖区内共有60余个居委会，因此拥有着很庞大的社区工作者队伍。2020年，项目组对梅陇镇社区工作者队伍进行了抽样调查，以居委会为单位，随机抽样填写调查问卷，共回收了162份问卷，其中有效问卷157份。本次问卷调查基本涵盖了梅陇镇所有的房屋类型，纯商品房占比为28.3%，纯售后公房占比为1.7%，纯动迁房占比为18.3%，其余为混合型，占比为51.7%。样本比较多样化，具有一定的代表性。

从抽样的社区工作者队伍来看，主要以社区骨干，即各条线的社区工作者为主，占比为77.7%；社区书记有5人，占比为3.2%，副书记有30人，占比为19.1%。具体见表6-2。

表6-2　在社区所担任的职务

	频数/人	百分比/%	有效百分比/%	累积百分比/%
社区书记	5	3.2	3.2	3.2
副书记/主任	30	19.1	19.1	22.3

续 表

	频数/人	百分比/%	有效百分比/%	累积百分比/%
社区骨干(各条线)	122	77.7	77.7	100.0
合 计	157	100.0	100.0	

一、社区工作者队伍的基本情况

(一) 年轻化、受教育程度趋高、女性化为主要特征

在社区工作者的年龄分布情况方面,20～30岁的青年社区工作者占比为21.0%,31～40岁的中青年社区工作者占比为52.2%,41～50岁的中年社区工作者占比为24.2%,可以看出绝大多数工作者都为中青年。此外,50～60岁的社区工作者占比为2.5%。具体见图6-1。概言之,梅陇镇社区工作者整体的年龄结构比较合理,偏向年轻化。合理的年龄结构既能保证工作所需的经验,又能顾及社区工作的活力和年轻力量的注入。

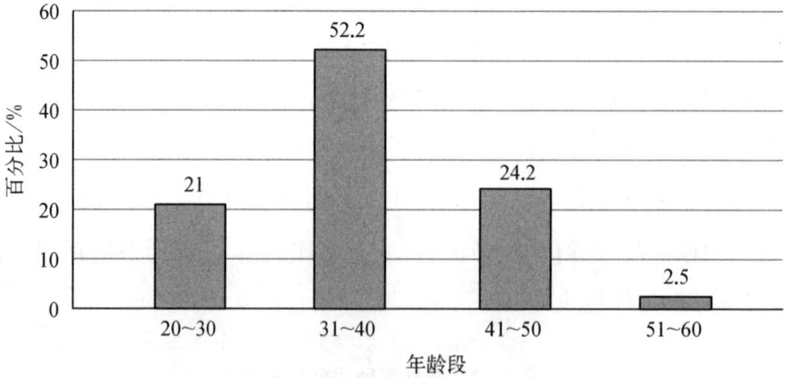

图6-1 年龄分布

如图6-2所示,在学历分布方面,社区工作者的受教育程度为本科学历的占比为66.2%,专科占比为29.9%,可以看出96.1%的社区工作者的学历为专科及以上水平。随着基层社区工作的重要性日益凸显,对社区工作

者的专业能力与文化水平的要求也不断提高，同时社区工作薪酬待遇提升、人才政策逐渐完善，社区工作逐渐开始吸引更多高学历人才加入，为之后的社区治理奠定了坚实的队伍基础。

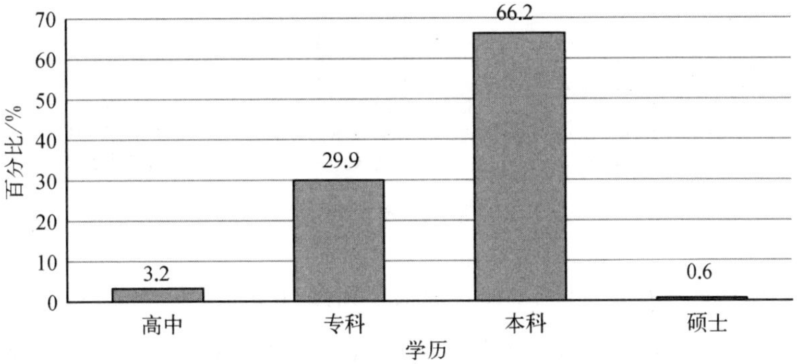

图 6－2　学历分布

从性别比例来看，社区工作者中女性占到 72%，男性占比不到三成，见图 6－3。性别分布上的不均衡符合对基层社区工作队伍特点的传统认知，这主要由工作职责与性质所决定。首先，社区工作需要经常与居民交流、沟通、服务，主要负责的工作包括办理各类证书、社区特殊群体管理和服务等，女性工作者细致耐心、善于沟通等特点使其适合在这样的岗位上工作。其次，社区工作者提供的工作，是协助政府部门开展好福利性工作，女性工作者能够更好地发挥调解、劝说等方面的优势。

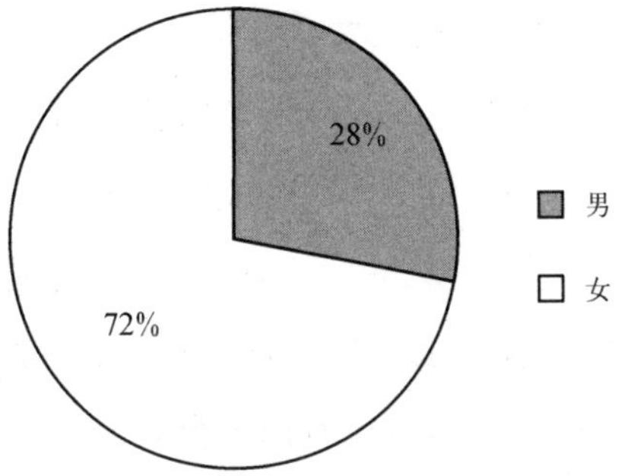

图 6－3　性别分布

除此之外，在所调研人群中，社区工作者的婚姻状况以已婚为主，已婚者占到八成以上，未婚者占到小部分，不足两成，见图 6－4。值得关注的是，3.2%的社区工作者离异或丧偶，这部分工作者在为社区居民提供服务的同时，也需要社区主动为他们开展关怀活动。

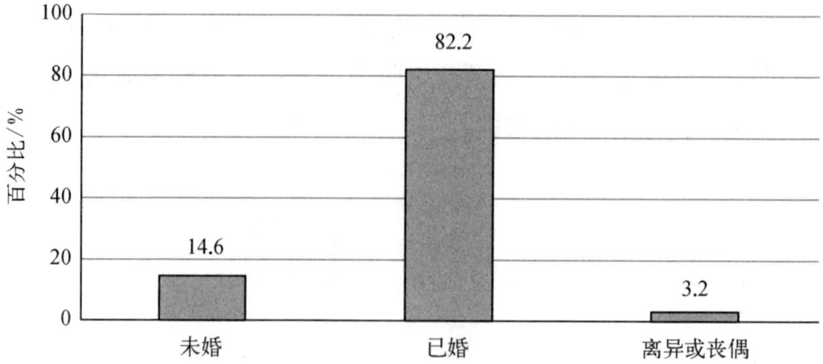

图 6－4　婚姻状况

在政治面貌方面，社区工作者中共产党员与预备党员人数占比为 50%，共青团员人数占比为 14%，无党派人士或群众人数占比为 35.7%。居委会是社会性的政治组织，具有引领社区自治共治的作用，因此对党员的要求比较高，梅陇镇的党员人数较多，在群众工作中能够起到党员引领的作用。

在工作经历方面，96.2%的社区工作者在进入社区工作之前有过其他工作经历，可以看出社区工作作为一种近几年来逐渐兴起的特殊职业，其人员职业史构成大部分是其他行业转岗。

（二）社区工作者经验丰富、工作强度大

在社工工作时间方面，由图 6－5 可见，从业时间在 3 年及以下的社区工作者占比为 36.9%，可以看出梅陇镇社区工作者处于吸引年轻工作者不断加入社区工作队伍的逐步积累经验的阶段；从业时间超过 4 年的社区工作者占 50.8%，可以看出半数以上的社区工作者在进入社区后能够扎根社区，但是随着年轻的社区工作者不断加入社区，社区工作者队伍的稳定性需要持续关注。社区工作需要扎根社区，在日常工作以及与居民交流的过程中逐渐积累经验、培养归属感，因此时间经验的积累对于社会工作者综合能力素养的塑造起到关键作用。

新的社区工作者进入社区，通常会有一些不适应。问卷调研显示，在从事居委会工作前后的认知变化方面，50%的社区工作者认为居委会工作与

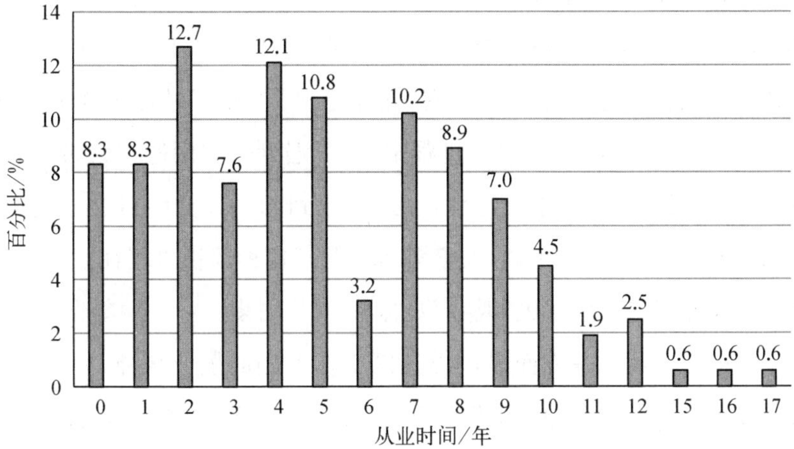

图 6-5　社区从业时间

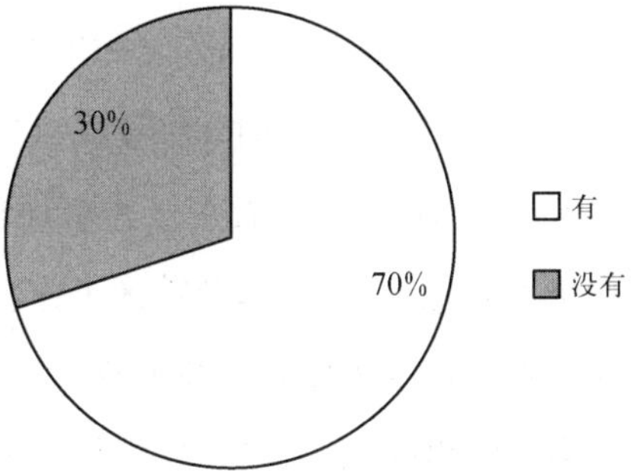

图 6-6　老书记带教比例

进入之前的想象不一致，这反映出社区服务的实际工作与大众认知仍有较大的差距，大众对新兴专业社区工作的印象保留有计划经济时代居委会的特征，可以看出专业社区工作的大众认知度、普及度需要进一步提高。所以，一些年轻的社区工作者会在刚工作时面临一些困难，比如工作难以上手、心理落差大或者社区融入困难等。因此，梅陇镇建立了老书记帮助年轻社区工作者的“带教制度”。图 6-6 展示了年轻社区工作者进入社区时有老书记带教的比例。

问卷数据显示，91.1%的社区工作者都认为老书记带教有必要，说明老书记带教是学习社区治理过程中非常重要、有效的方法，并且也说明老书记们的社区工作经验是十分丰富的，是得到年轻社区工作者高度认可的。通过调研我们发现，年轻一代社区工作者对老一辈社区工作者的评价较为积极，而且大部分年轻一代社区工作者都认为，自己在刚进入社区时，是需要老一辈社区工作者"帮带"的。老一辈社区工作者的"帮带"除了基本工作知识和技能的传授,最重要的是社区问题处理经验的传授和帮助年轻一代社区工作者与居民快速熟络起来。有"帮带老师"的年轻社区工作者会跟随"老师"进行社区巡视,在巡视的过程中,如果遇到一些问题,"帮带老师"会现场指导,并且"帮带老师"也会向一路上遇到的居民介绍自己的"徒弟":"这是我们居委会新来的小刘,大家多多关照。"这种巡视过程往往比一个年轻的社区工作者自己跟居民"混熟"要容易、有用得多。

丰富的工作经验一方面显示出社区工作者们的敬业精神,另一方面也间接凸显了社区工作者们的工作强度。在图 6-7 近一年的每周加班时长统计中,仅有 14%的社区工作者每周没有加班;73.3%的社区工作者每周加班 1~10 个小时,每周工作时长在 40~50 小时之间;12.8%的社区工作者每周加班 12~24 个小时,每周工作时长达到 52~64 个小时,平均每个工作日工作 10.4~12.8 个小时;平均每一位工作者近一年每周工作的加班时间为 5.98 个小时。可见,社区工作者加班是常态。社区工作是一份投入时间长、加班常态化的职业,部分社区工作者是"5+2""白加黑"的工作状态,这一方面反映了社区工作者自我牺牲、不辞辛苦服务群众的优良作风和素养,另一方面反映出社区工作压力大、任务重的状态,这也引发了对社区工作者的职

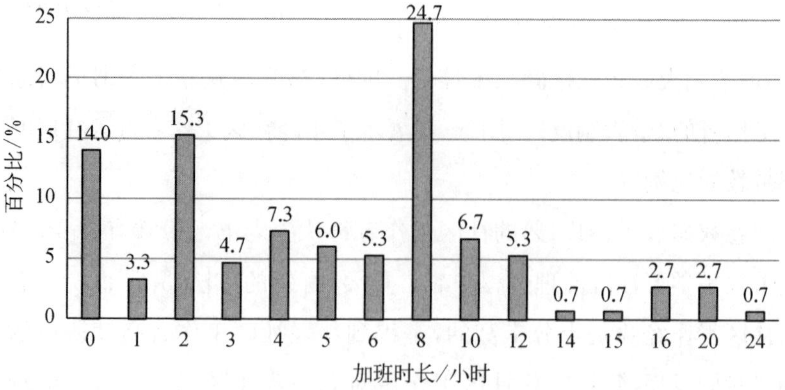

图 6-7　每周工作加班百分比

责分配是否合理、人数是否足够等问题的思考。

与朝九晚五的工作不同，社区工作的特殊性就在于它是全天候的，身处居民区意味着社区工作者经常要牺牲大量的个人时间，随叫随到，应对各类突发事件。但是随着年轻社区工作者的进入，“工作时间”与“私人时间”界限意识较强，这对于基层工作者队伍的职业化程度提出了更高的要求。

（三）社区工作者稳定性、适应性强

在图 6-8 所展示的近期转岗意愿方面，69.4%的社区工作者明确表示近一年没有离开社区工作的倾向，有 11.5%的社区工作者在近一年有转岗意愿，说明社区工作者的队伍稳定性总体较好，但需要进一步加强和稳固。社区工作者的队伍稳定性受很多因素的影响，包括社会认同、自身职业认同、薪酬待遇、工作压力、职业晋升通道等。

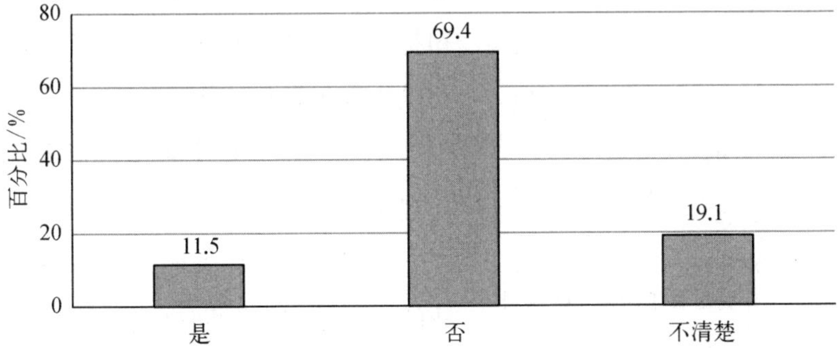

图 6-8　近一年内离职倾向的百分比

在薪酬待遇方面，73.2%的社区工作者的税后月薪为 4 000～5 000 元，在上海各区中处于正常水平；12.7%的社区工作者的税后月薪约 6 000～7 000 元，略高于正常薪资水平；薪资水平在 4 000 元以下和 7 000 元以上的占比分别为 1.9%、5.7%，薪资结构整体呈现出橄榄型结构，具体见图 6-9。在薪资福利的满意度方面，近七成的社区工作者认为对自己现在的工资与福利不满意。尽管如此，也具有一定的稳定性，说明社区工作者对自己的职业有更高的薪资期待，但是没有到影响他们去留的程度。

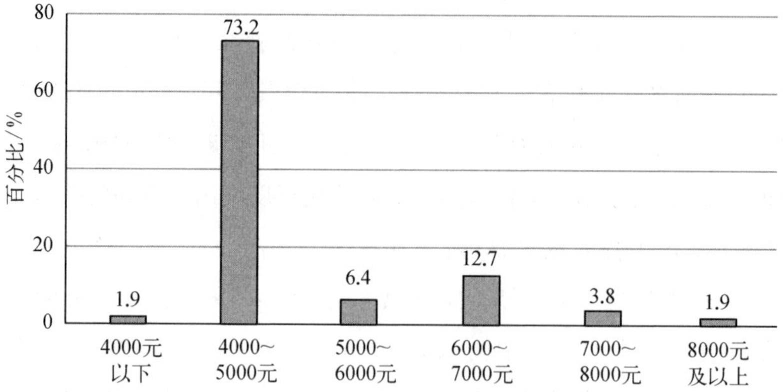

图 6－9　平均月税后工资与福利

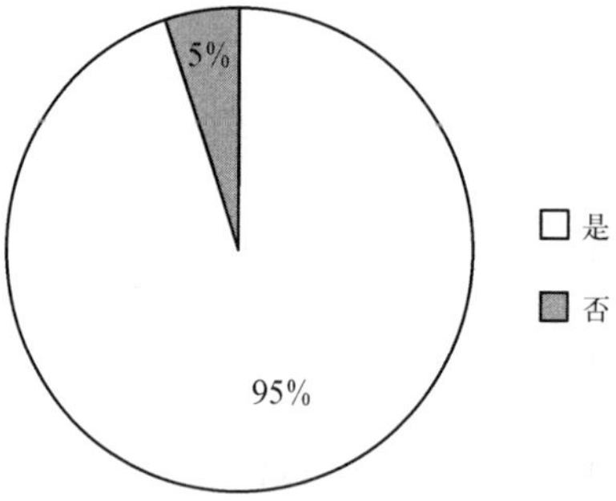

图 6－10　对所在的社区年轻社区工作者是否越来越多的认知

如图 6－10 所示，95％的社区工作者都认为年轻的工作者越来越多，这种认知符合梅陇镇近几年来社区工作者队伍建设逐渐年轻化的趋势。

（四）社区工作者团队凝聚力强、认同度高

在对社区工作者的工作给予较大支持的人群中，长辈、同事、领导、社区居民这四类群体各占约 20％，配偶支持占 14.2％，朋友支持占 7.5％。可以看出社区工作者需要社会环境中多方面的支持。其中，同事和领导占比超过 40％。这说明在社区工作当中，社区工作者这支队伍之间的互相支持和学习较多。

并且，从图 6－11 可以看出，在居委书记或主任对自身工作的支持程度方面，社区工作者普遍认为居委书记或主任对自身工作非常支持，六个维度的平均得分均在 4.2～4.5 分；在同事对自身工作的支持程度方面，社区工作者普遍认为同事对自身工作非常支持，六个维度的平均得分均在 4.2～4.4 分之间。第一，这说明了梅陇镇居委会书记或主任的整体素质与能力的认可度较高，社区工作者在工作上能得到较高的支持；第二，说明了梅陇镇社区工作者队伍内部的工作氛围较好，不仅各自的工作能力得到认可，也能够在工作上互相支持；第三，说明了社区工作者团队之间的凝聚力较强，他们既可以相互支持，也可以在对方尤其是书记、主任身上得到情感的关怀。

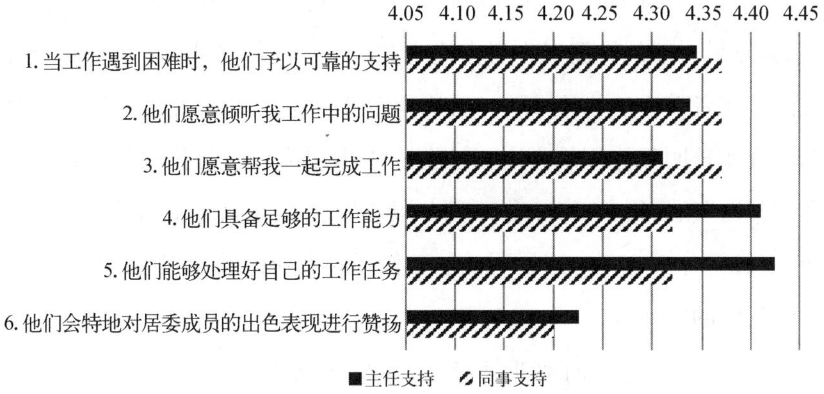

图 6－11　社区工作者支持程度感知

二、社区工作者的职业认知与选择

（一）社区工作者的职业认同感日益增强

在对社区工作者的专业能力要求方面，受访者中，38.2％的社区工作者持有社工证，见图 6－12，说明社区工作者队伍的专业化程度基本达标。同时，在梅陇镇政府大力鼓励社区工作者考取社工证，希望更多具有专业背景

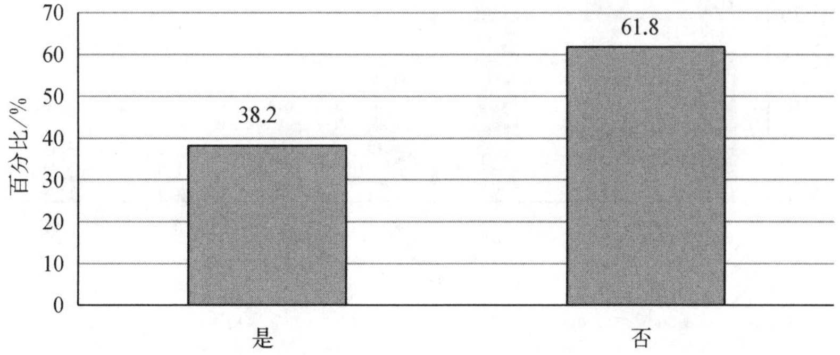

图 6－12　持有社工证情况

的社会工作者加入社区工作的背景下，证书与薪资水平挂钩，社区工作者的专业化程度在未来能够继续提升、不断加强。

除此之外，在对专业社会工作认识的调研中，我们发现，有68.2%的社区工作者认为专业社会工作在社区治理中发挥的作用非常明显或比较明显，认为效果一般的社区工作者占比为29.3%，认为效果不太明显或不明显的社区工作者仅占比为2.6%。而认为专业社会工作在社区治理中发挥非常明显或比较明显作用的人中，"社会工作职业伦理与价值培训会对我的工作产生帮助"项目得分3.94分，"我在服务中会有意识地使用社会工作专业技巧"项目得分3.86分，这说明社区工作者对专业的社会工作知识和技术还是比较认同的。

（二）社区工作者的职业选择多元化、理性化

在选择社区工作这份职业的原因方面，符合自身要求、离家近、家庭需要等个人原因占比为66.6%，个人了解并爱好社区工作、社区选举并为社区服务等情感原因占比为27.8%（见图6－13）。可以看出只有一部分的社区工作者是出于对社区工作这份职业的高认同感以及能力较强选择从事这份工作，这反映出社区工作在职业声望方面仍需提高。

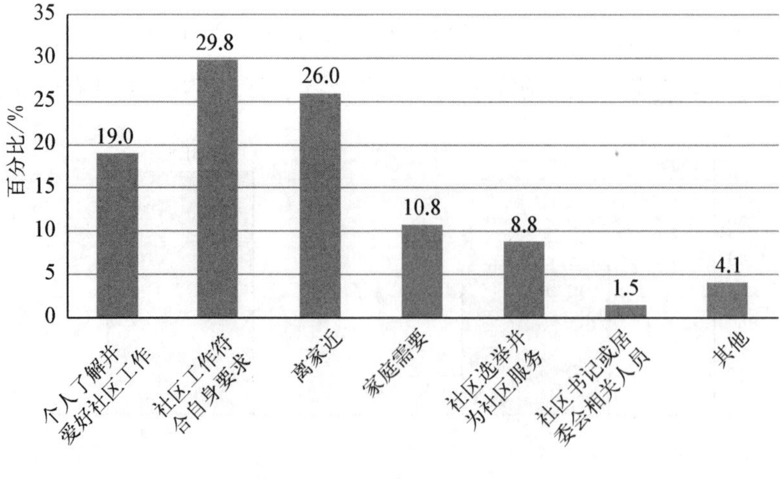

图6－13　选择社区工作的原因

虽然个人原因是社区工作者选择这份工作的主要内容，但是我们可以清楚地看到，在社区工作者的队伍中，女性占较大比例。就目前社会中广为接受的家庭性别分工而言，由女性照顾家庭和孩子还是很多夫妻的选择，故此“离家近”“可以顾家”等原因，对许多女性社区工作者职业选择的考量有重要意义。

不过，社区工作者一旦进入社区工作之后，职业的价值回馈在职业选择中具有的分量也逐渐增加。在吸引社区工作者留在岗位上的原因中，我们发现，社区工作者一旦进入社区工作之后，他们选择留在这个行业的原因不再仅仅是考虑个人因素，而是更加考虑价值层面。根据图 6－14，在吸引社区工作者继续留在这个岗位的原因中，我们发现，排名前四的分别是促进了社区和谐（15.5％）、有助于推动社会公平和维护社会稳定（14.6％）、稳定的工作岗位（14.6％）、愉快的工作氛围（14.6％）。可以看出，社区工作者们很看重自己职业的社会价值和社会功能，并且也认同社区工作本身对促进社会和谐、维护社会稳定的作用。

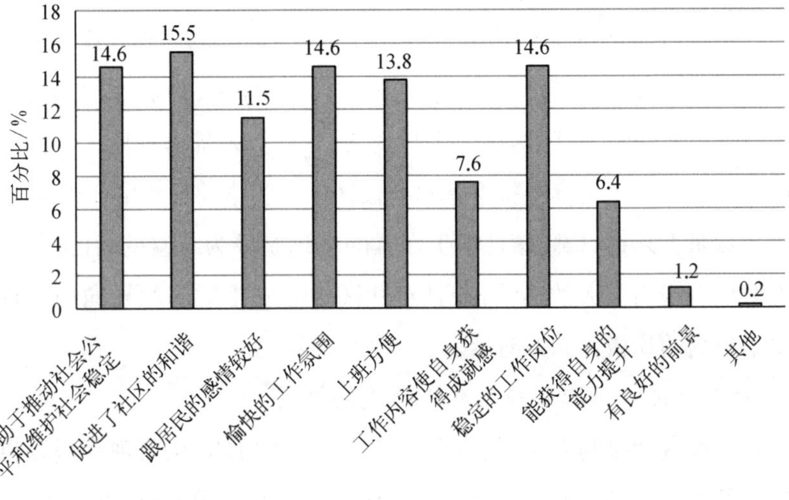

图 6－14　选择继续留下的原因

这种观念转变反映出，社会对社区工作者的认知还是存在一定误解和偏差的。很多人对于居委会和社区工作依旧停留在“居委会大妈”的人物形象和“婆婆妈妈”“喝茶看报”的刻板印象上，所以最初在选择这份职业时，大家不一定能看到社区工作的价值。但是，当他们进入社区，成为社区工作者，这种工作的价值感、对于社区的责任感便油然而生。

（三）社区工作者的职业学习热情高

据统计，在社区工作的能力培训方面，梅陇镇社区工作者平均每人参加9.3/(年)场培训。并且从对这些培训效果打分的情况来看(分值为1～5分)，评分在4～5分的占比为72.6%，3～4分(不含4分)的占比为23.5%，3分以下(不含3分)的占比为3.8%。可以看出大部分社区工作者对所参与的培训表示满意。所参加培训的平均得分为3.898分，说明梅陇镇社区工作者对所参加的培训效果达到基本满意，但依然有提升的空间。

根据近几年对梅陇镇社区工作的持续调研与追踪，梅陇镇对于社区工作者的能力培训，尤其是青年社区工作者的培训尤为重视。梅陇镇每年都会邀请专家学者、高校老师、政府人员以及一些优秀的社区书记和青年社区工作者代表，到社区中心为梅陇镇的社区工作者进行内容丰富、类型多元的培训。

在所期待的培训内容中(见图6-15)，排名前四的内容依次为社区治理案例分享类(19.6%)、针对社区常见疑难问题(停车、物业、安装电梯等)的经验分享(14.3%)、人际沟通方法与技巧(11.3%)、优秀社区干部的经验分享(10.8%)。这个内容的排序基本与社区中心安排的各类培训相匹配。

从数量上来讲，梅陇镇社区工作者的培训是较为丰富的，社区工作者对各类培训表现出很大的热情，并且对社区中心安排的问题导向的培训也表现出了较高的积极性和参与度。

（四）社区工作职业缺乏积极的激励机制

在工作激励机制方面，仅有14.6%的社区工作者认为现存激励机制合适且激励程度大，51.0%的工作者认为存在激励机制但驱动力略不足，34.4%的工作者认为不存在明显的激励机制，见图6-16。说明梅陇镇的社区工作激励机制建设存在一定的问题，不能为社区工作者提供足够的工作动力。

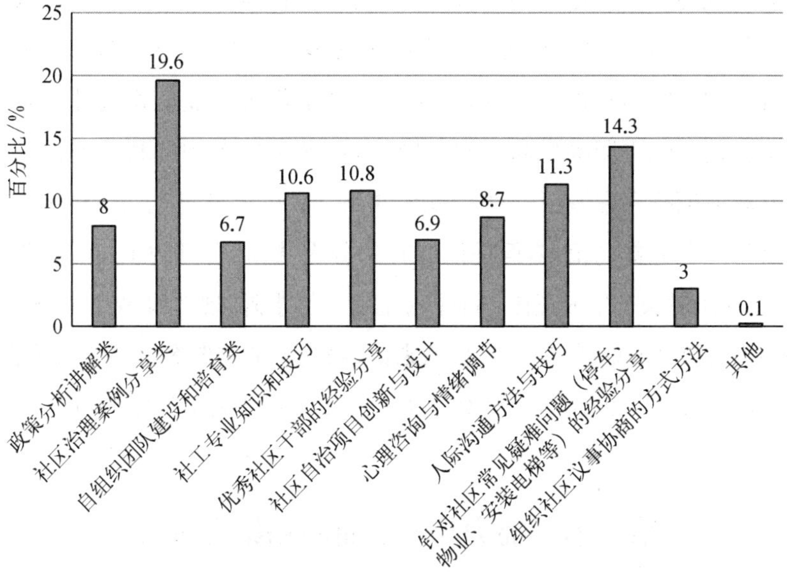

图 6－15 期待培训的内容

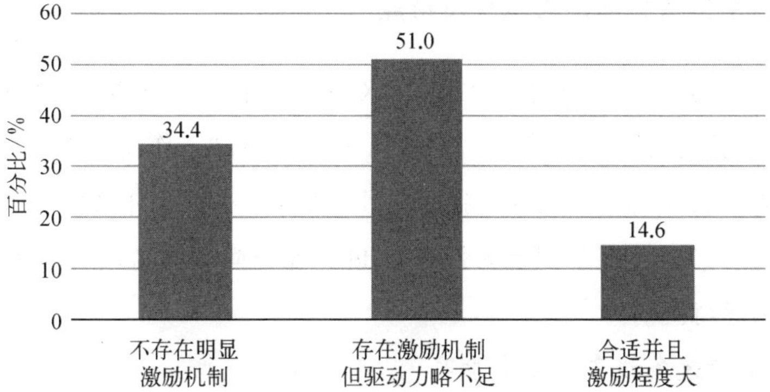

图 6－16 现存的激励机制是否合适

根据实际访谈和调研，我们发现，不只是梅陇镇存在这样的问题，当前社区工作者的职业发展大多都面临着类似的问题。在社区工作者晋升路径上，基本上是“普通社工—青年干部—社区副书记—书记”的晋升路径。但是，对于很多社区工作者，尤其是年轻的社区工作者来说，这样的职业上升通路并不能为其提供足够的晋升空间，尤其是目前的社区工作者进入社区时年纪都比较轻，部分工作者三十岁出头就做到了书记的位置，就触碰到了职业发展中的“天花板”。无疑，这对于社区工作者职业的积极性将是一个巨大的打击。除去职级提高空间有限外，社区工作者的福利待遇提高前景也与其职业期待存在差距。自上海市 2014 年“一号课题”之后，社区工作者的工资待遇明显提高很多，但是依旧有部分人认为，自己的工资与工作的辛苦程度、加班时长等不成正比。除了对工资的要求外，现在很多社区工作者还对编制抱有很高的期待，但是就目前来讲，居委会的编制名额是十分有限的，仅仅书记一人可以享受，这也会对社区工作者队伍的发展造成结构性的困局。

第三节　能力为本：面向精细化分类治理的时代要求

一、社区工作者总体能力水平及特点

在问卷调查中，项目组还根据平常对梅陇镇社区工作者队伍的跟踪、访谈和了解，补充设置了“工作能力量表”(表 6－3)和“工作满意程度与服务质量自评表”(表 6－4)，数据分析显示：(1) 梅陇镇社区工作者的行政条线任务完成度高；(2) 服务居民能力强；(3) 创新能力尚待提高；(4) 引领社区自治的能力尚待提高。

(一) 行政条线事务完成度高

在工作能力评分方面，各指标平均得分相近，均在 3.7～4.1 分之间，这说明，社区工作者的工作能力整体上较为出色。4 分以上的指标只有一项，即表 6－3“1. 我能够对上级委派的任务有清晰的分析，并为社区工作者制订具体的工作方案”。这说明，在行政任务方面的完成上，梅陇镇社区工作者的完成度较高。并且通过表 6－4 中“11. 我很清楚我的职责是什么”平均得分 4.08 也可看出，社区工作者在各条线的工作岗位上很明白自己应该完成哪些工作。

表 6－3　工作能力量表

	均　值
1. 我能够对上级委派的任务有清晰的分析，并为社区工作者制订具体的工作方案	4.06
2. 我对社区的居民信息和主要的问题有着清晰的把握	3.99
3. 针对社区中的居民建议和问题，我会尝试组织居民共同讨论并制定社区公约	3.77
4. 我能够利用与统筹本社区中不同居民的特长和能力运作自治项目	3.85
5. 在各类社区事件和任务中，我能够较好地判断关键的人及其诉求	3.96
6. 我非常熟悉关于居委会、业委会成立及运作的相关规章制度	3.78
7. 我认为需要将自己处理问题的思路和进度向居民进行说明	3.83
8. 在不能完全解决居民问题的情况下，我能够提出一些处理思路	3.93
9. 我认为自己完全能站在居民的立场上理解其生活的困难	3.95
10. 我认为牺牲自己的时间为居民服务是合理的	3.82
11. 在群众对政府政策(如城市基建、福利政策)有怨言或不理解时，我能够向居民做出充分的解释	3.99
12. 我会从专业培训的方法(如社会工作专业方法)中寻找到新的工作思路和方法	3.88
13. 我通常会将解决居民问题的办法进行记录和总结	3.97

表 6－4　工作满意程度与服务质量自评表

	均　值
1. 我在工作中发现了真正的乐趣	3.68
2. 我比一般人更热爱我的工作	3.73

续 表

	均 值
3. 大多数时候我对工作充满热情	3.95
4. 我对我的工作相当满意	3.77
5. 我帮助居民改变他们的境遇,提升其生活质量	3.83
6. 我可以有效地回应居民及其家人提出的需求	3.93
7. 我有能力完成行政任务报告	3.94
8. 我有能力策划居民喜欢的社区活动	3.90
9. 我有明确的工作目标	3.94
10. 我把工作时间分配得很合理	3.89
11. 我很清楚我的职责是什么	4.08
12. 我缺乏充分的资源完成工作	3.04
13. 我经常做一些不是很有必要的工作	3.13
14. 现有的规章制度相互矛盾	2.76
15. 工作中能够保护居民的隐私	4.46
16. 谢绝居民赠予的礼品	4.56
17. 社会工作职业伦理与价值培训会对我的工作产生帮助	3.94
18. 我在服务中会有意识地使用社会工作专业技巧	3.86

相应地,我们看到一些得分较低的问题,比如"我经常做一些不是很有必要的工作""现有的规章制度相互矛盾""我缺乏充分的资源完成工作"等,平均得分均偏低,在3分左右。这说明,之所以社区工作者们的行政事务完成度较高,一是因为上级领导安排的工作内容与社区需要解决的社区问题和需要提升的社区环境相符合,不会引起社区工作者的排斥;二是因为梅陇镇现存的规章制度比较规范与合适,这使得社区工作者在当前的制度内工

作比较舒适,不会因为制度的冲突引起不必要的麻烦;三是因为配合着各种社区任务的下发,上级政府也给予了社区相应的资源支持,进一步提高了社区工作者们的工作效率和完成度。

（二）服务居民能力强

表6-3的7到11题主要是服务居民的能力题目,从得分来看,“7. 我认为需要将自己处理问题的思路和进度向居民进行说明”“8. 在不能完全解决居民问题的情况下,我能够提出一些处理思路”“9. 我认为自己完全能站在居民的立场上理解其生活的困难”“10. 我认为牺牲自己的时间为居民服务是合理的”“11. 在群众对政府政策(如城市基建、福利政策)有怨言或不理解时,我能够向居民做出充分的解释”等五道题目平均分为3.9分。并且在职业伦理方面,表6-4中“15. 工作中能够保护居民的隐私”“16. 谢绝居民赠予的礼品”平均得分分别为4.46分和4.56分,这说明社区工作者们不仅可以积极地服务居民,还坚守着基本的伦理准则。

在梅陇镇的日常调研中,项目组也发现,梅陇镇的社区工作者在与居民相处方面,是非常具有奉献精神的,尤其是一些社区的老书记,他们对于这份工作都有着特殊感情。在访谈过程中,一位快退休的老书记曾含泪说:“居委会要当事业来做,不是作为职业的,只是一个职业,我心里过意不去。”很多社区工作者对自己所在的社区和社区居民都有着浓烈的情感,并且十分看重居民的期待。

（三）引领社区自治和创新能力尚待提高

在上述自评表中,我们发现,表6-3中“4. 我能够利用与统筹本社区中不同居民的特长和能力运作自治项目”自评平均得分为3.85分,仅从分数上看,社区工作者们的自治能力达到了较好的程度。但是,结合项目组的实际调研,我们发现,在社区自治和创新能力方面,梅陇镇的社区工作者还有很大的提升空间。

首先,在居委会自主创新空间方面,仅有15.9%的社区工作者非常同意以上观点,31.8%的社区工作者表示同意,相加仅有47.7%,不足一半。而

45.2%的社区工作者持中立态度，7.0%的社区工作者不同意或非常不同意此观点，见图6-17。这说明，在居委会可以自主发挥的创新空间方面，大部分社区工作者心存疑虑。这种现象通常有三个原因：第一，现存制度不够灵活，社区工作者在创新方面缺乏可施展的空间；第二，资源支持不够，一般而言是各种关于创新活动或者自治项目的资金不足以支撑社区开拓新的领域；第三，缺乏足够的激励机制，导致很多社区工作者缺少创新的积极性。

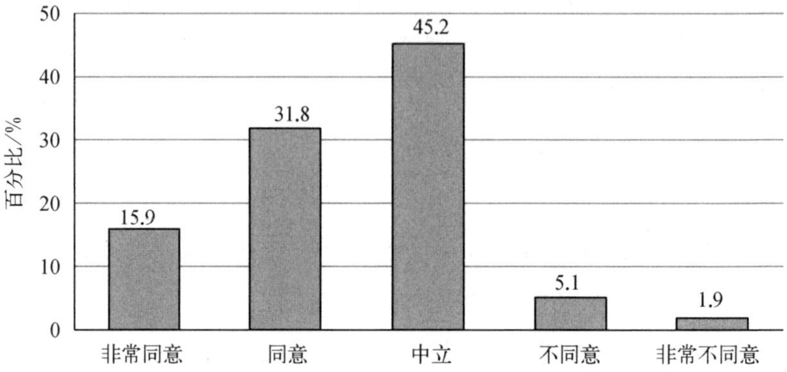

图6-17 居委会的自主创新空间

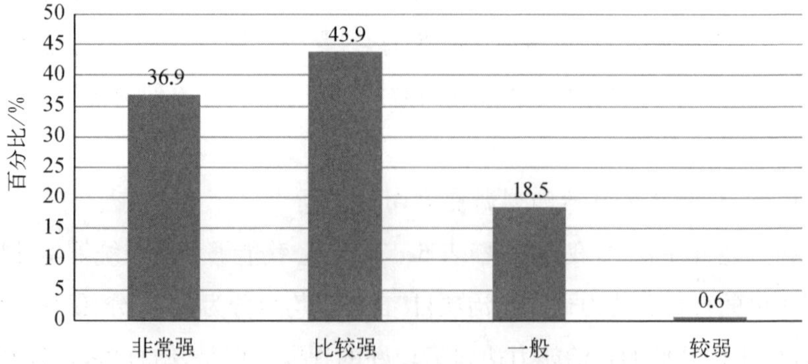

图6-18 社区居民的权利意识

其次，在关于居民的问卷调查中，在居民的权利意识方面，共有80.8%的社区工作者认为所在社区的居民权力意识非常强或比较强，为居委会的工作带来新的优势与挑战。但是在居民的公共意识（责任心）方面（见图

6－19)，47.1%的社区工作者认为所在社区的居民公共意识非常强或比较强，38.9%的社区工作者认为一般，14.0%的社区工作者认为较弱或很弱。

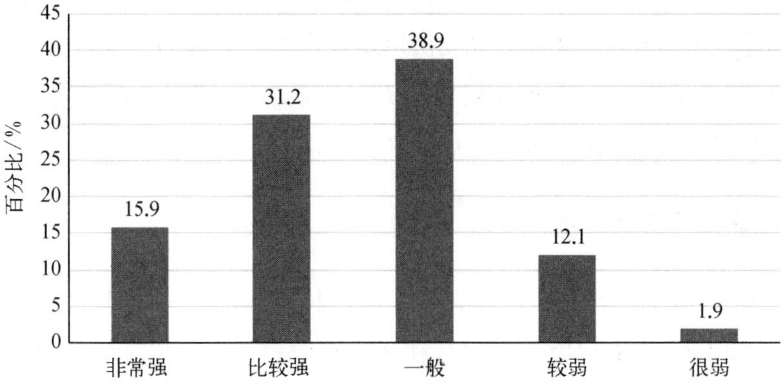

图 6－19　社区居民的公共意识(责任心)

就理想情形而言，居民的“权利意识”和“公共意识”是相辅相成的，并且在数据上成正比。如果居民仅仅“权利意识”高，但“公共意识”低，那么说明在社区居民自治的引领方面，社区工作者还有提高的空间。在居民“权利意识”越来越高的今天，社区工作者必须有意识地为居民提供权利意识表达的空间，为居民搭建足够的自治平台，激发他们的公共意识和责任心。

最后，在项目组对梅陇镇近 30 家居委会走访调研，并对他们的社区案例进行梳理后发现，社区内“实事工程”类项目的案例较多，但是“居民自治”类案例是较少的，这必须在社区治理未来发展中引起重视。随着社会的持续转型和社区的不断发展，居民参与社区自治是推动社区治理体系现代化的重要方面。一直以来，中国的国家治理方式都习惯于自上而下的政府管理，但是这样的治理方式，不可避免地带来两个弊端：第一，国家强制管理导致了民众的依赖性，使得民众倾向于期待一个领袖人物以及“父爱式”的管理方式来帮助自己解决问题，自治的能力逐渐丧失[①]；第二，国家一直以来的管

① 何雪松、侯秋宇：《城市社区的居民参与：一个本土的阶梯模型》，《华东师范大学学报(哲学社会科学版)》2019 年第 5 期。

理使得“大政府、小社会”的形态十分明显，政府部门的业务十分繁忙，基层部门更是如此，工作的“无限”增加会导致办事质量无法保证，结果是无论基层的办事人员还是人民群众都有怨言。在当今社会形势下可以比较清晰地看到，单纯依赖政府的力量已经无法解决社会上时时刻刻出现的社会问题。社会治理不是依靠政府，而是要依靠人民群众自己，激发基层活力、创新治理手段是促进社会稳定、和谐发展的必行之路。

二、社区工作者能力提升要求

关于社区工作者的能力要求，“以人为本”“服务群众”等基本原则是其核心。随着社会治理持续现代化，社区治理中对社区工作者的能力要求也越来越精细化。徐晓军、万仁德曾提出“社区工作者群众工作‘3+3’综合能力模型”，他们认为：社区层面开展群众工作特殊的工作内容要求具备专门能力，即服务群众能力、事务管理能力、政策影响能力；群众工作专门的方式方法要求必备的技能，即信息化运用能力、调查研究能力、资源整合能力。[①]这个模型弥补了一直以来社区工作者群众工作能力理论方面的空缺，但是也存在一些修正空间。首先，社区工作者不同的岗位是需要细化的，不同的岗位有不同的要求，比如社区书记、主任和普通的社区工作者，他们能力要求是不一样的；其次，这些概念还是有些宽泛，有待进一步细化。项目组根据对梅陇镇社区工作者队伍近两年的跟踪调查，结合访谈资料和调查问卷，明确提出了书记（主任）、青年干部（后备力量）、普通社区工作者的精细化的能力提升要求。

（一）书记（主任）

通过近几年的社区调研，项目组发现，一个社区是否稳定、社区治理效果是否明显，社区书记（主任）是至关重要的因素。一个优秀的社区书记（主任），一定是不仅仅有突出的工作能力，还会有令人钦佩的个人魅力。

① 徐晓军、万仁德：《社区工作者群众工作“3+3”综合能力模型》，《江汉大学学报（社会科学版）》2016年第4期。

通过对30位左右社区书记以及镇社区中心分管领导的访谈，大家普遍认为，在个人素质方面，书记应该具备：政治敏锐性、包容能力、团队建设能力、责任承担能力。

首先，政治敏锐性。政治敏锐性是每个社区工作者都应该具备的能力。然而事实上，许多年轻的社区工作者的政治方向把握能力还需历练。所以，这需要社区书记在大方向上把好关，并引领团队成员。

其次，包容能力。社区内很多事情确实是一些琐碎的小事，很多居民需要处理的问题也烦琐复杂，包括居委会内部成员的相处，这些都需要书记胸襟开阔，包容能力强。

再次，团队建设能力。团队建设主要指居委会内部的团队关系要团结，不搞小团体，不搞分裂。在访谈过程中，有社区工作者坦言，在最初被分配到某个居委会时，居委会一共七人，却分为三派，日常工作都没法进行。这是十分考验书记的团队凝聚力的，在与其他工作者的日常相处中，书记需要不偏不倚，注重培养大家的协作能力，做好日常的团建工作。项目组发现，在所调研的社区中，比较优秀的社区，其居委会内部的团队关系一定较为和谐。

最后，责任承担能力。一个敢担当的社区书记一般会在社区中起到领头羊的作用。无论是面对社区问题、面对领导批评还是面对外界质疑，社区书记需要勇于承担自己的责任，善于反省，不盲目自大，这样才会赢得团队和居民的尊重。

除了个人素质方面的能力，在工作方面，书记（主任）还应具备：领导能力、管理能力、资源整合能力、党建引领能力。

第一，领导能力。就目前的社区发展情况来讲，社区书记依旧是社区工作队伍乃至一个社区的领导核心。在日常工作方面，社区书记需要具备较强的领导能力。领导能力不是让其他干部或者居民简单地服从，而是可以凝聚社区各主体的力量朝着共同目标前进。随着社区治理主体的多元化，社区书记需要领导社区工作者、居民、物业公司、业委会等多方主体围绕着同一目标凝聚共识，致力于社区共同体打造。在新的形势下，这对社区书记而言是极具挑战的。

第二，管理能力。在多元治理、以人为本的社区发展理念下，社区书记所要具备的管理能力也需要向更加人性化、科学化的方向发展。在调研过程中，项目组也遇到一些手段十分强硬的社区书记，虽然一心为社区，但是他的管理方法却不被居民所接受，即使最后的结果是好的，满足了大部分居民的需要，却也收到了很多投诉信件。所以，社区书记的管理能力是要在时代的发展过程中，不断学习、不断创新的；有些社区书记需要改变一些思考习惯，从全局上观察和处理问题。

第三，资源整合能力。在社区工作中，有很多社区问题都不是社区工作者可以直接解决的，尤其是当前社区治理的问题越来越复杂多样，若本社区无法解决，便需要有各种资源的支持。最常见的便是社区民警的配合、共建单位的参与等。书记必须有能力整合这些资源，包括居民的资源、周边业态的资源等，一方面减轻社区工作者的负担，另一方面也有效改善社区治理所面临的资源和人力缺乏的困境。

第四，党建引领能力。创新社会治理、加强基层建设，是上海市基层治理一直以来的重中之重。如上文提到，随着社区治理主体越来越多元化，如何将各种力量紧紧围绕在党的周围，是一个社区书记需要掌握的能力，也是治理之中的智慧。在一些社区治理案例中，项目组发现，业委会和物业公司的问题成为现在很多社区遇到的“两大拦路虎”。在梅陇镇，各社区紧跟区级的步伐，逐步通过成立“红色物业”、“业委会党员化”等措施，以党建引领社区治理，探索出了成熟的经验，也形成了制度化、长效化的机制。以下是一位社区书记的心声：

如何做一名合格的社区书记？

1. 书记要大气，要有心胸。

2. 社区这一块要有文化的人做，以前都是年纪偏大的人，文化程度也不高，现在不一样，要努力丰富自己的文化知识。

3. 社区工作要当事业来做，不仅仅是作为职业的，若只是看作一个职业，我心里过意不去。

4. 事情是婆婆妈妈的事，但是书记不能婆婆妈妈。

5. 自己知道自己工作的重要性。一个人一天 24 小时，8 个小时在单位，其他 16 个小时就是在社区，社区安稳了，我们整个社会就安稳了。

6. 不要总是批评下面的人。而是要告诉他们："你们做得不好都是书记做得不好，你们做得好就是自己做得好。"

——梅陇镇都市普乐源党总支书记　徐瑞芳

（二）青年干部（后备力量）

从 2010 年左右开始，上海市各个街镇都在面临老一辈的社区书记大规模退休，年轻一代社区工作者却还未成长起来，书记队伍"青黄不接"的局面。所以，现在大部分街镇都有意培养工作能力较为突出的年轻社区工作者，梅陇镇亦有独到的想法和做法。在梅陇镇，这批被选拔培养的年轻社区工作者被称为"青年干部"，社区中心每年会给他们设计十分丰富的课程，包括理论课、实践课、督导课程等。项目组在与梅陇镇合作的这两年中，也见证了一批"青年干部"的成长，并且也对他们应该具备哪些不同的能力进行了总结。

第一，人际沟通能力。很多老书记认为，人际沟通能力是现在年轻社区工作者较为欠缺的能力。在目前的社区工作中，年轻的社区工作者普遍很少下社区，而更多的是在居委会办公室完成台账。这加深了年轻社区工作者与居民的距离感，更不利于年轻社区工作者人际沟通能力的提升。在这方面，梅陇镇很重视社区的"带教制度"，即给年轻的社区工作者配备经验比较丰富的老书记作为带教老师，平时带教老师会带着年轻的社区工作者一同在社区内走访，经老书记的介绍和言传身教，年轻的社区工作者也能很快和居民熟络起来。

第二,创新自治能力。当前的社区工作,主要包括两方面的内容:一个是委办任务,即上级领导布置的行政任务;另一个则是社区自治的内容。前者需要按照文件指令等完成,而后者则需要组织社区居民,创新形式与内容。目前的自治工作是年轻一代社区工作者所直接面对的。从调研情况来看,上海市社区自治工作的推进大都通过“自治金项目制”的方式,已经普及到各个区级和街道,成为社区自治的主要途径之一。“自治金项目制”要求下属社区以居委会为单位进行自治项目的申报,需要经过一系列流程,并且要有完整的项目申报书,在要求居民参与的同时,还需要项目内容新颖多样、富有特色,并且需要精彩的文字表达和有创意的包装等。无论是项目申报书的书写还是有创意的包装,比起老书记们,年轻一代社区工作者的优势都更加明显。对于青年干部而言,这也是必须掌握的、符合未来发展趋势的能力。

第三,危机化解能力。对于日常的社区工作而言,确实“婆婆妈妈”的事情会很多,但是社区内也经常发生一些紧急情况。个别老书记坦言:“现在的年轻人,没经历过什么磨难,尤其是一些小姑娘,遇到居民来居委会大吵大闹,就要哭鼻子了。”所以,青年干部需要掌握一定的危机化解能力,尤其是一些书记轮岗的社区,在书记不在本社区的时候,需要有能力处理紧急事件。比如,某社区就遇到过居民因为低保问题,中午休息时间提着煤气罐到居委会闹事的。当时只有几位年轻的社区工作者在,正在吃饭的副书记也是个“80后”,她先是暗示身边的年轻社工偷偷地去报警,然后自己端着午饭走到居民身边,问他吃没吃饭,要不要一起吃点,坐下来慢慢说。在这位副书记的安慰和耐心解释下,这件事情幸好圆满解决。事后,其他几位年轻的社工中还有人感到后怕。这种案例虽然不是每一个年轻的社区工作者都能遇到,但是一旦遇到就需要担负责任,沉着冷静地去解决。

第四,压力及情绪管理能力。行政任务繁重、压力大是社区工作者普遍反映的问题。随着管理任务的不断下沉,“减负”在短时间内似乎难以实现,居委会不断地承接着越来越多的社区治理事务。很多年轻的社区工作者反映，当初选择这份工作的时候，没有想过竟然会经常加班，有的时候甚至周末、节假日都没有自己的时间。尤其对于年轻的社区工作者而言，很多人是第一次面对如此繁重忙碌的工作，常感到身心俱疲。社区事务细碎繁杂却也意义重大，这需要社区工作者具备抗压能力和情绪管理能力。当然，很多街镇也开始重视社区工作者的心理健康，为他们配备了定期的心理咨询以及专业督导。青年干部是街镇的后续储备力量，以后将要走向书记的岗位，承担更多的责任，因而需要不断磨炼自己的抗压能力。

（三）普通社区工作者

作为普通的社区工作者，很多人是刚刚走上这个岗位，对社区工作有着自己的理解。对于大部分人而言，在工作一年或者两年之后，都会开始对这份职业产生新的理解和认知。现在的社区工作者还处在身份转变和融合的转型时期，即居委会干部和专业社区工作者不断磨合和融合的时期。通过调研，项目组梳理了普通社区工作者需要掌握的工作能力。

第一，信息化办公能力。当前，年轻一代社区工作者在社区中主要承担着两大类工作：简单化的基础性工作和创新型的自治工作。简单化的基础性工作主要是指社区中一些较为简单的工作，这些工作则是普通社区工作者主要负责的工作。考虑到一些年轻社区工作者缺乏经验，社区一般会将其安排到比较简单的条线，比如担任卫生干部、宣传干部等，他们会负责协助组织一些简单活动、下发通知、书写各类新闻稿件以及记录、上传各类资料等，主要负责“线上办公”。其实，从老一辈的社区工作开始，一些年轻的社区工作者（当时年轻的在 40 岁左右）进入社区，可以适应信息化办公，帮助年纪较大的社区工作者处理线上工作内容。现在也是一样，在进入社区之初，普通的社区工作者需要精通电脑，熟悉多媒体网络，帮助老书记或者年纪较大的条线干部分担一些线上办公的工作。

第二，案例设计与书写能力。这是目前年轻的社区工作者普遍需要掌握的能力，尤其对于普通社区工作者来讲。如上文在社区工作者能力分析中提到的，社区工作者还缺乏引领社区自治的能力，这在日常工作中，便体现在对于社区活动以及社区自治项目的设计上。社区在面临居民参与度低的困境时，应该反思是不是现在还只是会举办"三八妇女节"活动、"夏季送清凉"活动等一系列传统的社区活动，缺乏创新。除了设计以外，社区工作者还需掌握案例书写的能力。在调研过程中，项目组发现，这是很多社区工作者的弱项，在案例书写方面还是只讲求规范，没有可读性，甚至不同的案例也只是换换案例模板中的主题字眼。社区优秀案例需要宣传和推广，埋头苦干是上一辈居委会干部的特点，而年轻的社区工作者在继承这种优良传统的同时，也要具有竞争意识与宣传能力。

第三，组织社区活动的能力。社区活动对于每个社区来讲都是必不可少的工作内容。作为梅陇镇居民参与度高、志愿者团队较好的社区代表，春申景城的书记坦言："我们社区的活动是雷打不动的。"所以，很多社区除了季度性常规活动外，还需要策划、举办特色活动，这些都需要普通社区工作者的协助。并且，对于刚进入社区的社区工作者而言，组织活动其实是与居民快速熟悉的途径之一。当然，组织活动也需要一定的策划能力和技巧，比如是否要有针对性地邀请某些居民参加，是否需要准备礼品，准备的礼品需要符合来参加活动的居民的年龄层次等，考验着社区工作者对社区内人情、文化的掌握程度以及工作能力。

除了上述几个能力外，普通的社区工作者还需要具备一系列具体的开展工作所需的能力，比如心态管理能力，能不骄不躁地在社区中稳定下来；又比如线上公众号经营、微信群管理能力，目前大部分社区都拥有的线上平台，一般会交由年轻的社工负责打理；再比如全岗通，这是现在每一位社区工作者都必须具备的基本工作能力。

第七章　镇域社区治理的经验、模式与反思

改革开放 40 多年，中国逐步进入经济体制转轨、社会转型的快车道，社会结构与社会形态随之发生巨大转变。上海作为特大型国际都市，其变革过程最为剧烈。快速的城市经济发展、产业结构调整在改善居民生活水平的同时也改变了社会面貌，人口异质化、需求多元化、关系疏离化、利益刚性化成为当前基层社区变迁的主要特点。梅陇镇作为近年来伴随上海城市大发展而快速城市化的特定区域，既存在由于快速从农村走向城区转变而造成的矛盾冲突，也面临大量异质性因素进入而带来的冲击与机遇，各种因素纷繁复杂、互相碰撞，给新时代基层治理带来了巨大挑战，也为治理革新提供了契机。社区是社会之基，构建社会主义和谐社会需要加强城乡基层社区治理与社区建设，因此对于镇域社区治理的探索具有重要的现实意义与理论价值。本书将社会治理置于镇域社区观察，以便更好地理解中国社会的变迁与发展。

第一节　镇域社区治理：转型的快与慢

梅陇镇作为闵行区城镇化最早最快的代表性地区，在房地产开发、大型居住社区建设的裹挟下，在规模和内涵上急剧转变，在经济政治结构和社会关系网络层面呈现出鲜明的过渡性特征。作为社会转型的缩影，梅陇镇社区也正在经历诸如职责不清、管理过度、自治缺位、公共服务体系不完善、自治活力不充分等“转型”之痛，这些困局也正在倒逼城市社区治理的创新与转型。因此实现基层有效治理，是梅陇镇镇域社区治理的实践目标，也是目前超大城市社会治理的重点。

一、快速城市化与镇管社区

（一）转型压力：公共服务与基层治理的挑战与重构

20 世纪 90 年代，梅陇镇开始快速城市化。以春申塘为界，北片是城市化地区，形成了以百联南方购物中心、莲花国际广场为核心的现代商业中心和以望族新苑、西班牙名苑、春申景城为代表的商品房住宅区；南片形成了以曹行村、许泾村、曙建村为代表的农村化地区，呈现多点镶嵌的都市型农业布局，并建设成具有一定规模的设施化农业生产基地，形成以高附加值的蔬果林业为主的农业经济模式。由此，南北二片并行发展。2010 年，梅陇镇政府提出“北优南拓，双轮驱动”的目标，将深度城市化推向一个新阶段。由于地理位置特殊，每年有大量外来人员落户梅陇。此外，根据市政府要求，梅陇镇近年来兴建了几个超大型的经济适用房、农民动迁房小区，如中春三水苑、上海晶城等，加之政策安排，梅陇于 20 世纪 90 年代末承接了许多来自徐汇区、卢湾区、静安区的市区居民以及在梅陇购置商品房的业主。经过多年的开发建设，梅陇镇形成了不同类型社区模式并存的格局。在此背景下，梅陇镇社区居民构成呈现出典型的差异化特征，给社区发展和公共服务带来了许多新的压力与挑战。这种转型压力，一方面来自公共服务的多样化与精细化需求；另一方面来自转型中一系列矛盾纠纷的交织，如新流入人口面临的新环境的生活适应问题以及与镇域原住居民的融合问题。居民需求差异化、个体利益多元化、邻里关系疏离化、社会矛盾复杂化使得社会整合压力巨大，均等化的公共服务也面临重构，亟须转向多元竞合模式。

（二）历史结构：城乡二元体制冲突

在城镇化过程中，城市与农村两种基层组织体系交错，无疑会造成公共资源配置混乱，引发社会管理与公共服务压力。伴随着商品房的开发、动拆迁的建设、混合型社区的聚拢，镇域社区治理不得不面对与传统同质性差异较高且不易调节的新矛盾。传统的村居二元分治惯性，使得农村社区（郊区）治理处于尴尬和边陲处境。具体而言，一方面，由于地方财政、管理体制等多种因素制约，城郊型农村社区居民很难享受到与城市居民同等的待遇；另一方面，城郊型农村社区治理方式并没有完全转变为城市基层社会治理方式，只是简单地将城市基层社会治理元素嵌入，而原有的治理方式和治理结构仍然保留，治理基础依然锁定为传统的民情基础，这就阻碍了城乡均衡发展与社会和谐稳定，继而结构性的冲突倒逼镇域基层社区治理工作的转型与创新。

（三）内生与外驱：迈向新型社区创新治理的动力

"镇管社区"是在现有行政体制下，对镇域内的城市社区，采用与农村社区不同的政策与行政手段，实施符合城市化管理与服务实际的行政管理方式。镇管社区的出现反映出原有基层管理制度已经无法适应城市化转型带来的新形势。这种新形势是指由单位制解体，大量社会职能回归社区，社区成为人们八小时工作之外的主要活动场域，也成为社会整合的重要基础单元。尤其是随着流动社会的来临，社区主体组成日益多元，社区结构已由单一静止走向复杂动态，随之而来的社会风险、社会问题日益浮现，社区呈现出陌生化和碎片化的特点。这些变化是伴随转型而来的，是社区自发的、内生的。闵行区基于混合型社区阶段性的探索，采用“镇管社区”，保留对农村社区管理与经济管理的行政职能，赋予镇在优化公共服务、完善社区配套设施等方面的新职责。但是这一管理方式随着社区发展进入新阶段，社区治理精细化深入，需要再次进行探索，寻找加快镇域转型背景下的符合新时代、符合梅陇镇发展的新路径与新方法。

二、镇域社区转型之表征

镇域是城市化进程中基层社会治理的特定场域，在维护基层社会健康发展上发挥着重要作用。在转型背景下，农村与城市两个社会系统相互嵌入与融合，其流动性、碎片化与过渡性的结构转型特征深刻形塑了多元并置的镇域治理空间，社会问题也已经超出传统社区治理的边界。

（一）流动性

社会流动是社会转型的重要标志，合理的社会流动能够促进社会良性运行，促进社会协调发展。[①] 工业化、现代化与城市化发展加速了人、财、物、位置、角色、信息与知识的流动。在镇域社区转型层面，流动性成为社区建设与社会治理的重要议题，主要体现在人口的流动与居住的流动。人口的流动主要是外来人口的涌入与集聚，尤其是城郊周边社区最为突出。改革开放后，经济快速发展，城乡二元区隔被打破，农民可以自由迁徙流动，大量的外来务工者脱离原来村庄转入上海并租住在郊区。人口的流动必然带来居住形态的重构，出现市场经济带来的商品房发展，征地拆迁、创业办厂等原因带来的拆迁房和单位制福利延续的售后公房。多样变动的社区形态取代了原有一成不变的静态结构，流动的个体不再终生依附于某一单位或地区，城市社区结构也逐渐从组织化转向碎片化，从均质走向异质，从利益关联走向利益疏离。[②] 一方面，多样化、流动性分化了居民的利益需求，使得基

① 刘祖云：《社会转型与社会流动：从理论到现实的探讨》，《华中师范大学学报（人文社会科学版）》1998 年第 5 期。

② 樊佩佩：《流动的治理——城市基层社会的公共性困境探察》，《学术研究》2016 年第 7 期。

层政府难以精准掌握异质性的群体状况与服务需求，使得社会和谐与稳定面临着巨大风险。另一方面，流动社会的居民更像是“流浪者”“旅游者”，只关心私人生活，不愿与他者建立实质性联系，流动社会的公共伦理、道德秩序、社区公共性的构筑何以可能，成为转型时期镇域社区治理的主要议题。①

（二）多样性

镇域社区另一显著特点是多样性。一是人口多元并入。城镇化属于“规划的社会变迁”，大量外来人口涌入城市，身份复杂且社会阶层梯度大，不同成员在社会地位、经济收入、生活方式和价值观念等方面都存在较大差异，原来以本地居民为核心的传统村落逐步转变为容纳不同身份成员的居民区，开放性和异质性的社会空间逐渐形成。二是社区发展多类型。镇域社区既有后单位制的老旧小区、高档的商品房社区、转变中的混合型社区，也有拆迁安置的动迁房社区，以及城市扩展中的农村社区，整体上呈现出“大杂居”形态。此外，个体的私人空间与公共领域的界限日趋模糊，交往半径扩张，公共服务需求半径扩大，已经不再囿于本地。三是多重关系并存。关系的转型亦是需求的变化。社会关系基础由原先传统村落的血缘、亲缘、地缘等社会关系转变为业缘、趣缘等现代化新型关系，且是多元交织的。从社会关系形态上来看，以往相对固化的家庭、职业结构出现松动，新的家庭形态、就业类型和生活方式已经出现。

（三）碎片化

个人或群体按照“市场”或“行政”逻辑组织起来的转型社区具有明显的碎片化特征。碎片化主要体现在三个层面。一是社会空间碎片化。可以看到，梅陇镇社区居住形态十分丰富，形成了多种“住房地位群体”，社区类型也千差万别，由此社区内部也形成了分化较大的“居住共同体”。由于权利主体不同，不同居住形态的社区面临的问题、公共事务的处理以及治

---

① 黄锐：《流动社会的道德秩序何以可能：以转型社区为中心的分析》，《河南社会科学》2019 年第 2 期。

理的机制也不尽相同。二是利益结构碎片化。由于户籍、身份、地域、阶层、体制的差异，社会群体的利益碎片化了。[①] 此外，在转型过程中形成的利益分配机制差异，催生了碎片化的利益群体。三是社区权力的碎片化。基层社区场域多组织并存成为常态，包括社区党支部、居委会、业委会、物业公司或房地产开发公司、共建单位、各类自发性组织等，形成了比较复杂的“共治”格局，行动逻辑各自彰显了政治理性、经济理性和社会理性。在碎片化的社区治理中，多方主体往往各自为政，权责不一，由之带来管理碎片化。[②] 社区的碎片化使得社区的经济社会特征模糊，导致社区整合困难重重。

（四）过渡性

镇域是城乡的连接地带和过渡形态。在过去 20 年里，梅陇镇局部的快速城市化导致了城乡格局的交错，而镇域社区的社会面貌受到了城乡发展张力的极大塑造。在生活方式上，镇域“亦城亦乡”，城郊型农村社区基础设施建设趋向城市，居民在文化娱乐、消费方式上呈现出城市化特征，但与城市社区相比存在一定的差距；在生产方式上，城郊型农村社区呈现为农工并存格局，从事农业生产、非农生产以及农非兼营的多元从业人群并存。但是作为过渡状态，镇域极有可能出现的问题就是新旧制接壤的“不稳定”，个人与新社区的联结日渐脆弱，新的社会规则、道德礼仪的建立可能面临断裂，守望相助的熟人社会、乡土社会已然不复存在，但也并未完全消解，而是进入了“半熟人社会”和“半熟人社区”。镇域社区如何重新熔铸乡村的社会关系，将之铸造为符合现代化发展内涵的社会关系网络，实现均衡、整合与稳定，是社区治理的基础和创新发展的前提。

三、镇域社区转型之路

社区是社会的微缩情景，是人们日常社会生活的基本单位，折射出个人

① 李强：《提升城乡社区治理现代化水平》，《唯实（现代管理）》2017 年第 9 期。
② 蔡禾：《从统治到治理：中国城市化过程中的大城市社会管理》，《公共行政评论》2012 年第 6 期。

与社会结构之间的关系。改革开放后，中国进入双重社会转型时代[①]，中国城市社会与社区建设面临着最为激烈和最为广泛的变革，这种革新带来了国家治理的全盘再造。因此，破解中国城市社区冲突与治理之困境，尤其是城市化的辐射中心特大城市，对构建社会主义和谐社会具有重大意义。在已有的社区治理研究中，"镇域"研究处于缺位状态，相关研究甚少。所以对镇域社区治理的实践、经验、模式的研究，可以为了解中国大型城市转型以及干预、介入提供经验。而推动城市基层社会治理创新，必须弄清当前社区主要存在的问题、核心关系、动力机制，才能更好地对症下药，实现社区善治以及中国社区治理的现代化走向纵深。

（一）平衡三种关系

城镇化意味着"经济结构、社会组织体系、生活空间状态、公共管理服务、传统文化习俗"[②]的深刻变化，治理必须积极应对这种变化。因此，在新旧体制并存的情形下，要想创新镇域社区治理，首先要重视镇域社区转型演进过程中多种关系并存的状况，由此才能更好地理解空间重塑、关系转型、行为转变与治理转型的关联。

1. 传统与现代的共存

转型中复杂化、多样态的社区形成代表着城郊乡村城市化和城市中心郊区化的融合，其中必然存在着传统与现代、不同利益主体的碰撞。镇域社区作为城乡中间地带，既保留了传统文化和熟人社区的社会规范，又在空间形态上呈现出现代化的城市功能与生活方式。所以在镇域社区治理实践中，要考虑两者对社区治理的影响，探索一种兼具城市与农村双重特征的新型镇域治理实践。不能以城市为中心，废弃传统，因为否定传统就是否定历史，传统与现代是一个连续统一体，激进或偏置任何一方都容易导致社会失

---

① 对于社会转型，学界当前主要关注的是从农业到工业社会的转型。与此同时，中国正经历从工业社会向后工业社会（人工智能、数字社会）的转型，这两种转型叠加，形成三种社会形态并存、双重社会同时并行的复杂情景。

② 项继权、王明为：《新型城镇化与乡村治理转型》，《求实》2016 年第 10 期。

序。而城市化的进程也必然是传统文化与现代性价值相耦合的过程，均衡二者关系可以推进转型社区的迭代升级。

梅陇镇作为一个多元社会要素相交融的地区，传统的社会要素依然存在并可资利用。几百年根深蒂固的农村文化使得本地居民自有一套传统社会的守望相助、人情味颇浓的淳朴简单的生活方式，一方小村落容纳了人们基本的精神生活与社会交往，形成了与人们关系最紧密的社会网络。虽然城市化风潮不断冲击着这些地区，动拆迁、购买商品房等现代生活拓展使得原始生活被割裂或打破，但是传统的生活方式、价值观念以及人际关系中的精华部分等传统要素和民情基础至今仍对人们的生活产生深刻影响。在开展镇域社区治理实践过程中，应将传统乡治与现代共治融合，整体规则治理与内部情感治理并举，通过创新制度建设、挖掘并培育社区自治组织等多种方式，增强社区内生活力，激活自治主体意识，提升居民参与社区事务的能力，重塑社区公共性，实现基层协同善治。

2. 乡村与城市的继替

镇域是城乡关系有序公平发展的传送带，在中国城乡统筹发展中具有举足轻重的特殊位置。今天的上海城镇正在兴起，既承接中心城市辐射，又带动农村发展，是城乡互动的着力点。城镇也是中国社会转型的减震带。在全球背景下，工业化、城市化推波助澜，人工智能方兴未艾，中国正在经历由传统农业向工业社会转型，工业社会向后工业社会转型，两种社会转型同时叠加，在社区层面形成了多样态并存、双重转型的复杂景象。一方面，城镇化节节推进，以城带乡，城乡二元结构矛盾得以突破；另一方面，在双重转型的当代社会，中国城乡在收入、消费、卫生、教育、社会保障方面的差距不但没有减小，反而逐渐扩大，社会矛盾与日俱增。镇域社区治理与社区建设对于中国转型社会的稳定与发展而言至关重要。

聚焦治理视角来看，镇域以城市社区为主，涵盖周边大片乡村，是城乡统筹的连接点，这些社区跨越不同地貌，品类众多，构成城市高效治理难题，但也为开展总体性、综合性社区治理提供理想场域。党的十八大以来，党中央高度重视城乡统筹发展，并对统筹城乡社会发展作出了更为具体、更为深入的部署和规划，这对破除我国长期存在的城乡经济社会发展二元结构问题，促进经济社会持续健康发展和社会公平具有十分重要的意义。习近平总书记指出，要将新农村建设与新型城镇化统一起来，形成推动城乡社会协调发展的双轮驱动。统筹城乡社区发展，意味着在尊重城乡社区建设地域性差异的基础上，消除对城乡社区在资源投入、基础设施建设、人才队伍建设上的差别对待，消除对农村社区建设的各种政策性歧视和不均衡的投入，兼顾城乡社区发展的不平衡性，使城乡社区居民共享全社会发展和国家进步的成果，既为城乡社会协调发展、可持续发展奠定基础，又能保证在社会全面发展中尊重不同利益层次要求和不同利益群体诉求的公平正义。镇域社区建设与治理应该以打造社会生活共同体为要义，更偏重社会生活的有机性、互动性和共同性层面，强调内部各个要素、结构和组成部分之间的有机关联，强调现代社区生活对提升和保障人们社会生活品质的基础性地位。[①] 以上对于城乡关系均衡发展的强调也与国家促进实现乡村治理全面振兴与城乡融合发展宏业是一致的。相对于我国基层长期实行的街居制和镇村制并举的二元体制，镇管社区作为中间层，实现居村并治，打破了传统城乡二元分治。

3. 行政与自治的均衡

关注社区基层治理中行政与自治关系，在一定程度上是将国家与社会关系放置于社区场域进行观察。政社关系被视为分析转型中中国基层社会治理结构与权力的有效工具。基层治理的本质是社会秩序形成问题，社会秩序分为两种相对区别的方式：社会自发形成与国家为社会订立规则。自发形成意味着不依赖国家权力制定生活社会秩序，如传统的以乡村士绅与宗族网络为基础的乡村治理；国家为社会订立规则是自上而下采用强制的正式规则以确保社会秩序的建立，是以国家为中心的国家权力向基层渗

---

① 张艳国、刘小钧：《十八大以来我国社区治理的新常态》，《社会主义研究》2015 年第 5 期。

透的过程。[1] 国家与社会关系的不同理论和视角取向，影响着基层治理的实践与方向。自治性是应然的期待，也是循序渐进的方向与方式，而现阶段显然还达不到[2]，行政与混合已然是主要形态。但从长远来看，正如有学者仍鼓励自下而上地推进治理，强化社区建设的自治导向可以扩大基层民主，并在自治基础上，重塑政府与社会关系。[3] 就社区治理而言，基层社区治理创新是民政部与地方政府基于创新的社会产物，社区行政管理与自治之争在某种程度上是没有意义的，社区在中国整体性治理中的价值正是在于对于政府的工具价值。[4] 中国社区建设不仅是国家基层政权建设的过程，同时也是基层社会发育的进程：一方面，随着社区建设，来自市场、民间的社会力量获得了更大的体制性空间，并初步形成了自身的资源汲取、获得机制与利益表达途径；另一方面，国家通过社区建设，使基层政权建设不断加强，政权重心进一步下沉。[5] 国家治理目标影响基层治理目标，基层治理是国家治理的基石，二者是双向建构的过程。镇域社区治理面对的是更加纷繁复杂的转型场景，在中国，单靠行政指令抑或社区自治是无法平衡社会发展的秩序与活力问题的，社会治理纵向上需要上下互动，横向需要多方力量共同参与，优化治理结构，联动多元资源，才能提高治理成效，维护社会团结。

（二）多样化的镇域治理机制

基于以上三种关系的客观存在，镇域社区治理需要转变治理思维，从管理到治理，注重治理主体从一维主导到多维参与，并采取多样化的治理

---

① 黄冬娅：《多管齐下的治理策略：国家建设与基层治理变迁的历史图景》，《公共行政评论》2010年第4期。

② 何海兵：《信息技术视角下社区治理方式创新的思考——以上海社区“一口受理系统”为例》，《中共福建省委党校学报》2013年第2期。

③ 徐勇：《论城市社区建设中的社区居民自治》，《华中师范大学学报（人文社会科学版）》2001年第3期。

④ 郭圣莉、尹露：《城市基层社区体制的构建与变革——上海社区治理40年》，上海交通大学出版社，2019，第288—289页。

⑤ 李友梅：《社区治理：公民社会的微观基础》，《社会》2007年第2期。

机制。

1. 整体治理：耦合与重塑

针对西方社会的治理碎片化，为解决现代复杂多元性的社会问题，佩里·希克斯提出了整体性治理，认为政府需要跨界整合。整体性治理依然强调政府的主导作用，倡导公共部门纵向权力的整合，以解决行政效率低的问题。[①] 整体性治理"以问题解决"作为一切活动的逻辑，使得整体性治理必须充分利用包括政府在内的各利益相关者的专有资源和比较优势，自发生成多变的网络治理结构。在此网络结构中，协调、整合和信任机制是整体性运作的关键性功能要素。[②] 整体性治理是新公共服务学派在对新公共管理的批判反思中提出来的，该理论产生背景一是新公共管理的式微，二是数字时代的来临。[③] 整体治理也被引入中国，但是也有学者认为整体性治理并不适合中国[④]，认为整体性治理所倡导的无缝隙政府只能解决部分特殊公共服务问题，无法解决社区碎片化的问题。本书提出的整体性治理，是针对社区碎片化的现状，以及不断变化的社区问题、功能与形态，以整合治理为核心框架，以社会再组织化为实践逻辑，重塑社区公共性，构筑新型社区共同体，最终导向社区善治。尤其是镇域转型社区，不同的资源禀赋、历史背景、人才资源、治理理念亟须整合。整体性治理不仅要顾及城市与乡村、传统与现代、行政与自治关系的平衡，而且应该是合作主义的。

2. 双线治理：情感与规则

贺雪峰认为，我国的农村社会正在由传统熟人社会转变到半熟人社会。[⑤] 同样，在社会转型过程中，城市社区也不完全是陌生人社会，尤其在镇

① Diana Leat, et al., *Towards Holistic Governance: The New Reform Agenda* (London: Palgrave Press, 2002), pp. 29 - 32.

② 胡象明、唐波勇：《整体性治理：公共管理的新范式》，《华中师范大学学报（人文社会科学版）》2010年第1期。

③ 竺乾威：《从新公共管理到整体性治理》，《中国行政管理》2008年第10期。

④ 尹浩、陈伟东：《整体性社区：城市基层社会治理的可行性分析》，《深圳大学学报（人文社会科学版）》2015年第6期。

⑤ 贺雪峰：《论半熟人社会——理解村委会选举的一个视角》，《政治学研究》2000年第3期。

域这一独特空间中，熟人社会的特质依然发挥着效应。从镇域社区整体来看，我们仍然可以借用“半熟人社会”来解释。事实上，在基层治理实践过程中，我们发现社区治理并不是单一性、规则化、职能化的治理逻辑，而是多层次的，既有西式的“契约”规则治理逻辑，也包括贴合中国实际的情感治理逻辑。因此，对于镇域社区治理而言，需要情感治理与规则治理并行。

情感治理与规则治理的正式性和强制性不同，价值和目标导向各异。情感治理是非强制的、非正式性的，以信任为基础。规则治理是强制的、正式性的，操作过程和结果强调可预见性，一般会有明文规定或者规章制度约束。此外，“技术治理”也是规则治理的重要体现。而情感治理能够成为维系社区共同体的重要策略，更多的是采取说服、讲道理、沟通协商、交流感情等较为温和的方式。在社区治理过程中，两种治理机制并非对抗冲突的，而是在整合的区域治理框架下进行转化、互动、建构，并形成多元共存状态；针对不同社区类型、治理对象、治理问题，两者各自具有优势，并充分发挥其互补性的功能。

由此，根据情感与规则治理的强弱程度，可构建出四种治理机制：强情感弱规则的熟人社区治理，强情感强规则的半熟人社区治理，弱情感强规则的陌生人社区治理，弱情感弱规则的转型社区治理。需要说明的是，前面三种属于现实的一个连续统一体，从陌生人到半熟人社区再到熟人社区，而第四类的社区治理规则实际上是不存在的，或者说有一种特殊的状态是商品房建设初期，彼此互不相识的陌生人组成一个相对原生态的社区共同体，此时正式的社区规则和公约还没有形成，所以规则和情感治理切入均无法得到有效落实。在强情感弱规则治理类型中，如老旧小区、售后公房小区，其社会关系网络是熟人社区，“面子”“关系”等情感连带手段是社区中重要的动员手段。但是熟人社区对于正式的规则治理仍需保留。在强情感强规则治理中，如动迁房社区和混合型社区，其社会关系网络是半熟人社区，对于这类社区，情感与规则同等重要。在弱情感强规则治理中，其社会形态或者说社会关系网络是陌生的社区，如商品房社区，人员结构差异巨大，需求分殊异质，居民更多的是关心自己的个人利益，而非集体利益，所以程序化的正式规则治理更能有说服力，而情感摄入程度低，治理手段成效可能会延迟或者效果不明显。以上类型讨论想强调的不是互相替代，而是各类型是可以合作和转化的。比如很多程式化的"公事公办"，在实际操作中仍然需要动员人情、面子等作为情感连带的手段，才能促成工作的完成。①

情感治理在当下中国城市发展与社会治理中具有特别的意义。尤其是转型的镇域社区建设，传统与现代、农村与城市、贫穷与富裕交织，在法理基础之上更需引入情感因素。通过情感的联结重构社区中居民之间的新熟人关系和社会想象，促进社区成员的身份认同，逐步内化社区共同体的意识并采取合作行动，比如垃圾分类、新冠抗疫、美丽楼道建设、社区文化建设等。

3. 分类治理：情势与精准

梅陇镇地理面积广阔，社区居委会数量庞大且类型多样，基层社区治理任务繁重。在急速转型的背景下，梅陇镇社区居民构成呈现出典型性的差异化特征。由于特殊的地理位置，每年有大量的外来人员落户梅陇镇，此外梅陇镇还存在动迁房社区、商品房社区、售后公房社区与混合型社区四类社区。不同社区的物质形态、人口结构、资源条件、现实基础等差别巨大，所以针对镇域社区工作，需要就势而动，因地制宜，分门别类地进行治理。分类治理需要对梅陇镇的实地情况进行细致考察和全面掌握，按照社区禀赋、社区问题、社区需求分门别类进行精准治理，以此把握社区建设重点，调整与缓和社会治理冲突，实现社区科学、有效治理，满足推进梅陇镇转型的现实发展需要。不同的居住形态存在不同的社区问题，针对梅陇镇的不同类型的社区的治理方式也十分不同。

针对商品房社区居民之间的陌生关系，治理应该关注新型的社会关系的建立，如增进业主之间的交流和互动，逐步培育和提升社区社会资本。动迁房社区这类新形态社区面临的首要问题是，如何使居民适应这种新型的

① 陈锋：《连带式制衡：基层组织权力的运作机制》，《社会》2012 年第 1 期。

居住生活方式。售后公房社区中环境与社区信任的改造与重塑是治理工作的主要关注点,有效治理需要从制度规范、居民沟通与资源引入等方面进行突破,复原关系网络、增加社区资本。混合型社区治理则需针对混合型社区功能散、情感连接散、社区认同散、人际关系散等特征,以重塑社区"公共性"为主要切入点,以社区整合作为社区工作的重点,从而实现社区多元主体与多层次结构的融合与均衡。

第二节　迈向"善治"的镇域社区治理

善治,即好的治理,有效的治理。城市社区建设的一个重要目标是善治,其本质特征是实现社区居民社会生活公共利益最大化,是政府与居民之间积极且有效的合作过程。[①] 上海社区治理经过多年探索与实践,已经形成了较为典型的模式,即政府主导型社区治理模式。但新的形势也对"上海模式"提出了新的要求和任务,其中,镇域社区工作尤其需要进一步继承现有社区治理成果,并结合社区社情,提升社区治理水平,积累社区治理经验,继而为镇域社会治理体系和治理能力的现代化贡献力量。而建设人人有责、人人尽责、人人享有的社会治理共同体是新时代背景下上海经验的深度拓展,这就需要充分运用党委领导、政府负责、居民自治、专家参与、协商共治的五大治理机制,提升社区整合程度。

一、党委领导

随着社区建设与基层治理中多元主体的出现,党建引领成为各地不约而同的选择,上海社区治理模式的重要特征之一就是坚持发挥党组织的引领作用。在组织设置上,由街道党工委承担组织与协调的工作,推动社会各

① 俞可平:《治理和善治引论》,《马克思主义与现实》1999 年第 5 期。

方力量参与社区建设。党建引领能够充分地发挥以中国共产党为中心的政治优势,通过吸纳各方资源,促进社会整合。2004 年,上海市通过《关于社区党建与社区建设工作的意见》,提出社区党建全覆盖、社区建设实体化、社区管理网络化的工作要求,探索建立以社区党工委为核心,以行政单位党组织、驻区单位党组织和居民区党组织的三条线为基础,以社区全体党员为主体,社区各类组织共同参与的党建组织架构。① 在社区治理创新背景下,各地也紧紧围绕基层党建,初步形成了社区党委与辖区各主体之间的"一核多元"的治理格局。②

在探索实践城市基层党建的过程中,闵行区以"一核、三化、三圈"为工作重心,突出工作重点,注重改革创新,实现各领域党建"全面进步、全面过硬",形成了开放式、集约化、共享型的城市基层党建枢纽平台。梅陇镇各社区积极探索党建工作机制和模式,充分发挥党组织的政治与服务功能,在更大范围和更深层次配置资源,开创治理建设新空间。尤其是在转型阶段,要实现镇区社区治理的现代化,必然不可缺少党建的先锋统筹以及居民参与的重要作用。为了进一步激活社区的自治活力,党建要充分挖掘社会力量,与时俱进,适应新形势,利用信息技术推进社区服务。例如,商品房社区罗阳九居在转型时期,在社区建设活力与秩序方面面临巨大挑战,在艰难环境下,罗阳九居积极发挥党组织的核心引领作用,始终把抓好党的建设作为重点,以新思路、新手段推动基层党建与中心工作、日常工作有机融合。经过共同努力,罗阳九居实现了业委会的"重生"、物业水平的提升,实现了小区从无序到有序的转变,在社区建设和社区服务上,取得了令人瞩目的成果,先后被授予上海市文明小区、闵行区绿色小区、闵行区委五好居民区党组织、上海市民政局社区建设示范居委会、闵行区三星级老年活动室等荣誉。

梅陇镇在创新社区治理中坚持党在基层社会治理中的领导核心地位,

---

① 郭圣莉、尹露:《城市基层社区体制的构建与变革——上海社区治理 40 年》,上海交通大学出版社,2019,第 287—288 页。

② 曹海军:《党建引领下的社区治理和服务创新》,《政治学研究》2018 年第 1 期。

将党的组织优势、整合优势、群众工作优势转化为社会治理优势,以此适应社会的变迁。未来梅陇镇社区治理仍需坚持党组织的引领,依据镇情社情、镇域自然与文化特色,开展区域化党建,提升自身整合能力,挖掘社区自治资源,整合社区共治力量,从而进一步提升社区居民对社区的归属感和认同感。

二、政府负责

经过多年探索与实践,上海已经形成了较为典型的社区治理模式,即政府主导型模式。上海将社区建设与城市管理体制相结合,注重政府在社区发展中的主导作用,强调依靠行政的力量,通过街居联动发展社区各项事业。上海将社区定位于街道,形成"街道/镇域社区",增强街道办事处的综合协调能力,强化街道办事处的权力、地位和作用。强行政性与高度资源依赖性,是上海社区治理的鲜明特征,这与上海"两级政府、三级管理、四级网络"的城市管理体制一脉相承。将居委会纳入四级网络,城市综合治理"大联动"机制、信息服务中心、社区服务中心的建立凸显了中国治理系统与治理的独特性。不可否认的是,政府负责与介入可以保证国家及其上层政策的落实,维护转型期间社区的稳定与秩序。在此体制中,社区中心、社区居委会必然是基层的重要组织,因而政府需要加强对居委会的管理,优化资源配置,提升人员素质。以镇域作为管辖单位,代表一种基层社区建设与治理体制的创新,并彰显了发展的功能与价值,在一定程度上也是行政与社会的统一。近年来,梅陇镇政府将建设和谐社区、推进社区自治作为构建和谐社会的重要抓手,倾注大量资金和人力,保证社区硬件设施的建设和优质公共服务等软实力的提升,对社区发展项目进行政策扶持,实行政府购买服务等新模式,通过低成本、广覆盖,让更多的居民受益。

三、居民自治

基层社区治理应该构建多元主体参与、民主协商的城乡治理体系,不能仅仅是行政命令式的任务安排，而是应当回归社区，“找回居民”，尊重社会运行中广大人民群众的主体地位，在服务居民、满足居民需求的过程中推动城市基层运作机制的重塑。[①] 当前社区治理与服务的浅层化也是由于社区居民缺位，没有找到转型社区的痛点，未能调动社区居民积极性，使其有效参与社区治理。中国传统基层治理模式下的基层治理被视为一种“刚柔相济的治理”，既强调国家权力的下沉，又注意充分发挥民间力量尤其是社会精英的柔性承接和转换作用。因此，发现并总结社区建设中的工作方法，具有重要意义。[②]

社区自治的关键在于居民能够走出私人领域，参与社区公共事务的治理。转型过渡状态的混合型城市社区尚不具备开展自治的居民基础。一方面，居民不认为社区中存在需要自治的公共事务；另一方面，居民也不倾向于去承担管理社区公共事务的责任，这也是居民习惯依附于单位造成的。但是，随着现代化进程的加快，社区居民不再是被动的观察者、依附者，而是有更多的能力和愿望参与并解决与自己、社区利益相关的事务。自上而下的行政指令，在转型前和转型中，可以主导和引导社区治理，但是在未来的社区建设与社区发展中，更应该充分发挥居民的智慧，通过社区自治平台，联结社区居民，激发居民参与的热情。社区自治注重建立社区自我发展的良性机制，培养一种自我管理的氛围，在这个基础上，社区成员就能自发地、有效地解决真问题。

经过广大基层社区工作者近二十年的实践探索，众多社区建设的模式和工作经验业已形成。但是不可否认的是，这些模式具有较为强烈的制度化特征，即在社区治理与实践中存在诸如“只见制度不见人”的现象。基层创新治理的转型，越发强调“人”的重要性，凸显以人为本的思想。梁漱溟在《中国文化要义》中指出，中国社会结构是伦理本位或关系本位，与西方的团

① 唐亚林、钱坤：《“找回居民”：专家介入与城市基层治理模式创新的内生动力再造》，《学术月刊》2020 年第 1 期。

② 田毅鹏、康雯嘉：《单位社区精英的‘资本’构成及其运作研究——以 C 市 H 社区为例》，《学习与探索》2017 年第 11 期。

体格局不同，因此中国人也特别缺少一种组织生活及社会参与。民间力量通过不同形式的社会组织得到有效发挥，是重要的群众基础，是社会建设的重要力量。社区自组织，尤其是由居民自发的、基于趣缘的非正式组织，最能接近社区居民的生活世界，也是社区居民最基本的需求，如拳操会、读书会、舞蹈队，表达了居民对于共同体与社会联结的渴望，也有助于基层社会的成长。在基层治理中，可以以社区自组织为依托形成社区议事平台。社区自治组织一方面发挥着社区有机体的自我调节功能，另一方面通过收集信息、了解民意，发挥着社区预防功能。同时，关注“社区精英”，挖掘社区能人，尤其是处于社区转型的过渡状态时，居民自治需要一个渐进的过程，而这个过程需要吸引优秀的社区人才作为先锋，引领自治风尚。“单位社区”精英因其掌握单位居住区“熟人社会”的关系资源，熟谙单位组织结构和动员模式，能够有效地实现与居民、企业、政府三者间的跨界沟通；利用资本的流动性对存在于不同社会网络之间的社会资本进行选择与重构，从而实现有效的资本转换。

四、专家参与

专家参与是指借助专家和外界权威机构对社区进行科学和理性的调查研究，选出一个最理想的工作策略，通过自上而下的计划、安排、组织、执行来解决社区问题和满足居民需求。推进专家参与即强调专业人员的参与，强调理性设计的社会计划在社会变迁中的作用。只有专门的计划者运用专业技术知识才能制订合理的社会变迁计划，引导复杂的变迁过程，才可能为社区居民提供合适的服务，解决各类社会问题。知识分子作为一股独立的力量，深入参与并影响基层治理成为国内外的一个普遍现象。国外将知识分子、专家视为“政策企业家”[①]或者“咨询者”，他们将创新思维引入具体实践和政策实施。在中国，知识分子以多种不同形式参与国家与社会治理，也

① Clifford J. Wirth, “Agendas, Alternatives, and Public Policy,” *American Political Science Review*, 1985, 79(1), pp. 213 - 214.

有着悠久的历史传统。中国知识分子除了知识生产，投身于实践亦是重要面向。如晏阳初的河北定县乡村平民教育实验、梁漱溟的山东邹平乡村建设运动等，是重构乡村秩序、推动乡村发展的重要探索，对于今日的基层治理也有重要的借鉴意义。①

在基层社会治理中，专家作为咨询者、参与者、决策者，可以是高校教师、社会组织带头人、企业代表，也可以是专业的社区工作者和社区居民骨干，以此实现社区—学校、社区—社会组织、社区—企业等不同领域的联结与合作。专家作为“局外人”能够将社区熟悉的资源和情景陌生化，看到社区的整体结构与功能建设，从更加科学理性的视角，关注社区居民的参与与能力开发，增加社会发展的自主性与多元性。专家参与和居民自治模式相比，前者突出专家学者在基层治理中的引领作用，后者强调社区自身组织、参与和创新治理，提供社区居民服务，提高居民参与。专家参与具有制度设计与政策咨询优势，独具中国特色，有着深厚的历史文化传统。专家参与更适合探索性的治理。②

近年来，我国学者开展了大量的社区建设与社区基层治理的实践与探讨，如李强教授的新清河实验。一方面，学者对以往经验进行总结，分析社区治理实践过程与机制，探索符合中国镇域社区治理与社区发展之路，并对基层社区实践进行有益的干预，基于实践进行学理上的总结反思，实现社区类型化，进而形成可复制与可推广的经验。另一方面，专家学者通过深度介入的方式，帮助基层党委和政府在基层治理中“找回居民”“找回社会”，推动以居民参与和社区协商的方式回应居民需求。此次梅陇镇社区创新治理项目，由华东理工大学社会与公共管理学院的老师和博硕研究生组成专业的专家咨询团队，与梅陇镇达成深度战略合作。项目组自 2019 年 7 月至 2021 年 12 月，成立了社会学博士(后)流动站、梅陇社区工作站；通过系统提炼与

① 唐亚林、钱坤：《“找回居民”：专家介入基层治理模式创新动力的再创造》，《学术月刊》2020 年第 1 期。

② 葛天任、李强：《我国城市社区治理创新的四种模式》，《西北师大学报(社会科学版)》2016 年第 6 期。

总结，学者研讨建构了一个居委会能力建设评估指标体系；以梅陇镇社区为样本，在系统调研的基础上，对梅陇镇第一批20个社区的党支部、居委会、物业公司以及业委会的运转情况进行了专业评估，形成了20个专业评估报告；将20个居委会的党组织书记、居委会主任、业委会主任、物业公司经理作为培训对象，开展以社区治理、社区自治为主题的督导和培训；以华东理工大学社会学博士(后)流动站、梅陇社区工作站为依托，开展系统调研，对梅陇镇干部培养体制机制进行研究，并制定梅陇镇社区干部3年培养规划；召开新闻发布会，向全市推广宣传镇域社区治理的经验与做法，对外发布居委会能力建设评估指标体系，进而多方面、全方位、深层次地介入和引导社区创新治理。

五、协商共治

纵观当前社区治理的各种创新案例，不同模式都隐含共通的治理机制，本书所提出的党委领导、政府负责、居民自治和专家参与四类模型，在实际治理中是共存的，单一强调某一主体的主导性治理都会失之偏颇，如政府主导模式，容易导致政府干预、社会被动、社区治理能力弱化；市场主导模式，会存在市场失灵，社会整合能力弱；社会自治的社区整合力度有限，对于专家模式也可能产生过度依赖，持续性较弱。[①] 因此，我们强调多元主体的协商共治，当然党委领导、政府负责、居民自治、专家参与也是有主体位阶和领域划分的，协商共治则可以结合党组织的组织和政治优势、政府的制度优势、市场的资源配置优势以及社会的责任参与优势。

“协商”作为一种社区治理理念和具体方式，在城市社区中以“多元主体对协商的共同参与”作为一种社会联结，从而使得社区“治理共同体”建构成为可能。在“社区共治”的格局内，主体是多元的，各主体在充分“民主协商”

① 葛天任、李强：《我国城市社区治理创新的四种模式》，《西北师大学报(社会科学版)》2016年第6期。

的基础上致力于打造社区共同体。对于社会性力量而言，如果不善于制定有效的行动对策，不能借助于有效的谈判、沟通、妥协策略，就难以在公共事务决策中对相关规则建构起到关键的影响作用，继而也难以建构出具有广泛代表性的治理秩序。梅陇镇作为城市规划中的过渡地区，在村转居、外来人口流入等背景下衍生出众多的历史遗留问题和新兴城市问题，单靠行政指令抑或基层自发力量都很难解决。因此，需要挖掘社区资源，联结多方力量循序渐进、久久为功、持续打造。而在基层社区微观生活中，作为国家力量末梢的社区服务中心以及行政权力延伸的居委会不断发展，代表市场力量的开发商与物业公司的进入，以及以业主、业委会与社区社会组织为主体的社会力量兴起，三方力量构成的多元主体的协商、互动关系直接影响了社区治理的格局与治理效能。

根据社区治理结构体系当中各个主体之间的互动关系，社区协商体系分为两种协商模式：一是“自上而下”的“引导式”协商，即从镇级党委到社区党组织，再到社会联建共建单位的党组织，形成了一套在党组织的统一引导下建立起来的依托党建联建平台的社区协商共治模式；二是“自下而上”的“反馈式”协商，即以社区居民自发性的协商活动为抓手，以需求为导向，实现居民需求与社区权力有效对接的社区协商自治模式。针对不同问题、不同类型，应选取不同协商模式。但两种模式都是通过协商实现社区治理由单向垂直治理转向横向的多元主体间的“资源性”互动，重新定义了社区中的各个主体对于社会治理的参与，促进了多主体资源的共享和责任的共担；重新捏合功能“碎片化”和结构“个体化”的城市社区，从而实现镇域多样性并置的社区“共同体”建构。在此过程中，社区需要增强社区成员的参与意识和民主意识，健全社区组织体制与管理制度，为社区居民参与社区治理提供制度途径。政府、社会组织、居民、企业、非营利组织等都是社区治理的参与者，社区应通过培育居民自发性的小团体，构建社区参与网络，增强社区信任与合作，实现共同利益和社区公共性。

第三节 “社区本位”的镇域社区工作实践

中国城市基层社会治理实现了从单位制为主、街居制为辅的模式到社区制的转型。工作8小时之外的社区成为当前社会共同体建设的重要基础。梅陇镇通过近20年的实践与努力，正在探索指向社区本位的镇域社区治理工作方法创新。

一、镇域社区本位的工作法

社区工作是以社区为对象的介入手法，通过组织社区成员参与集体行动界定社区需要，合力解决社区问题，改善居民生活环境及生活质量。在参与过程中，让社区成员建立对社区的归属感，培养自助、互助与自决的精神，加强他们在社区参与及影响决策方面的能力和意识，发挥其潜能，以形成更有能力、更和谐的社区。社区工作在分析问题上更加趋向结构，介入层面更为宏观，如社会政策分析、社会制度改革；涉及资源与权力的分配，具有一定政治性；在进行社区工作时，富有批判和反思精神，对现存制度、结构和政策进行反思。在目标上，社区工作在处理上既有解决具体社会问题的任务型目标，也有促进居民自治能力的过程型目标，如推动社区居民参与，提高社区居民的社会意识，善用社区资源，满足社区需求，培养社区关怀和社区照顾的美德。

社区本位的社区治理要强调社区功能，社区是居民日常生活中微观个体/家庭与宏观环境的接触面：宏观结构经过社区生活形塑个体思维模式与行为规范，而个体能动性的发挥反过来又深刻影响社区氛围。[①] 所以，无论是自上而下的社会建设还是自下而上的社会发育，都强调治理主体的培育，

① 张和清：《社会转型与社区为本的社会工作》，《思想战线》2011年第4期。

即社区本位的核心是以社区中的“人”为本，社区治理应回归社区，找回居民的主体性。以人为本意味着注重转型中居民需求的变化和居民能力的建设。

社区本位的社会治理，还要凸显社区的社会性和公共性。当前社区和居委会的过度行政化挤压和弱化了社区自治的空间，行政化的形式在加大社会控制成本的同时，也会降低治理效率。一方面，稳定是和谐社区的保障，要充分发挥党组织的引领，汇聚民心；另一方面，要实现社区自治，提供优质的社区服务则需要激发社会活力，挖掘社区资源和邀请社区精英，搭建社区自治平台，培育社区社会组织，形成以党组织为核心，多方社会力量共同参与的“一核多元”治理格局，以此实现社会的再组织化，重塑社区公共性。

二、镇域社区工作方法特征

社区工作在我国城市的发展是以“社区服务”和“社区建设”的形式出现的，做好社区工作，就要了解社区工作法的基本特征。

社区工作是新时代党的群众路线的生动体现，民政部将社区工作的特点总结为六点：一是群众性。社区工作法坚持和贯彻党的群众路线，在社区工作中努力做到一切为了居民群众，一切依靠居民群众，从居民群众中来，到居民群众中去，把党的正确主张变为居民群众的自觉行动。二是民生性。社区工作法坚持以人民为中心的发展思想，从解决居民群众最关心、最直接、最迫切的利益问题入手，保基本、兜底线、促公平，不断满足人民日益增长的美好生活需要。三是系统性。社区工作法着眼于整体提升社区治理水平，既包括体制机制建设，又包括程序流程优化，还包括与居民群众打交道、做群众工作的工作理念、工作方法和工作艺术。四是创新性。社区工作法是面对社区治理工作新形势、新情况、新挑战的大胆探索创新，经过了社区工作实践检验，得到了居民群众的认可与拥护，具有强大的生命力。五是操作性。社区工作法既是一个工作指南，又是一本“操作手册”，对社区工作实际操作具有很强的指导性。六是示范性。社区工作法以习近平总书记关于社区治理的重要论述为指引，准确体现新时代社区治理工作的发展特点，对其他社区进行社区工作的规划、设计、组织、实施具有引领示范作用。

田毅鹏、常荭将社区工作法总结为四点：第一，党建引领，理念在先。基层社区工作非常艰苦，一个优秀的社区工作者要想做好社区工作，必须具有极强的政治觉悟和社会责任感。重视基层党员的党性教育，通过实现党员学习实践的制度化、常态化，不断提高党员的思想境界与服务能力，永葆党员先进性。第二，草根性。与体制内科层精英群体不同，社区工作者往往没有可以凭借依赖的科层行政权力资源，只有在社区治理实践活动中发挥带头作用，充分展示其魅力权威，才能获得居民发自内心的支持。第三，链接性。社区工作法实质上是一种“社会链接”的艺术，即将分散的、来自不同部门的资源加以整合联结。许多问题需要通过多个部门的“链接”和“联动”，方可获得解决。第四，技巧性。基层治理是需要技巧的。治理调解工作具有“即时性”和“随机性”，很多社区调解工作并不适宜以过于正式的方式展开，而更适合在非正式的场合随机进行，将调解活动嵌入居民的日常生活，于无声中润物，实现矛盾化解。①

可以看到，社区工作是对社区治理的重要探索和提炼，结合梅陇镇域社区工作的实践，我们认为要想提高镇域社区治理效能，释放镇域社区自治共治力量，要做到以下几点。首先，要突出党建引领优势。坚持党总支在基层社区自治中的核心地位，积极发挥党总支在整合社区资源和重塑社区公共意识上的组织优势和整合优势，发挥党员先锋带头作用，构筑社区治理坚强堡垒。这是最具有中国特色的社区治理构件，也是治理体系优势可以转换为治理效能的关键。其次，坚持以人为本，居民是关键。镇域治理实践需要彰显群众性，社区建设是为了满足人们日益增长的美好生活需求，需要听到民众的声音和看到民众参与的身影，充分发挥自动自发、自助自治的精神，

① 田毅鹏、常荭：《吴亚琴社区工作法》，社会科学文献出版社，2018，第4—5页。

唤醒居民自治共治的理念自觉和行动自觉，而构建“多元共治”的社区治理格局，单纯依靠社区精英与部分积极分子的努力和参与，而其他居民游离于责任和主体之外，所获得的治理成效常常是有限的。再次，方法的可操作。方法是指在社区工作中实施服务的方式、步骤和程序，城市社区工作更多是聚焦在社区的组织工作，可操作性意味着方法背后有一定的知识结构和技巧支撑，尤其是优秀的社区工作法是务实的，能够解决实际问题，具有“榜样”和示范意义，可以被学习和被传播，而非“转瞬即逝”。最后，方法的技巧性。社区所追求的优秀工作法一定是灵活的，讲究艺术的。一方面，社区作为生活场所，关涉人情与面子等中国特色底蕴，社区工作是嵌入社会关系及网络体系中的，而且社区居委会等自治组织没有强制执法权，正面冲突或者强硬治理并非上策；另一方面，社区的流动性为清晰固定社区介入模式带来了挑战，面对不同类型的社区冲突或者争议，社区工作需要考虑折中主义和实践情境，整合技术性策略与实践智慧，随时弹性地修正治理方案，以此获得居民的信任与支持，并使社区工作者获得工作上的成就感。

三、镇域社区工作实践及成效

为了深入学习贯彻习近平总书记关于社区治理的重要论述和《中共中央 国务院关于加强和完善城乡社区治理的意见》，坚持和贯彻党的群众路线，2018 年以来，民政部大力推广社区工作法，开展优秀社区工作法征集展示活动。社区工作法是对社区组织开展社区工作的工作理念和工作方法的科学总结提炼，是推进社区治理现代化的重要手段和必备工具。社区工作法来自基层探索实践，生成于基层改革创新，是具有鲜明特色的新时代群众工作方法，是新时代党的群众路线的生动实践。不同阶段需要创新不同的社区工作方法。社区群众工作方法的创新与凝练基于社区资源禀赋、历史传统、发展路径和具体情况，不仅是对社区基层治理与社会建设需要的有效呼应，也与社会转型时代背景紧密契合。本书在既有的实践和研究基础上，探索出梅陇镇本土的社区工作方法的三大核心。

（一）党建引领

党的基层组织建设问题不仅仅是党建的基本问题，更是党的日常性建设问题。党的十九大报告强调，党的基层组织是确保党的路线、方针、政策和决策部署贯彻落实的基础。要以提升组织力为重点，突出政治引领功能，把基层党组织建设成为宣传党的主张、贯彻党的决定、领导基层治理、团结动员群众、推动改革发展的坚强战斗堡垒。长期以来，梅陇镇始终对社区党建工作高度重视，提出并践行“党委引领，居民做主”的工作理念，注重强化基层党组织的政治引领、组织引领、能力引领、文化引领、制度引领功能，发挥党组织的战斗堡垒作用和党员的先锋模范作用，并形成了党建工作的一系列方法，不断推进社区党建实践的创新。

“党建引领”社区治理创新，关键在于精准对接社区实际问题，核心内涵集中在为再组织高度异质化的社区社会，强化执政党的政治引领力和建设基层服务型党组织，并通过挖掘党组织的活动空间和搭建在职党员在社区发挥作用的平台机制来实现有效引领。在此基础上，党建引领应从三个方面加以体现：一是发挥党组织核心领导作用，催化党群合作，促成社区治理整体合力；二是提高社区党组织服务群众能力，优化治理体系协作，提升问题解决能力与社区服务影响力；三是拓展社区党组织活动载体，提高社区活动的创新力，确保社区治理有活力。

在具体实践操作上，首先，基层社区党员的再组织化，建构起具有覆盖性的基层党组织网络架构，创新社区党组织的组织设置和活动方式。其次，建立常态化、日常化的党员学习制度，保证了社区党员和社区党组织的先进性。再次，将社区党组织活动与城市治理实践相结合，在引导党员参与社区建设过程中培育社区党组织精英。最后，通过“进千家门、知千家情、解千家难、聚千家心”的工作方式，实现群众路线的具体化，确保党的路线、方针、政策和决策部署在基层得到贯彻落实。如罗阳九居社区基于长期党建实践所形成的一系列工作法，使“党建引领”“党员示范”“党员冲锋”的优势得到有效发挥，以强化政党组织能力和作用，通过党内上下联动和党组织多方共建，调动、整合各类主体参与社区治理，促进资源整合、共建共享，从而形成协同联动的社区治理构架。①

（二）情感治理

现代城市镇域社区的显著特征是复杂性，集中体现在其构成人员在职业、性格、年龄以及文化层次上存在较大的差异性。面对这种“不平等与异质性”，社区治理的手段将超越以往单纯的制度性强力或规范，而是适时地引入情感治理。人的情感是复杂性和普遍性的综合体，即社区不同的行动者的性格、价值观千差万别，但同时差异的个体在某种亚文化的熏陶下，毫无疑问地呈现出一种共同性。镇域社区的情感治理能够实现的基础就在于情感反应的普遍性。因此，社区情感治理的作用机制就在于激发这种情感反应的普遍性，以解决社区矛盾或者组织社区人员为重要载体，其具体的实现路径和方法需要社区工作人员以情感治理为先导，从日常工作的细微之处实现矛盾的化解与基层人员的组织。

普乐二村社区的“耐心”陪伴团队成长项目是这方面的典型。在社区工作中，年轻血液的注入会有效提升社区活力，徐瑞芳书记重视社区年轻干部团队建设，她认识到年轻干部有活力、有文化、接收新知识速度快的优点，也发现了年轻干部在与社区老年人沟通、交流时会存在代沟。于是，她让社区内有经验、有想法的年老干部与年轻干部一对一结对子，以“传帮带”这种充满师生情谊的方式陪伴年轻团队成长，不仅培育了梯度鲜明的、以服务群众为出发点和立足点的工作团队，也形成了以党员为核心的充满情谊和关怀的富有人文主义色彩的队伍，并先后成立了小区管理委员会、监督小组等多支社区自治队伍，构建了多位一体管理体系。此外，社区的活动是建立情感联结的重要方式。但社区组建社区团队时会遇到各种现实问题的阻碍。因此，在“传帮带”的组织下，迅速成长的成员用情感动员的方式解决了各种矛盾与冲突，最终得以定期开展各类活动，丰富居民业余生活，促进社区成员

① 李威利：《党建引领的城市社区治理体系：上海经验》，《重庆社会科学》2017 年第 10 期。

形成相对紧密的关系。早在2015年,党总支通过走访谈话,选出了各小区居民中各领域的专家能手,成立了小区业主管理委员会,检查、协助业委会开展各项工作。在社区治理中,他们坚持为民服务,勇于担当、乐于奉献,采取与居民做朋友的工作方式与态度,获得了广泛好评。

情感治理不仅是一种工作方法,也是一种组织方法。社区以党员为核心的业委会及管委会的成立,也有效确保了小区运转流畅有序。管理委员会成立后,监督小组也应运而生,主要负责监督业委会召开业主大会、投票等相关事务办理流程是否合规,公共收益、维修资金使用是否账目清晰、定期公开,物业服务是否到位等,并及时将最新社区动态上报至党总支,进一步加强社区管理成效,提升居民满意度。这些社区队伍的组建,增强了社区治理成效,增进了居民间的交流,通过以点带面的方式,让居民们真实地感受到社区归属感,成功激活了社区活力,使老旧小区焕发新生命。

镇域社区的情感治理是工作方法和组织方法的统一体,以情感为方法的总原则吹散了科层制充满"理性"而缺乏人情味的阴霾,为镇区治理带来新的可能性。

(三)建构平台

社区治理是城市治理的"最后一公里",也是国家治理体系的末梢,提升城市社区治理能力,需要搭建平台,集合社区资源和社区力量。

建好社区服务平台,实施精化服务。公共服务质量关系居民生活水平和质量,因而要搭建社区服务平台,推进高效社区治理。从镇域来说,应建立社区综合服务大厅,将党务、社会救助、低保办理等相关服务事项进行集中办理。对于社区来说,应提升便民服务能力,厘清和细化社区服务清单,针对群体进行分类,包括老人就餐、老人社区活动、青少年学习与实践、亲子交流、生活娱乐等,以需求为导向,为辖区居民提供交流平台、组织活动,并提供有针对性和个性化的社区服务。创新镇域社区实践工作,需要转变工作方法与服务意识,强化向社区服务非物业延伸、志愿服务向家庭延伸,培育社区和谐、健康的风气和情怀。此外,创新镇域社区实践工作还需要整合社区联建单位、商业企业、社会组织、志愿者服务等队伍资源，以优质服务推进治理创新。

搭建数据信息平台，打造智能社区。随着人工智能与互联网的发展，现在城市社区居民的活动从实体面对面走向虚拟社区，人们的情感和心理结构也发生了变化。现代化的社区治理需要紧跟科学进步，充分运用手机APP和电脑等建立公开、透明、便捷的为民服务平台，以此收集和抓取社区居民的需求与问题。利用社区电子屏幕、社区微信公众号、社区微信群等进行智能推送、信息共享与思想碰撞，提供微平台便民服务。在社区中，智能门禁、智能垃圾分类、数字自助图书馆、无纸化办公也在形塑社区服务和管理。大数据与人工智能的参与也将助力社区服务从粗放向精准转型。

健全人才平台，汇集人力智力资源。人是社区治理的主体，也是被服务的客体，是社区治理的核心要素。汇聚社区治理的强大力量，需要建立良好的人才机制，动员社会全员参与。首先，发挥社区党员的先锋带头作用，但社区也应该关注这一群体的需求和激励；其次，激励社区居委干部人才、物业人员以及业委会成员，这些多是社区的精英，在招聘、考核、监督、奖惩上要标准严格，也要督促能力进阶；最后，动员社区的志愿者和居民群众，通过行动让群众受益，参与治理，比如社区网格员的参与、社区纠纷的协调、邻里的帮扶救助。群策群力，共建共享。

第四节　结 论 与 讨 论

本书对镇域治理的现实问题进行了实践探索和理论反思，对已有成果做出了相应的总结，极大地丰富和拓展了以往的理论与经验研究。

一、镇域社区治理的“梅陇经验”

梅陇镇的镇域社区创新治理研究是新时期超大城市快速城市化过程中

基层治理的有益探索和尝试，也是快速城市化过程中公共服务供给压力、二元结构冲突以及迈向新型治理驱动下多重因素使然。针对镇域社区流动性、碎片化、多样性以及过渡性的特点，在考虑治理路径的过程中不可忽视三种关系，或者说必须厘清镇情与社情基础：传统与现代因素的共存，乡村与城市的继替，以及行政与自治力量的衔接与平衡。因此，针对梅陇镇域社区治理经验，我们总结出三类治理模式。第一类是整体治理。针对复杂化、流动性、碎片化、多元异质的特点，梅陇镇应该坚持以社区为本的价值取向，以“主体多元、共治自治”为基本框架，运用整体治理理论，加强多元主体参与社区治理的积极性，整合社区资源，切实提升社区自治与共治能力。第二类是双线治理，情感与规则治理并重。镇域社区中涵盖商品房社区、动迁房社区、售后公房社区以及混合型社区，其社会基础有熟人社会、半熟人社会以及陌生人社会，其中熟人社会倾向于情感治理，陌生人社会突出规则治理。情感与规则是治理的两个方面，单一的治理策略难以解决社区治理的复杂性。根据情感与规则作用发挥的强弱，归纳出四类社区以及四类双线治理模型。双线治理兼顾情感与规则的融合，刚柔并济。第三类是分类治理。镇域社区工作需要就势而动，因地制宜，按照社区禀赋、社区问题、社区需求等分门别类地进行精准治理，提高社区治理效能。以上三类治理并不是分裂的，在治理目标上均是通过治理机制的创新实现社区发展。就宏观层面而言，城市社区建设的一个重要目标是善治，梅陇镇社区创新治理的最终目标也导向“善治”，将社会治理权力回归社会。而当前还处于过渡的发展阶段，因此党委领导、政府参与、居民自治、专家参与四种模式相结合，可以分别发挥党组织优势、政府制度优势、市场配置优势、居民参与优势以及专家的智识优势，协同互补。从微观层面来说，梅陇镇经过二十几年的奋发和探索，正在建构一种迈向“社区本位”的工作实践模式，其特征是突出党建引领优势、坚持以人为本，兼具技巧性和可操作性。经过实践探索，党建引领、情感治理、搭建核心平台成为梅陇镇镇域社区工作的三大机制，梅陇镇也在此基础上取得了令人满意的成效。

从转型之痛到转型之路，梅陇镇在社区治理的实践、经验、模式上的探索，为理解中国大型城市镇域社区的转型以及干预、介入提供了经验。推动城市基层社会治理进程走向纵深，必须厘清社区主要问题、核心关系、动力机制，如此才能实现社区善治以及中国社区治理的现代化。

二、镇域社区治理的未竟议题

伴随镇域形态的变迁，镇域发展的未来会和国家趋势共同脉动，必然会跃迁至新的高度，同时也可能会出现新的治理问题或议题。

首先是现有模式的局限性。尽管强调基层的多元治理，但是一方面，基于镇管社区的历史惯性与制度惯性的依赖，政府力量不能退出；另一方面，行政逻辑使得政府不愿退场，导致基层中管理与自治、行政逻辑与自治理念之间的实践张力必然存在，以及在基层公共事务中，各方权责利分工与边界不清晰。因此，行政力量仍然不能退场，这是基于现实的考量。过渡阶段的镇管基层社区的形态具有流动性，大部分社区发育不成熟，自治力量有待挖掘，自治意识有待提升，仍需行政力量的引导。因此，镇域的治理结构如何依据治理需求以及情势变化进行动态的调整和优化，这既涉及治理单元的调整，也关联治理的层级联动。尤其是，当面临更大的伦理挑战之时，这个体系是否可以应对，有待考验。

其次是模式的动态性、渐变性与过渡性。一方面，目前，就上海镇管社区的实践而言，社区主要分为大型居住、撤制镇和快速城镇化三类，梅陇镇作为闵行区以及上海快速城镇化的一类社区治理，与浦东、嘉定、奉贤、金山等区共同型构超大城市的“镇管社区”治理实验场。但是，不同区域的经验既有相同之处也有差异，梅陇镇的社区创新治理代表了其中一种重要的参考方向。另一方面，从长远角度来看，直辖市区域划分体制具有动态性，镇管社区的实践与创新，在一定程度上受到制度因素影响，具有变动性，即空间结构与组织变革的过渡性、渐进性以及动态性。而就镇域概念本身而言，镇管社区作为我国基层长期实行的街居制与镇村制并举的二元状态的过渡阶段，随着城镇化的不断推进，其历史使命也将完成。这意味镇域社区体制与治理模式在未来的发展中可能被虚化、被保留，也可能被代替，转向其他形态，如街居制、社区制等。

最后是“治理域”的体系讨论。学术界关于“社会治理”的已有研究浩如烟海，且探索与积累仍在增加。检视已有文献，无论是乡村社会还是城市社会，基层社区还是政府国家，关于不同级别“治理域”的站位与分层日益凸显，形成以空间和行政为边界的“市域治理—县域治理—镇域治理—村域治理”的“治理域”体系，构成了基层社会治理转型的中国特色实践。“治理域”体系的建构和完善为国家治理现代化与社会治理转型提供了全方位视角，有利于积极推动层级间信息互通、资源共享以及共治联动，以确保治理结构弹性与活力，提高社会治理效能。当前学术界对于“治理域”体系化的关注和反思还未兴起，不同层级、不同视野的“治理域”目标定位、职能区分、联动模式、关系图谱等还未明确，这是本研究后续关注和思考的方向之一。因此，本书贡献之一就是聚焦梅陇镇社区治理的经验考察，立足于中层格局，既见森林，又见树木，从而寻找镇域治理和基层社区善治的可能路径。

参考文献

[1] 刘君德,等.中国大城市基层行政社区组织重构：以上海市为例的实证研究[M].南京：东南大学出版社,2013.

[2] 王青山,刘继同.中国社区建设模式研究[M].北京：中国社会科学出版社,2004.

[3] 丁茂战.我国城市社区管理体制改革研究[M].北京：中国经济出版社,2009.

[4] 冯晓英.北京社会服务管理创新研究[M].北京：社会科学文献出版社,2011.

[5] 苏国勋,刘小枫.社会理论的诸理论[M].上海：上海三联书店,2005.

[6] 何艳玲.都市街区中的国家与社会：乐街调查[M].北京：社会科学文献出版社,2007.

[7] [美] 詹姆斯·N. 罗西瑙.没有政府的治理[M].张胜军,刘小林,等译.南昌：江西人民出版社,2001.

[8] 郭于华,沈原,陈鹏.居住的政治：当代都市的业主维权和社区建设

[M]. 桂林：广西师范大学出版社，2014.
[9] [美] 布劳(Blau, P. M.). 不平等和异质性[M]. 王春光，谢圣赞，译. 北京：中国社会科学出版社，1991.
[10] 陈伟东. 社区自治：自组织网络与制度设置[M]. 北京：中国社会科学出版社，2004.
[11] 折晓叶，陈婴婴. 社区的实践："超级村庄"的发展历程[M]. 杭州：浙江人民出版社，2000.
[12] 张展新，侯亚非. 城市社区中的流动人口：北京等 6 城市调查[M]. 北京：社会科学文献出版社，2009.
[13] 李强. 社会分层十讲[M]. 2 版. 北京：社会科学文献出版社，2011.
[14] 民政部编写组. 中共中央国务院关于加强和完善城乡社区治理的意见[M]. 北京：人民出版社，2017.
[15] 郭圣莉，尹露. 城市基层社区体制的构建与变革：上海社区治理 40 年[M]. 上海：上海交通大学出版社，2019.
[16] BOURDIEU P, NICE R. Distinction: a social critique of the judgement of taste [M]. Massachusetts: Harvard University Press, 1986.
[17] LEAT D, et al. Towards holistic governance: the new reform agenda [M]. London: Palgrave Press, 2002.
[18] 何艳玲. 中国行政体制改革的价值显现[J]. 中国社会科学，2020(2)：25—45.
[19] 何雪松，袁园. 全球城市的流动性与社会治理[J]. 华东师范大学学报(哲学社会科学版)，2017，49(6)：37—42.
[20] 杨磊，许晓东. 市域社会治理的问题导向、结构功能与路径选择[J]. 改革，2020(6)：19—29.
[21] 张平，隋永强. 一核多元：元治理视域下的中国城市社区治理主体结构[J]. 江苏行政学院学报，2015(5)：49—55.

［22］陈剩勇，徐珣．参与式治理：社会管理创新的一种可行性路径：基于杭州社区管理与服务创新经验的研究［J］．浙江社会科学，2013(2)：62—72.
［23］王东杰，谢川豫．多重嵌入：党建引领城市社区治理的实践机制：以A省T社区为例［J］．天津行政学院学报，2020，22(6)：75—84.
［24］伍玉振．新时代党建引领城市社区治理的内在逻辑与路径优化［J］．中共福建省委党校（福建行政学院）学报，2020(5)：78—83.
［25］孔子月．嵌入性视角下社区居委会在邻避问题治理中的双重角色与行为逻辑：以S市Y事件为例［J］．社会主义研究，2020(4)：95—102.
［26］叶南客，陈金城．我国“三社联动”的模式选择与策略研究［J］．南京社会科学，2010(12)：75—80.
［27］徐永祥，曹国慧．“三社联动”的历史实践与概念辨析［J］．云南师范大学学报（哲学社会科学版），2016，48(2)：54—62.
［28］曹海军，刘少博．社区公共服务合作网络模式辨析：以“三社联动”为例［J］．中国行政管理，2020(8)：39—44.
［29］王思斌．“三社联动”的逻辑与类型［J］．中国社会工作，2016(4)：61.
［30］关爽．城市社区治理中“三社联动”的发展条件与支持体系建设：基于治理情境的分析［J］．华东理工大学学报（社会科学版），2019，34(6)：1—9.
［31］李宪奇．中国城市治理评估模型的建构与应用［J］．江淮论坛，2015(6)：16—20.
［32］陈友华，夏梦凡．社区治理现代化：概念、问题与路径选择［J］．学习与探索，2020(6)：36—44.
［33］朱仁显，邬文英．从网格管理到合作共治：转型期我国社区治理模式路径演进分析［J］．厦门大学学报（哲学社会科学版），2014(1)：102—109.
［34］伊庆山．新时代我国农村社区网格化服务管理创新研究：基于S省网

格化政策实践调查[J]. 兰州学刊,2020(9): 171—186.
[35] 靳永翥,莫桂芳,赵远跃. "智慧信任": 数字革命背景下构建基层社会共同体的新动力: 基于贵阳市沙南社区的个案分析[J]. 中州学刊,2020(1): 70—78.
[36] 黄徐强,张勇杰. 技术治理驱动的社区协商: 效果及其限度: 以第一批"全国社区治理和服务创新实验区"为例[J]. 中国行政管理,2020(8): 45—51.
[37] 田先红,张庆贺. 城市社区中的情感治理: 基础、机制及限度[J]. 探索,2019(6): 160—172.
[38] 高红,孙百才. 情感治理视域下社区意识影响因素及培育路径[J]. 安徽师范大学学报(人文社会科学版),2020,48(5): 95—104.
[39] 易志斌,马晓明. 多中心合作治理模式与城市管理发展方向[J]. 城市问题,2009(3): 79—81.
[40] 戚晓明. 社区治理类型与乡村振兴下的农村社区环境治理[J]. 南京工业大学学报(社会科学版),2019,18(5): 49—56.
[41] 戚玉,徐选国. 从政社关系到党建引领: 理解社区治理的范式转化与经验嬗变: 基于对上海沪街的实证研究[J]. 学习论坛,2020(2): 79—86.
[42] 李威利. 党建引领的城市社区治理体系: 上海经验[J]. 重庆社会科学,2017(10): 34—40.
[43] 杨发祥,施丹. 镇管社区: 社区管理模式的一种新探索: 以上海浦东S镇为例[J]. 福建论坛(人文社会科学版),2012(7): 150—155.
[44] 童潇. 新型城镇化背景下的"镇管社区"模式实践及其优化: 面向城乡人口流动的大型居住区社会管理创新[J]. 兰州学刊,2012(12): 130—136.
[45] 叶敏,熊万胜. 镇管社区: 快速城市化区域的镇级体制调适: 以上海浦东新区H镇的镇管社区建设经验为例[J]. 中国行政管理,2018(10): 98—103.

[46] 吴晓林. 党如何链接社会：城市社区党建的主体补位与社会建构[J]. 学术月刊，2020，52(5)：72—86.
[47] 吴晓林，李一. 新中国成立以来的城市基层党建研究[J]. 经济社会体制比较，2021(2)：125—136.
[48] 张超. 从“社区党建”到“城市基层党建”：概念变迁与实践逻辑[J]. 理论视野，2020(11)：88—94.
[49] 赵聚军，王智睿. 社会整合与“条块”整合：新时代城市社区党建的双重逻辑[J]. 政治学研究，2020(4)：95—105.
[50] 刘欣，田丰. 城市基层党建与社区社会资本生成：基层社区党建的延展效应[J]. 学术月刊，2021，53(6)：160—170.
[51] 潘泽泉，辛星. 政党整合社会：党建引领基层社区治理的中国实践[J]. 中南大学学报(社会科学版)，2021，27(2)：153—163.
[52] 童敏，许嘉祥，蔡诗婕. 大党建与社会工作：党建社会工作实践的现代性反思[J]. 社会建设，2021，8(2)：35—45.
[53] 郇正，蔡禾，洪大用，等. “转型与发展：中国社会建设四十年”笔谈[J]. 社会，2018，38(6)：1—90.
[54] 徐勇. “绿色崛起”与“都市突破”：中国城市社区自治与农村村民自治比较[J]. 学习与探索，2002(4)：32—37.
[55] 郑杭生. 破解在陌生人世界中建设和谐社区的难题：从社会学视角看社区建设的一些基本问题[J]. 学习与实践，2008(7)：5—12.
[56] 孙柏瑛. 城市社区居委会“去行政化”何以可能？[J]. 南京社会科学，2016(7)：51—58.
[57] 卜万红. 是走向社区自治还是建立社区治理结构：关于我国城市社区建设目标定位的思考[J]. 理论与改革，2004(6)：58—61.
[58] 杨爱平，余雁鸿. 选择性应付：社区居委会行动逻辑的组织分析：以G市L社区为例[J]. 社会学研究，2012，27(4)：105—126.
[59] 耿敬，姚华. 行政权力的生产与再生产：以上海市J居委会直选过程为

个案[J]. 社会学研究，2011，26(3)：153—178.

[60] 闵学勤. 互嵌共生：新场景下社区与物业的合作治理机制探究[J]. 同济大学学报(社会科学版)，2021，32(1)：66—74.

[61] 陈荣卓，刘亚楠. 社区物业治理共同体的形塑与发展：基于 H 街道社区物业治理的观察[J]. 社会主义研究，2020(6)：134—142.

[62] 夏建中. 中国公民社会的先声：以业主委员会为例[J]. 文史哲，2003(3)：115—121.

[63] 朱健刚，景燕春，杨磊. 社区社会组织的动力机制与精英依赖：对 D 小区业委会筹建的民族志研究[J]. 广西民族大学学报(哲学社会科学版)，2018，40(4)：96—102.

[64] 刘伟，翁俊芳. 半嵌入性互动治理的形成逻辑与主要类型：以 H 街道四个社区的业委会与物业管理运作为例[J]. 理论与改革，2021(1)：50—61.

[65] 石发勇. 业主委员会、准派系政治与基层治理：以一个上海街区为例[J]. 社会学研究，2010，25(3)：136—158.

[66] 汤艳红. 论我国城市社区居民自治的完善：以城市居民自治发展新要求为视角[J]. 政治与法律，2012(12)：110—118.

[67] 徐以民，朱伟. 业主自治及其实践困境的消解：基于多中心治理的阐释[J]. 北京理工大学学报(社会科学版)，2013，15(5)：87—97.

[68] 何雪松. 基层社区治理与社会工作的专业回应[J]. 浙江工商大学学报，2016(4)：109—112.

[69] 李强，葛天任. 社区的碎片化：Y 市社区建设与城市社会治理的实证研究[J]. 学术界，2013(12)：40—50.

[70] 陈鹏. 城市社区治理：基本模式及其治理绩效：以四个商品房社区为例[J]. 社会学研究，2016，31(3)：125—151.

[71] 李强. 转型时期城市“住房地位群体”[J]. 江苏社会科学，2009(4)：42—53.

[72] 刘精明,李路路.阶层化：居住空间、生活方式、社会交往与阶层认同：我国城镇社会阶层化问题的实证研究[J].社会学研究,2005(3)：52—81.

[73] 郑杭生,黄家亮.论我国社区治理的双重困境与创新之维：基于北京市社区管理体制改革实践的分析[J].东岳论丛,2012,33(1)：23—29.

[74] 李友梅,肖瑛,黄晓春.当代中国社会建设的公共性困境及其超越[J].中国社会科学,2012(4)：125—139.

[75] 王海宇.有限度的自主：当前社区治理中的社区干部[J].青年研究,2018(2)：67—76.

[76] 桂勇.邻里政治：城市基层的权力操作策略与国家—社会的粘连模式[J].社会,2007(6)：102—126.

[77] 胡洁人,费静燕.国家主导下的城市社区治理：四方互动及诉讼外的纠纷化解[J].广西民族大学学报(哲学社会科学版),2017,39(4)：43—52.

[78] 刘祖云,毛小平.中国城市住房分层：基于2010年广州市千户问卷调查[J].中国社会科学,2012(2)：94—109.

[79] 郭圣莉.社区发展中的城市基层群众自治组织及其制度再造：改革开放以来上海市居委会发展研究[J].复旦政治学评论,2003(1)：240—263.

[80] 毛丹.中国城市基层社会的型构：1949—1954年居委会档案研究[J].社会学研究,2018,33(5)：139—163.

[81] 刘祖云.中国都市居民委员会的历史沿革及其特点：中国都市社会基层居民组织的结构与功能研究之一[J].社会学研究,1987(6)：64—72.

[82] 费孝通.对上海社区建设的一点思考：在“组织与体制：上海社区发展理论研讨会”上的讲话[J].社会学研究,2002(4)：1—6.

[83] 张琢.中国基层社区组织的变迁[J].社会学研究,1997(4)：15—25.

[84] 夏建中. 从街居制到社区制：我国城市社区 30 年的变迁[J]. 黑龙江社会科学，2008(5)：14—19.

[85] 汪鸿波，费梅苹. 新中国成立 70 年来我国城市社区工作者形象的变迁与重构：基于上海的历史考察[J]. 内蒙古社会科学(汉文版)，2019，40(5)：163—169.

[86] 何雪松，侯秋宇. 城市社区的居民参与：一个本土的阶梯模型[J]. 华东师范大学学报(哲学社会科学版)，2019，51(5)：33—42.

[87] 高万辉. 新型城镇化下的大城市边缘社区公共空间价值探讨[J]. 经济地理，2016，36(9)：72—76.

[88] 刘祖云. 社会转型与社会流动：从理论到现实的探讨[J]. 华中师范大学学报(人文社会科学版)，1998(5)：4—9.

[89] 樊佩佩. 流动的治理：城市基层社会的公共性困境探察[J]. 学术研究，2016(7)：69—75.

[90] 黄锐. 流动社会的道德秩序何以可能：以转型社区为中心的分析[J]. 河南社会科学，2019，27(2)：91—97.

[91] 李强. 提升城乡社区治理现代化水平[J]. 唯实(现代管理)，2017(9)：13—15.

[92] 蔡禾. 从统治到治理：中国城市化过程中的大城市社会管理[J]. 公共行政评论，2012，5(6)：1—18.

[93] 项继权，王明为. 新型城镇化与乡村治理转型[J]. 求实，2016(10)：78—86.

[94] 张艳国，刘小钧. 十八大以来我国社区治理的新常态[J]. 社会主义研究，2015(5)：103—109.

[95] 黄冬娅. 多管齐下的治理策略：国家建设与基层治理变迁的历史图景[J]. 公共行政评论，2010，3(4)：111—140.

[96] 徐勇. 论城市社区建设中的社区居民自治[J]. 华中师范大学学报(人文社会科学版)，2001(3)：5—13.

[97] 李友梅. 社区治理：公民社会的微观基础[J]. 社会，2007(2)：159—169.
[98] 胡象明，唐波勇. 整体性治理：公共管理的新范式[J]. 华中师范大学学报(人文社会科学版)，2010，49(1)：11—15.
[99] 尹浩，陈伟东. 整体性社区：城市基层社会治理的可行性分析[J]. 深圳大学学报(人文社会科学版)，2015，32(6)：80—85.
[100] 贺雪峰. 论半熟人社会：理解村委会选举的一个视角[J]. 政治学研究，2000(3)：61—69.
[101] 陈锋. 连带式制衡：基层组织权力的运作机制[J]. 社会，2012，32(1)：104—125.
[102] 曹海军. 党建引领下的社区治理和服务创新[J]. 政治学研究，2018(1)：95—98.
[103] 唐亚林，钱坤. "找回居民"：专家介入与城市基层治理模式创新的内生动力再造[J]. 学术月刊，2020：52(1)：84—96.
[104] 田毅鹏，康雯嘉. 单位社区精英的"资本"构成及其运作研究：以C市H社区为例[J]. 学习与探索，2017(11)：36—44.
[105] 张和清. 社会转型与社区为本的社会工作[J]. 思想战线，2011，37(4)：38—39.
[106] BOVAIRD T. Beyond engagement and participation: user and community coproduction of public services [J]. Public Administration Review, 2007, 67(5): 846 - 860.
[107] LEVINE J R. The Privatization of Political Representation: Community-Based Organizations as Nonelected Neighborhood Representatives[J]. American Sociological Review, 2016, 81(6): 1251 - 1275.
[108] DOE S R, KHAN M S. The boundaries and limits of community management: Lessons from the water sector in Ghana [J].

Community Development Journal, 2004, 39(4): 360-371.

[109] LAI L W. Private property rights, culture, property management and sustainable development[J]. Property Management, 2006, 24(2): 71-86.

[110] PAYUMO J, GRIMES H. Institutional responses on strengthened intellectual property rights in agriculture and needs' assessment intellectual property management of public research institutions in Asian developing countries[J]. Journal of Research Administration, 2011, 2(42): 42-58.

[111] SARKISSIAN W. The idea of social mix in town planning: an historical review[J]. Urban Studies, 1976, 13(3): 231-246.

[112] COLE I, GOODCHILD B. Social Mix and the "Balanced Community" in British Housing Policy-a Tale of Two Epochs[J]. Geojournal, 2001, 51(4): 351-360.

[113] YOUNG I M. The ideal of community and the politics of difference[J]. Social Theory and Practice, 1986, 12(1): 1-26.

[114] WIRTH C J. Agendas, alternatives, and public policy[J]. American Political Science Review, 1985, 79(1): 213.

后　记

城镇化和城乡一体化仍将是未来很长一段时期内中国经济发展的核心动力和发展机遇，城镇研究是一个长期的、复杂的课题，需要众多学者继续参与和探究。“超大城市镇域社区治理”的提出，亦是在此背景下的一个有力探索。镇域社区作为中国城市特色的治理单元，具有重要的学术价值和实践意义。镇域作为城乡一体化发展的重要节点，处于承上启下的枢纽地位。将社区治理放置于“镇域”中考察，旨在“以镇域为方法”，以城镇为治理界面，以社区为基础，建立城乡基层治理新样态，弥合社会发展的碎片化和治理结构的张力。梅陇镇作为上海市快速城镇化的代表，其城镇化进程具有独特的丰富性、多样性和复杂性。梅陇镇社区治理的实践探索，也是今天超大城市社会治理的重点，对于认识超大城市的城乡关系以及丰富社区治理研究，具有独特的贡献。因为梅陇镇社会创新治理的今天可能是其他地区发展的明天，现存问题可能将来会在别的地区出现。在万物更新、快速发展的今天，本书也算是时代的记录，如果还能为实践或学术添砖加瓦，提供一些参考价值，则善莫大焉。

本书依托华东理工大学与闵行区梅陇镇的社会治理创新合作项目，前后历时两年多，从实践介入到书稿撰写，项目组成员始终坚持“实证”“国情”与“介入”的学术精神。本书由何雪松教授、侯利文副教授拟订书稿提纲和具体的写作思路，并具体负责章节的写作，项目组的张道林、聂璞、刘莉、侯秋宇四位博士也承担了部分章节的组织和写作工作，其中侯秋宇完成了第六章的写作。书稿完成后，梅陇镇社区中心的领导以及相关社区的书记作为第一批读者对书稿中的一些信息和数据进行了更新和确认。本书资料数据截至2020年12月。

本书是基于上海的社区治理实践，以上海市梅陇镇社区治理实践为例，因此衷心感谢梅陇镇的领导和有关部门在调研和资料收集过程中所给予的支持，特别感谢梅陇镇党委副书记、镇长管燕，梅陇镇社区管理事务中心的黄衍主任、李莉副书记、夏冰副主任提供的帮助，感谢调研中涉及的各个社区的社区书记、主任以及社区工作者所提供的鲜活材料和实践智慧。本书的出版亦得到诸多同志的积极帮助和各方的大力支持，对华东理工大学出版社为书稿认真、负责以及专业的付出，在此一并致以真挚的谢忱。

课题组

2021年4月

内容提要

镇域社区作为中国城市特色的治理单元，具有重要的学术价值和实践意义。本书基于上海镇域社区的治理实践，对梅陇镇域中的四类主要社区类型，即商品房社区、动迁房社区、售后公房社区、混合型社区，进行了主体、结构以及关系的系统分析，探讨在各类社区治理中，如何通过整合各个治理力量处理好社区主体间的利益关系，重塑社区公共性，均衡社区秩序与社区活力的张力。本书的贡献在于将社区治理放置于“镇域”中来考察，对于认识超大城市治理、基层社会治理现代化以及城乡关系具有独特且重要的贡献。本书可供从事社区治理的政府、高校、研究机构的专业人员以及社区领域实务工作者借鉴阅读，也可以作为高校相关专业的参考用书。